CB060496

Joaquim Nabuco e os Abolicionistas Britânicos

LESLIE BETHELL
JOSÉ MURILO DE CARVALHO
(*organizadores*)

JOAQUIM NABUCO E OS ABOLICIONISTAS BRITÂNICOS

CORRESPONDÊNCIA 1880-1905

TOPBOOKS

Copyright © 2008 Leslie Bethell e
 José Murilo de Carvalho
 Topbooks

Direitos de edição da obra em língua portuguesa no Brasil adquiridos pela TOPBOOKS EDITORA. Todos os direitos reservados. Nenhuma parte desta obra pode ser apropriada e estocada em sistema de banco de dados ou processo similar, em qualquer forma ou meio, seja eletrônico, de fotocópia, gravação etc., sem a permissão do detentor do copyright.

Editor
José Mario Pereira

Editora-assistente
Christine Ajuz

Revisão
Maria Alice Paes Barretto

Capa
Miriam Lerner

Diagramação
Arte das Letras

TODOS OS DIREITOS RESERVADOS POR
Topbooks Editora e Distribuidora de Livros Ltda.
Rua Visconde de Inhaúma, 58 / gr. 203 – Centro
Rio de Janeiro – CEP: 20091-000
Telefax: (21) 2233-8718 e 2283-1039
E-mail: topbooks@topbooks.com.br

Visite o site da editora para mais informações
www.topbooks.com.br

SUMÁRIO

Agradecimentos 11
Introdução 13

I – Correspondência 1880-1889 45
II – Correspondência 1899-1902 371
III – Epílogo – correspondência dezembro de 1904
    a janeiro de 1905 428

Cronologia 439
Dirigentes da British and Foreign Anti-Slavery
    Society 1880-1902 445
Bibliografia 447

Joaquim Nabuco e os Abolicionistas Britânicos

CORRESPONDÊNCIA 1880-1905

AGRADECIMENTOS

Este trabalho foi possível graças ao Centro de Estudos Brasileiros da Universidade de Oxford, dirigido por Leslie Bethell, que forneceu apoio financeiro e logístico, e à Academia Brasileira de Letras, que permitiu a José Murilo de Carvalho passar um trimestre em Oxford ocupando a cátedra Machado de Assis. Agradecimento especial é devido à Fundação Joaquim Nabuco na pessoa de Mário Hélio que mandou fotografar e passou aos organizadores as cartas dos abolicionistas britânicos a Joaquim Nabuco. O trabalho contou também com o apoio do CNPq e da Faperj no âmbito do projeto "Dimensões da cidadania no século XIX". Os organizadores agradecem ainda a Matias Spektor pela ajuda na pesquisa da correspondência de Nabuco na Rhodes House, Oxford, a Sarah Rankin por apoio de secretaria no Centro de Estudos Brasileiros e a Vera Joscelyne pela tradução das cartas para o português.

INTRODUÇÃO

Leslie Bethell
José Murilo de Carvalho

Um dos aspetos menos estudados da luta de Joaquim Nabuco contra a escravidão é sua relação com os abolicionistas britânicos. Essa relação aparece em geral como algo secundário, como um recurso para cobrir os intervalos em que ele era excluído da Câmara. As 110 cartas incluídas neste livro, trocadas entre Nabuco e os abolicionistas britânicos, indicam coisa diferente. O contato entre eles significou uma parceria buscada conscientemente por Nabuco com a finalidade de expandir a arena da luta para o cenário internacional. Melhor dito, para o centro da economia e do poder mundial na época. Como mostram as cartas, a tática foi plenamente exitosa.

O jovem Nabuco e a escravidão

Não por acaso, o contato de Nabuco com os britânicos verificou-se em 1880, logo depois que ele, como deputado, decidiu envolver-se na campanha abolicionista. Foi um discurso seu na Câmara que despertou o interesse externo. Antes de 1879, Nabuco não mostrara disposição nem para a política nem para a luta contra a escravidão. É muito conhecido o capítulo de *Minha formação* intitulado "Massangana", em que ele descreve sua visita em 1869 à capela do antigo engenho em Pernambuco que fora propriedade de sua madrinha e onde se criara. Tinha ele então 20 anos. Entrou no pequeno cercado que servira de cemitério para os escravos. Entre as cruzes que mar-

cavam os túmulos, deixou-se levar pelas reminiscências da infância e evocou pelos nomes muitos dos cativos que conhecera. Registrou no livro: "Foi assim que o problema moral da escravidão se desenhou pela primeira vez aos meus olhos em sua nitidez perfeita e com sua solução obrigatória". E logo a seguir acrescentou: "[...] e então ali mesmo, aos 20 anos, formei a resolução de votar a minha vida, se assim me fosse dado, ao serviço da raça generosa entre todas que a desigualdade da sua condição enternecia em vez de azedar e que por sua doçura no sofrimento emprestava até mesmo à opressão de que era vítima um reflexo de bondade...".

Minha formação foi escrito entre 1893 e 1899 e publicado em 1900, 31 anos depois do episódio descrito. A versão aí oferecida para a origem da decisão de dedicar a vida à luta antiescravista é uma construção posterior, dessas tão comuns em autobiografias, destinadas a reescrever a própria história.[1] Não há na correspondência de Nabuco e em seu diário nenhuma indicação de que a decisão tenha sido tomada antes de 1879, após a morte do pai. Acresce-se a isso o fato de que visitou a capela do engenho Massangana um ano antes de completar o texto *A escravidão,* escrito em 1870. Ora, as motivações apresentadas para combater a escravidão em *A escravidão,* em *O abolicionismo*, de 1883, e nas cartas aos abolicionistas britânicos são totalmente distintas das encontradas em *Minha formação*. Nos três primeiros textos, a escravidão é combatida com os mesmos argumentos usados por José Bonifácio de Andrada e Silva em 1823: ela é um crime, um atentado à civilização e ao progresso econômico e político, é responsável pelo atraso do país, um obstáculo à construção nacional. São razões cívicas, públicas. Em *Minha formação*, ao contrário, a "querida e abençoada memória" da infância interfere na reconstrução do passado ao ponto de dar à campanha e à decisão de nela se empenhar uma característica moral e sentimental. O motor de decisão é aí

---

[1] A versão de *Minha formação* foi aceita na totalidade pela filha de Nabuco, Carolina Nabuco, na biografia que escreveu sobre o pai.

o sofrimento dos "santos pretos", que, além de perdoarem seus senhores, até lhes agradeciam. Não por acaso, Nabuco menciona aí ter lido mil vezes o sentimental *A cabana do Pai Tomás*. As leituras que inspiraram a campanha foram bem outras, provinham dos grandes abolicionistas britânicos e norte-americanos. Em suas reminiscências, Nabuco parece pedir desculpas a Garrison e John Brown por fazer a confissão quase escandalosa de ter saudade do escravo.

Isso não significa que Nabuco não se interessasse antes pela escravidão e não se opusesse a ela. Ao deixar o engenho da madrinha em 1857, aos oito anos, por motivo da morte dela, ele foi para o Rio de Janeiro onde completou os estudos secundários no Colégio Pedro II. Em 1866, matriculou-se na Faculdade de Direito de São Paulo. A essa altura, já caíra na esfera da forte influência do pai, José Thomaz Nabuco de Araújo. O senador Nabuco era um dos poucos políticos da época contrários ao tráfico e à escravidão. Como ministro da Justiça (1853-7), tinha sido responsável pela firme repressão das últimas tentativas de importar escravos. Na década de 1860, representou um papel preeminente na elaboração da primeira legislação voltada para a abolição da escravidão no Brasil, a Lei do Ventre Livre (1871). Em 1865, D. Pedro II dera início à discussão do problema solicitando a seu jurista preferido, o senador Pimenta Bueno, futuro marquês de Visconde de São Vicente, que esboçasse uma legislação abolicionista. Em janeiro de 1866, o senador apresentou cinco anteprojetos, entre os quais se destacava o da libertação dos nascituros. Foram levados logo a seguir ao gabinete chefiado pelo marquês de Olinda, onde não encontraram apoio. A razão (ou desculpa) principal apresentada para a resistência foi que o Brasil estava envolvido na guerra contra o Paraguai.

No entanto, provocado por um apelo da Junta Francesa de Emancipação dirigido ao Imperador a favor da abolição, em julho de 1866, o governo liberal-progressista de Zacarias de Góis e Vasconcelos respondeu em agosto, com uma carta rascunhada pelo Imperador. A resposta provocou comoção política ao afirmar que "a emancipação

dos escravos, conseqüência necessária da abolição do tráfico é, portanto, apenas uma questão de forma e oportunidade". A afirmação foi repetida na Fala do Trono em maio de 1867. Nesse meio tempo, projetos de Pimenta Bueno foram apresentados ao Conselho de Estado de que o senador Nabuco fazia parte. O senador aliou-se aos conselheiros favoráveis às medidas e foi nomeado presidente de uma comissão encarregada de consolidar os projetos.

Em julho de 1868, no entanto, o Imperador, preocupado com o andamento da guerra, aproveitou a saída de Zacarias para fazer uma traumática mudança de partidos, chamando para a presidência do Conselho o conservador visconde de Itaboraí. O senador Nabuco liderou a reação ao que chamou de golpe de estado e ajudou a fundar o jornal *A Reforma*, com programa mais radical do que o dos progressistas. Um dos itens do novo programa era a emancipação do elemento servil. Em 1869, o Centro Liberal, liderado por Nabuco, inovou ao ser a primeira associação política a incluir o tema da emancipação em seu programa. Mas o gabinete de Itaboraí opôs-se a qualquer discussão dos projetos abolicionistas e o tema do 'elemento servil' foi engavetado pelo governo pelos próximos dois anos.

Enquanto o pai se envolvia na luta abolicionista no Senado e no Conselho de Estado, o filho convivia em São Paulo com Castro Alves que empolgava as platéias declamando poesias abolicionistas. O ambiente estudantil era francamente hostil à escravidão. Em 1869, Nabuco transferiu-se para a Faculdade de Direito do Recife, onde a atmosfera não era tão favorável às idéias abolicionistas. Mesmo assim, escreveu *A escravidão*, que não chegou a publicar, e de que apenas duas partes – 'O crime' e 'A história do crime' – foram redigidas. A terceira, 'A reparação do crime' não foi escrita.[2] Seu maior triunfo em Recife foi a defesa de um escravo acusado de

---

[2] O original assinado, com 230 páginas manuscritas, foi doado ao Instituto Histórico e Geográfico Brasileiro pela viúva de Nabuco, Evelina, em setembro de 1924: "Mais uma prova" ela escreveu, "de como desde quase a infância a escravidão foi a sua preocupação e a abolição o seu ideal". O texto foi publicado na *Revista do IHGB* em 1949.

assassinato e que já fora condenado à morte em primeira instância. Assumir tal defesa numa terra de grandes senhores de engenho, alguns deles parentes de sua mãe, foi, sem dúvida, um ato de coragem para o estudante de 20 anos. Na defesa, revelou pela primeira vez seus dotes oratórios, reforçados por sua imponente presença física. Conseguiu que o réu fosse condenado a galés perpétuas, escapando da forca. Nabuco acompanhava também com orgulho a atuação do pai contra a escravidão. Escreveu-lhe revelando o desejo de o ver presidente do Conselho de Ministros por dois dias com a única finalidade de abolir ditatorialmente a escravidão e tornar-se deste modo o Lincoln brasileiro[3].

Formado em 1870, aos 21 anos, Nabuco regressou ao Rio de Janeiro ainda a tempo de ouvir no ano seguinte os discursos do pai no Senado em defesa do projeto de lei do Ventre Livre apresentado pelo gabinete conservador do visconde do Rio Branco. Segundo informa em *Minha formação*, por essa época ajudava o pai traduzindo-lhe documentos publicados do *Anti-Slavery Reporter*, revista da British and Foreign Anti-Slavery Society de Londres. A lei foi sancionada em 28 de setembro de 1871. Sua aprovação se deu após a mais longa e acalorada discussão havida no Parlamento imperial, quando o Imperador se encontrava na Europa em sua primeira viagem ao exterior. No Senado e no Conselho de Estado, Nabuco de Araújo manteve sua coerência liberal defendendo o projeto de um gabinete conservador. A passagem da lei, apesar de seu caráter moderado, acarretou uma moratória de oito anos no debate parlamentar sobre a escravidão. A moratória só foi rompida em 1879, quando Joaquim Nabuco ingressou na Câmara.

Nos primeiros tempos após a formatura, o tema da escravidão não era para ele uma preocupação central. Opunha-se, por certo, à escravidão, mas não decidira dedicar-se de corpo e alma, em tempo integral, à sua destruição. O jovem bacharel parecia mesmo inseguro sobre que caminho tomar na vida. Tentou a advocacia no escritório

---

[3] Carolina Nabuco, *Vida de Joaquim Nabuco, por sua filha,* p. 36-7.

do pai, mas abandonou a profissão após primeira causa que defendeu. Experimentou o jornalismo e a literatura, escrevendo para o jornal *A Reforma*, onde defendia causas liberais, com ênfase no tema da separação entre Igreja e Estado. Em 1872, publicou seu primeiro livro, sobre *Camões e os Lusíadas*, e outro em francês sobre o direito de assassinar, uma polêmica com Alexandre Dumas, filho.

Nesse último ano, herdou o engenho de fogo morto pertencente a sua madrinha. Vendeu-o e decidiu usar o dinheiro para viajar pela Europa. Partiu em agosto de 1873 e lá permaneceu até setembro do ano seguinte, a maior parte do tempo na Itália e na França, onde publicou outro livro em francês intitulado *Amour et Dieu*. Em Londres, permaneceu durante o mês de junho de 1874. Participou de três jantares na residência do barão de Penedo, representante do Brasil. Em setembro, estava de volta ao Brasil.

Continuou sem rumo certo até abril de 1876 quando ingressou na carreira diplomática ao ser nomeado adido à legação brasileira em *Washington*. Chegou à capital norte-americana em 1º de janeiro de 1877. O trabalho não parecia ser pesado porque são dessa época as mais longas anotações do diário. Teve tempo também para terminar outro livro em francês, *l'Option*, um drama sobre a disputa franco-alemã pela Alsácia. Ficou pouco tempo no posto. Em outubro, partiu para a Grã-Bretanha para onde fora transferido e que era o lugar de sua preferência. Chegou a Londres no mesmo mês e assumiu o novo posto. Mas em abril de 1878 já partia de volta ao Brasil em razão da morte do pai.

Até esse momento, não há menção alguma, no diário ou nas cartas a amigos, ao problema da escravidão e a qualquer contato direto entre ele e a Anti-Slavery Society, principal órgão dos abolicionistas britânicos.

NABUCO, LONDRES E O BARÃO DE PENEDO

Pelo que se lê no Diário de 1874, a cidade de Londres não parece tê-lo impressionado muito. Não há diário para sua segunda

permanência na cidade em 1878. Mas Londres ocupa dois capítulos de *Minha formação* e a influência britânica sobre o autor, mais dois. Apesar de sua formação, e da de toda a sua geração, ter sido muito mais voltada para a França, e ser o francês para ele quase uma segunda língua, é para Londres que pendia seu coração. "A grande impressão que recebi não foi Paris, foi Londres. Londres foi para mim o que teria sido Roma, se eu vivesse entre o século II e o século IV", escreveu em *Minha formação*. Londres era a cidade universal, a metrópole imperial, majestosa, tranquila, segura de si. Na comparação com a exuberância artística de Paris, concluiu: "O fato é que amei Londres acima de todas as outras coisas e lugares que percorri". Mais ainda: "[...] volto da Inglaterra, tendo pela primeira vez falado inglês com todo o mundo, fascinado por Londres, tocado por um começo de anglomania". E cita longamente os encantos da cidade, os parques, a arquitetura, os grandes edifícios, as ruas, as praças, o Tâmisa.

O segundo capítulo sobre Londres limita-se a um endereço, 32 Grosvenor Gardens. Tratava-se da residência do ministro brasileiro na Grã-Bretanha, Francisco Inácio de Carvalho Moreira, barão de Penedo. Carvalho Moreira foi um dos mais destacados diplomatas do Segundo Reinado. Era filho de senhor de engenho alagoano, estudara na Faculdade de Direito de Olinda e terminara o curso na de São Paulo. Depois de breve passagem pela política, militando no Partido Conservador, foi nomeado ministro plenipotenciário nos Estados Unidos em 1851. Em 1855 foi transferido para Londres como enviado extraordinário e ministro plenipotenciário. Com algumas poucas interrupções, a maior delas entre 1863 e 1866, causada pelo rompimento de relações diplomáticas entre Brasil e Grã-Bretanha, Carvalho Moreira permaneceu em Londres como ministro brasileiro até 1888, monopolizando o posto, fosse conservador ou liberal o gabinete.[4]

---

[4] Sobre Penedo, ver Renato de Mendonça, *Um diplomata na corte da Inglaterra*.

No século XIX, a legação em Londres era de longe a mais importante para o Brasil. O ministro brasileiro que a dirigia controlava todos os pagamentos brasileiros no exterior e era ele também quem negociava os empréstimos com os Rothschild, banqueiros quase oficiais do Império. O barão de Penedo, título conferido em 1864, negociou sozinho seis desses empréstimos. Tornou-se um financista e hábil negociador e fez amizade com boa parte da sociedade londrina, aí incluídas figuras da casa real, como o príncipe de Gales, futuro rei Eduardo VII, e o banqueiro Lionel Rothschild, frequente hóspede em sua casa. Com o príncipe de Gales, Penedo costumava participar de excursões amorosas a Londres e Paris. O endereço 32 Grosvenor Gardens, existente até hoje, para onde deslocou a legação em 1873, era ponto de encontro da mais fina aristocracia londrina, um dos poucos a ter o privilégio de receber a realeza. Somente o aluguel do prédio lhe custava 1.400 libras por ano, a metade de seus vencimentos de ministro que eram de 2.800 libras.

Em sua mansão, Penedo costumava oferecer grandes banquetes e recepções, às vezes para mais de 60 convidados. Recebeu D. Pedro II quando este visitou a cidade pela segunda vez em 1876. O austero imperador não se furtou a observar que o ministro gastava muito, forçando Penedo a explicar a origem dos recursos. Um dos pontos altos de 32 Grosvecnor Gardens era o chef Cortais, ex-empregado do grão duque da Rússia. Apesar de suas pequenas espertezas com o dinheiro da legação, Cortais conquistava todos os convidados com suas iguarias. Nabuco nunca delas se esqueceria. Como registra Carolina Nabuco, já embaixador em Washington ele escreveu à viúva de Penedo falando dos tempos saudosos de Londres e dos banquetes diários preparados por Cortais.

Embora filho de senhor de engenho, os recursos para a manutenção de uma vida luxuosa em Londres lhe vinham de outras fontes. Era costume na época pagar-se comissão, em geral de 2%, aos negociadores de empréstimos. Quando a comissão não cons-

tava dos contratos, os agentes financeiros costumavam presentear informalmente os negociadores. Penedo recebeu vários "presentes", como os chamava, de Lionel Rothschild. Confessou certa vez que 200 mil libras tinham "passado" por suas mãos, isto é, vieram de Rothschild e foram aplicadas nas despesas da legação. Era dessa fonte, e das aplicações financeiras que fazia com a ajuda do banqueiro, que tirava os recursos para manter o alto padrão de vida da legação.

Em 32 Grosvenor Gardens, Nabuco encontrou sempre acolhida carinhosa em todas as suas estadas em Londres, como turista em junho de 1874, como adido à legação de outubro 1877 até abril de 1878, ou como propagandista da abolição na década de 80. Penedo recebia-o com cuidados quase paternais, talvez em parte devido ao fato de ter sido Nabuco colega de um filho de Penedo, Artur, na Faculdade de Direito de São Paulo e de ter sido o próprio Penedo colega de Nabuco de Araújo na faculdade de Recife. O ministro dava-lhe pousada, facilitava-lhe contatos profissionais, conseguia-lhe consultorias jurídicas e até mesmo emprego de correspondente do *Jornal do Commercio*, quando, já fora da diplomacia, nos anos 1880, necessitava de recursos para sobreviver em Londres. Em Grosvenor Gardens, conheceu o estilo aristocrático de vida, totalmente ausente na austera corte de São Cristóvão. Não poderia ter exprimido com maior ênfase o impacto dessa experiência do que quando escreveu em *Minha formação*: "O que me impediu de ser republicano na mocidade foi muito provavelmente o ter sido sensível à impressão aristocrática da vida".

Nabuco e o início da campanha abolicionista

Antes de morrer, o senador Nabuco de Araújo deixara preparada a candidatura do filho a deputado geral por Pernambuco, garantindo o precioso apoio do chefe liberal da província, barão de Vila Bela. O desejo paterno e a volta dos liberais ao poder em janeiro de 1878,

depois de uma década de domínio conservador, devem tê-lo convencido a entrar na política, abandonando a curta carreira diplomática. A campanha eleitoral em setembro foi muito facilitada pelo apoio do barão. Nabuco não teve problema em se eleger para a 17ª Legislatura, unanimemente liberal, aos 29 anos de idade, tomando posse em janeiro de 1879.

Na Câmara, seu primeiro discurso não foi sobre escravidão, mas sobre a liberdade religiosa. Quem abriu o debate sobre o assunto foi o deputado baiano, médico, senhor de escravos, católico ultramontano e abolicionista, Jerônimo Sodré Pereira, em discurso de 5 de março de 1879. A partir daí, Nabuco começou a se apropriar do tema até torná-lo quase uma obsessão, dentro e fora do Parlamento. Em discurso de 1º de setembro de 1879, combateu a tentativa do governo de Sinimbu de importar *coolies* para substituir a mão-de-obra escrava que começava a escassear nas fazendas de café.

A iniciativa que lhe deu notoriedade internacional como defensor dos escravos e o aproximou da Anti-Slavery Society foi o discurso que pronunciou em 30 de setembro de 1879, denunciando da tribuna da Câmara a companhia inglesa St. John Del Rey Mining Company. A Companhia mantinha em cativeiro em sua mina de ouro de Morro Velho escravos que comprara da companhia Catta Branca e das Minas Cocais em 1845, com cláusula contratual de os libertar após 14 anos de serviço. Tinham-se passado 21 anos sem que qualquer medida fosse tomada. O discurso repercutiu na França, com registro na *Révue des deux Mondes*. A repercussão mais importante, no entanto, se deu na Grã-Bretanha. De Londres, o secretário da British and Foreign Anti-Slavery Society, Charles H. Allen, mandou-lhe uma carta, datada de 8 de janeiro de 1880, cumprimentando-o pela defesa dos escravos e enviou-lhe por Charles Williams, diretor das Minas Cocais, uma resolução do Comitê da Sociedade no mesmo sentido (cartas I: 1e 2).[5]

---

[5] A correspondência entre Nabuco e os abolicionistas britânicos foi dividida em três grupos, de 1880 a 1889 (grupo I), de 1899 a 1902 (grupo II), e de 1904-1905 (grupo III).

A carta de Allen representou o início da relação entre Nabuco e os abolicionistas britânicos, uma longa e frutífera relação.

Nabuco respondeu longamente em 8 de abril de 1880 (I: 3). Agradeceu o gesto da Anti-Slavery Society, explicou a natureza de sua luta e declarou seu compromisso com a causa, agora assumido plenamente: "[...] garanto-lhe que V.Sa. sempre me encontrará neste posto de luta que hoje ocupo. Ponho meu interesse pela emancipação acima de qualquer outro [...] Comparada a essa imensa reforma social [...] reformas políticas ficam em segundo plano". Informou a Allen que planejava apresentar à Câmara um projeto de lei que previa a abolição total da escravidão no Brasil em 1º de janeiro de 1890, justificando-o: "A fronteira da próxima década não será transposta no Brasil, espero eu, por um só homem que chame a si mesmo de escravo". Terminou elogiando o trabalho de "nivelamento social e moral" promovido pela Anti-Slavery Society, agora dirigido ao Brasil. Esse trabalho teria seu fecho quando Brasil e Cuba deixassem de ser manchas escuras na terra americana. Assinou a carta como membro do Parlamento brasileiro.

A proposta que fez ao Parlamento em agosto de 1880 ainda era tímida, na medida em que previa um prazo de 10 anos para a emancipação total dos escravos e a indenização aos proprietários, a exemplo do que fizera a Grã-Bretanha em suas colônias. Mesmo assim, o projeto não encontrou grande apoio na Câmara liberal. O presidente do Conselho, José Antônio Saraiva, fez dele questão de confiança e o projeto não foi discutido. Apenas 18 deputados em 122 apoiaram pedido de urgência para sua votação.

Em 7 de setembro de 1880, Nabuco fundou com outros companheiros em sua própria residência no Rio de Janeiro (Rua Bela da Princesa, hoje Correia Dutra) a Sociedade Brasileira contra a Escravidão. Ele próprio foi eleito presidente, ficando com André Rebouças o cargo de tesoureiro. A Sociedade foi certamente inspirada no exemplo da Anti-Slavery Society e sua fundação parece ter sido um meio de facilitar e aprofundar os contatos entre as duas. De fato, um ofício de 8 de outubro de 1880, assinado por José Américo dos

Santos, secretário da Sociedade Brasileira, comunicava sua fundação à sua congênere britânica, enviando-lhe o manifesto e fazendo votos de que as duas instituições pudessem desenvolver estreita colaboração entre si (I: 5). Allen respondeu logo a seguir, prometendo intercâmbio de informações e colaboração (I: 6).

Aproveitando o recesso parlamentar, Nabuco viajou novamente para a Europa em dezembro de 1880, desta vez com destino certo, Londres, e um objetivo preciso: levar a luta antiescravista para o cenário internacional. Seu nome já começara a circular na Europa. Ao passar por Lisboa, foi recebido na Câmara dos Deputados como o campeão da luta abolicionista no Brasil. Em Madri, quem o homenageou foi a Sociedade Abolicionista Espanhola. Ao chegar em Londres, levava uma carta de apresentação assinada pelo vice-presidente da Sociedade Brasileira contra a Escravidão, Adolfo de Barros. Além de apresentar Nabuco, o vice-presidente referia-se à Sociedade britânica como a primeira e mais influente sociedade abolicionista do mundo e pedia sua cooperação na luta contra a escravidão no Brasil.

A Grã-Bretanha, a Anti-Slavery Society e a luta contra o tráfico e a escravidão

A British and Foreign Anti-Slavery Society foi criada em 17 de abril de 1839. Representava a continuação de longa luta antiescravista iniciada pela Sociedade Religiosa dos Amigos, ou simplesmente Sociedade dos Amigos, cujos membros eram chamados de quakers, igreja criada por George Fox no século XVII. Os quakers tinham operado uma pequena revolução no pensamento cristão sobre a escravidão. Passaram a condená-la como pecado, algo que nem o Novo Testamento fazia. Puseram em prática essa virada teológica excluindo da seita os membros proprietários de escravos. Em 1783, os quakers de Londres, atendendo a apelo de seus irmãos da Filadélfia, criaram a primeira organização abolicionista na Inglaterra, chamada Committee on the Slave Traffic (Comitê sobre o Tráfico de Escravos).

Quatro anos depois, a luta chegou ao Parlamento britânico graças à adesão de William Wilberforce e à criação do Comittee for the Abolition of the Slave Trade. À exceção de três, todos os membros do comitê eram quakers. Tiveram logo início grandes campanhas para envio de petições ao Parlamento. Vinte anos depois, em 1807, o Parlamento aboliu o tráfico para as colônias britânicas.

A Grã-Bretanha dedicou-se, então, a persuadir, subornar e, se necessário, forçar outras nações envolvidas no tráfico a seguir seu exemplo. Primeiro, declarou ilegal o tráfico e a seguir tornou a proibição efetiva, permitindo inclusive que sua Marinha desempenhasse um papel central em sua supressão. Tratados contra o tráfico foram assinados com Portugal em 1810, 1815 e 1817. Depois de garantir a independência do Brasil, assinou tratado com o novo país em 1826. Em obediência a esse tratado, o Brasil tornou o tráfico ilegal em lei de 1831.

O tráfico britânico terminara, mas continuava a escravidão nas colônias. Em 1823, os abolicionistas, com Wilberforce à frente e com forte presença quaker, fundaram a Society for the Mitigation and Gradual Abolition of Slavery throughout the British Dominions (também conhecida como Anti-Slavery Society) que tinha por objetivo melhorar a condição dos escravos e promover uma abolição gradual. Quando Wilberforce deixou o Parlamento em 1825, a liderança da luta passou para Henry Brougham e, especialmente, para Thomas Fowell Buxton. Insatisfeitos com os resultados obtidos pela luta parlamentar, um grupo mais radical liderado pelo quaker Joseph Sturge decidiu criar em 1831 um Agency Committee (Comitê de Ação) para lutar pela abolição imediata e incondicional. O Comitê promoveu vasta campanha popular. Criaram-se mais de 1.300 comitês locais, 5.484 representações foram enviadas ao Parlamento pedindo a abolição imediata. Uma das representações continha a assinatura de mais de 187 mil mulheres.

Em 1833, o Parlamento Britânico aboliu a escravidão africana em todo o império. A abolição deveria vigorar a partir de agosto

de 1834 e previa o pagamento aos proprietários de 20 milhões de libras e o estabelecimento de um período de aprendizado durante os qual os libertos, exceto as crianças de menos de seis anos, eram obrigados a trabalhar para seus senhores até agosto de 1840. Joseph Sturge e o Agency Committee protestaram novamente depois de constatar o péssimo tratamento dado aos aprendizes. O aprendizado foi reduzido de seis para quatro anos e em agosto de 1838 cerca de 800 mil escravos foram finalmente libertados.

Sturge não descansou depois da vitória. A escravidão continuava fora dos domínios britânicos. Ainda havia 2 milhões de escravos nos Estados Unidos, entre 1,5 e 2 milhões no Brasil, e meio milhão em Cuba. Além disso, o tráfico transatlântico para Brasil e Cuba, embora illegal, continuava em escala superior à de 30 anos antes. Como pacifista, Sturge opunha-se a intervenções filantrópicas com uso de força. Acreditava que o tráfico só terminaria quando a própria escravidão fosse abolida em toda a América graças à persuasão moral e religiosa. Decidido a internacionalizar a luta, fundou em 17 de abril de 1839 a British and Foreign Anti-Slavery Society, com o apoio de quakers, batistas, metodistas e outras igrejas não conformistas. Para marcar seu caráter internacional, a nova sociedade organizou a primeira Convenção Internacional Anti-escravidão no Freemason's Hall, Londres, em 12 de junho de 1840, com a participação de abolicionistas de vários países, sobretudo dos Estados Unidos e da França. Nesse mesmo ano, a nova Sociedade enviou uma missão secreta ao Brasil a fim de estudar a situação local. Não há informação sobre as conseqüências dessa missão, se houve alguma.

Thomas Fowell Buxton, o reconhecido sucessor de Wilberforce, que falecera em 1833, na liderança da causa abolicionista no Parlamento (embora tenha perdido o assento em 1837), era membro do comitê da Anti-Slavery. Mas no seu livro *The Slave Trade and its Remedy* (*O tráfico e seu remédio*), escrito em 1838 e publicado em duas partes em 1839 e 1840, advogava uma abordagem distinta do problema

do tráfico e da escravidão. Em junho de 1839, dois meses após a criação da Anti-Slavery Society, formou a Society for the Extinction of the Slave Trade and for the Civilization of Africa, tendo o príncipe Albert como presidente. Argumentava que o tráfico poderia ser extinto antes que a própria escravidão o fosse. Diferentemente de Sturge, não se opunha a pressões diplomáticas e ao uso da força pela Grã-Bretanha. Achava que a ação da Marinha podia ser mais eficaz se se concentrasse na costa africana. No entanto, isso não seria suficiente. Seria necessário nada menos que a regeneração econômica, social e moral da África pela agricultura, comércio e o cristianismo, e a destruição do tráfico em sua fonte por meio do comércio legal com a África. Mas após o fracasso da expedição ao Níger em 1841 e de vários projetos de colonização na África, sua Sociedade encerrou as atividades em janeiro 1843, deixando o campo livre para a British and Foreign Anti-Slavery Society. Buxton afastou-se e morreu dois anos mais tarde.

A Anti-Slavery Society manteve seu compromisso com a supressão do tráfico transatlântico, mas opunha-se ao papel que a Grã-Bretanha se atribuía de polícia mundial do tráfico. Preferia concentrar-se na abolição da escravidão – e, como resultado, do tráfico – por meio da pressão moral sobre os Estados Unidos, Brasil e Espanha. Quando o tráfico atingiu novos patamares, ao final dos anos 1840, a Anti-Slavery Society, apoiada por interesses da indústria e do comércio, parecia estar ganhando a discussão. A moralidade e eficácia da política britânica anti-tráfico estavam sendo cada vez mais questionadas e havia uma possibilidade real de que ela fosse finalmente desativada como um oneroso fracasso. No entanto, o ministro das Relações Exteriores, Lord Palmerston, sempre desprezando o pacifismo da Anti-Slavery Society, e convencido de que o tráfico podia ser esmagado e a escravidão severamente golpeada pela supressão da oferta externa de escravos quando a força naval britânica estivesse em plenas condições operacionais, teve a última palavra. Em 1850,

a frota da América do Sul foi reforçada e recebeu ordens de capturar navios negreiros em águas territoriais brasileiras. Diante de uma séria ameaça à sua soberania, estabilidade política e prosperidade econômica, o governo brasileiro, o primeiro, deve-se dizer, capaz de fazê-lo desde 1831, finalmente tomou medidas para efetivamente acabar com o tráfico. O Brasil não podia mais resistir à "pressão das idéias da era em que vivemos", declarou Paulino José Soares de Souza, ministro brasileiro dos Negócios Estrangeiros, querendo com isso referir-se, sobretudo, à pressão do governo britânico e da Royal Navy.

A forte pressão britânica sobre o Brasil a propósito da escravidão arrefeceu-se bastante após a abolição do tráfico. Mas o governo britânico continuava pedindo a liberdade dos emancipados, escravos capturados por navios de guerra britânicos e libertados pelo tribunal misto anglo-brasileiro do Rio de Janeiro. A opinião internacional também se mantinha atenta à escravidão, inclusive no Brasil. Em 1869, a Associação Abolicionista Internacional de Paris, reforçando o apelo feito pela Junta Francesa de Emancipação ao Imperador em 1866, solicitou diretamente ao povo brasileiro que acabasse com a escravidão, 'a grande vergonha da humanidade'. O Brasil corria o risco, alertou a Associação, de se tornar "a última nação cristã a conservar em seu seio a escravidão".[6] Entre os assinantes da mensagem estava Louis Alexis Chamerovzow, secretário da Anti-Slavery Society (1851-70) e Joseph Cooper, seu futuro Secretário Honorário. A Anti-Slavery Society tinha certamente conhecimento da luta abolicionista do senador Nabuco de Araújo. Em julho de 1869, publicara em sua revista, o *Anti-Slavery Reporter*, uma carta aberta do senador à Sociedade Democrática Constitucional Limeirense sobre o tema.[7] Mas não há em seus arquivos evidência de contato direto com abo-

---

[6] A carta foi publicada em *O Abolicionista* de 1º de dezembro de 1880, p. 3.
[7] A carta do senador Nabuco é de 26 de abril de 1869. Ver *Um estadista do império*, p. 670-71.

licionistas brasileiros até a carta de seu secretário, Charles H. Allen, enviada a Nabuco em 8 de janeiro de 1880.

NABUCO EM LONDRES, 1881-84

Em sua terceira visita, Nabuco chegou a Londres em fevereiro de 1881. Desta vez, sem desprezar a hospitalidade de Penedo – hospedou-se inicialmente em 32 Grosvenor Gardens – e, sem deixar de apreciar os encantos da cidade, voltou toda a energia para a campanha em que acabara de se engajar. Buscou imediatamente estreitar relações com a Anti-Slavery Society, que retribuiu a atenção recebendo-o com todas as honras. No dia 4 de março, ela realizou uma sessão de apresentação oficial de Nabuco, na qual ele falou, como sempre, longamente. Em 23 de março, ofereceu-lhe no Charing Cross Hotel um magnífico *breakfast,* presidido por Thomas Fowell Buxton, filho do abolicionista do mesmo nome. Compareceram 150 pessoas, entre as quais o presidente da Society, Samuel Gurney, o secretário Charles Allen, o tesoureiro Joseph Allen, e 11 membros da Câmara dos Comuns. Houve um breve discurso de Buxton e outro, "assaz longo", segundo o *Times,* de Nabuco. O banquete foi amplamente noticiado na imprensa londrina, inclusive no *Times*, talvez o jornal mais influente da época. As notícias foram transcritas na imprensa do Rio de Janeiro. O *Jornal do Commercio* publicou matéria de seu correspondente em Londres. Começava a funcionar na prática a "conexão britânica" (nota à carta I: 14).

Desde então, estreitaram-se as relações de Nabuco com a Anti-Slavery Society, sobretudo com o secretário Charles Allen. Pode-se deduzir dos termos da correspondência que se desenvolveu entre os dois uma sincera amizade, só interrompida pela morte de Allen em dezembro de 1904. Já em março de 1881, Nabuco se despediu do secretário dizendo ter encontrado nele mais que um simpatizante da causa, um bom amigo (I:15). Allen recebia-o em sua casa, orga-

nizava palestras, convidava-o para congressos, acompanhava-o em compromissos sociais. Nabuco agradeceu as gentilezas à brasileira, presenteando-o com um papagaio. O bichinho aparece em mais de uma carta de Allen, que a ele se afeiçoou (por exemplo, cartas I: 74 e 79). Mas parece ter estranhado o clima inglês, pois nunca falou. A correspondência entre os dois, com eventuais cartas de Nabuco a outros membros da Anti-Slavery Society, foi constante até a abolição, mesmo nos períodos que Nabuco passou em Londres e que não foram poucos.

Nabuco permaneceu em Londres de fevereiro a abril de 1881, durante o recesso legislativo. Dissolvida a Câmara em 30 de junho para a realização da primeira eleição direta, concorreu pelo primeiro distrito da Corte no pleito de 31 de outubro de 1881. Apesar da forte campanha em seu favor desenvolvida pelos abolicionistas, foi derrotado. (I: 17 e 19). Frustrado e sob acusação de estar abandonando a luta, deixou o país em dezembro e regressou a Londres, 'num exílio quase forçado'. Escreveu a Allen ter decidido passar uns dois anos na cidade (carta I:19). O secretário respondeu logo convidando-o para a reunião mensal do comitê da Anti-Slavery Society, à qual tinha direito de assistir como Membro Correspondente (I: 21 e 22).

Durante esta temporada londrina de quase dois anos e meio, Nabuco teve três endereços: 19 Brook Street (até julho de 1883), 20A Maddox Street (até março de 1884) e 33 Davies Street. Sustentava-se com o que ganhava como correspondente do *Jornal do Commercio* e como consultor de firmas inglesas que tinham investimentos no Brasil. Passou boa parte do tempo no British Museum colhendo material para escrever o livro *O abolicionismo*, que publicou em Londres em agosto de 1883. No ano anterior enviara petição ao Parlamento brasileiro solicitando "a total abolição da escravidão, seja imediata ou dentro de curto prazo, a ser definido imediatamente". A petição foi assinada por ele e José da Costa Azevedo e apresentada à Câmara em 14 de julho pelo deputado cearense Antônio Pinto (I: 30 e 33). Em 1883, com o apoio da Society, participou do Congresso Jurídico

Internacional, realizado em Milão. Com a saúde abalada, voltou ao Brasil em abril de 1884, com planos de se ausentar por uns quatro meses. Sua decisão pode ter sido também influenciada pelo fato de que o movimento abolicionista ganhava impulso e talvez exigisse "algum tipo de ação enérgica" (I: 49). Um mês antes de sua volta, a escravidão tinha sido abolida no Ceará.

Nabuco entre o Brasil e a Europa, 1884-88

Em 6 de junho de 1884, Manuel Pinto de Sousa Dantas foi chamado para presidir o Conselho de Ministros com plataforma abolicionista que abrangia vários projetos, dos quais o mais importante e de maior repercussão era o da libertação dos sexagenários. O movimento libertário ganhou força extraordinária, sobretudo na imprensa, onde conhecidos abolicionistas passaram a defender Dantas utilizando nomes de grandes predecessores. Nabuco era Garrison, Rui era Lincoln e Grey, Gusmão Lobo, Clarkson, e assim por diante. Ficaram conhecidos como os ingleses do Sr. Dantas. Mas no final de julho o presidente do Conselho foi derrotado na Câmara liberal por 59 votos a 52 em moção de desconfiança. O Imperador, contra o voto da maioria do Conselho de Estado, concedeu-lhe a dissolução da Câmara e a convocação de outra. Nabuco concorreu pelo 1º distrito do Pernambuco (Recife) nas eleições realizadas em dezembro de 1884 e janeiro de 1885. Ganhou em número de votos, mas em maio a nova Câmara não reconheceu sua eleição. Tendo, no entanto, falecido o deputado representante do 5º distrito de Pernambuco, os candidatos liberais renunciaram em seu favor. Foi eleito em 5 de junho e tomou posse (I: 51, 54, 55). Informado de tudo, Allen mandava inserir as notícias, boas e más, no *Times*. O endosso do jornal, disse ele em carta de 22 de junho, indicava o apoio da opinião pública inglesa aos abolicionistas brasileiros (I:57).

Antes da eleição de Nabuco, Dantas fora novamente derrotado pela Câmara recém-eleita em maio de 1885 por 52 votos a 50,

não conseguindo dessa vez permissão do Imperador para dissolvê-la. Saraiva sucedeu-o e a 13 de agosto conseguiu aprovar na Câmara uma versão muito amenizada do projeto. A principal objeção dos escravistas ao projeto Dantas era a ausência de indenização. Foi nesse ponto exatamente que se deu a mais importante alteração introduzida por Saraiva. De acordo com o projeto aprovado, os escravos de 60 anos seriam libertados, mas ficavam obrigados "a título de indenização", a prestar serviços a seus senhores por três anos. O projeto introduzia ainda uma tabela de preços de escravos, acima dos preços de mercado, e aumentava o fundo de emancipação para indenizar senhores que libertassem cativos de menos de 60 anos. Nesse caso, os libertados teriam que prestar serviços por cinco anos.

Logo antes da aprovação do projeto, Nabuco escreveu longa e apaixonada carta a Allen condenando com veemência o que chamou de "ato vergonhoso pelo qual a escravidão será perpetuada na dívida nacional". A Câmara, segundo ele, se tinha transformado em "mercado de escravos do Marrocos". O projeto, continuou, "eliminava a escravidão nos melhores termos possíveis para as pessoas nela interessadas". E finalizou acusando o gabinete de tentar "fazer com que a morte e o enterro da escravidão sejam tão suaves que ninguém vai sequer se dar conta deles – nem o senhor de escravos, nem o escravo, nem o país, nem o mundo" (I: 59).

Mesmo com um projeto tão amenizado, Saraiva não se viu em condições de o fazer aprovar no Senado. Pediu demissão, tendo o Imperador chamado para executar a tarefa o senador conservador barão de Cotegipe, que assumiu em 20 de agosto. O projeto passou no Senado e se tornou a Lei Saraiva-Cotegipe, melhor conhecida como Lei dos Sexagenários, datada de 28 de setembro de 1885, aniversário da Lei do Ventre Livre. Tendo a Câmara liberal aprovado uma moção de desconfiança em Cotegipe, foi dissolvida em 26 de outubro e novas eleições foram convocadas.

Nabuco concorreu novamente pelo do Recife na eleição de 15 de janeiro de 1886 (I: 63). Foi novamente derrotado. Desencantado

e quase desiludido, dedicou-se a escrever panfletos, destacando-se entre eles *O erro do imperador* e *O eclipse do abolicionismo*. Neles fazia amargas críticas ao Imperador por ter entregue o governo ao escravista Cotegipe, depois de ter encorajado os abolicionistas com a escolha de Dantas. Com a ajuda de amigos, tentou fundar um jornal diário, para o qual faltaram recursos. Já pensava regressar a Londres para ganhar a vida, mas reconhecia que a nova ausência seria prejudicial à causa liberal e abolicionista. Via-se dividido por ter que resolver ao mesmo tempo o problema individual de sobrevivência e o problema social (I: 65). Acabou regressando a Londres apenas em abril de 1887, agora como correspondente do jornal *O Paiz*. Além das reuniões da Anti-Slavery Society, foi distinguido com uma recepção na residência do ex-primeiro-ministro britânico, William Gladstone, a que compareceu graças a convite intermediado por Allen, que o acompanhou (I: 71). Era um endosso informal do Partido Liberal inglês à sua campanha.

Não ficou muito tempo na cidade. Tendo sido o deputado Machado Portela, seu competidor no 1º distrito do Recife, que fora reconhecido pela Câmara em 1885, nomeado ministro, foi obrigado, pela prática da época, a se submeter a nova eleição. Nabuco regressou de Londres em agosto de 1887, disputou novamente a eleição em 14 de setembro e ganhou do ministro por 1407 a 1270 votos, em memorável campanha. Mandou carta entusiasmada a Allen, datada de 16 de setembro, classificando o evento de "tremenda vitória", de "grandioso novo evento em nossa história" (I: 73). Allen fez publicar a carta no *Times* e mandou cópia para Gladstone (I: 74), que manifestou sua "most cordial satisfaction" (I: 75).

Apesar da presença de um escravista na presidência do Conselho, a maré abolicionista subia rapidamente e o movimento atingia seu ponto mais alto. O Imperador, doente, achava-se em tratamento na Europa e a regente Isabel manifestava clara simpatia pela abolição. Multiplicavam-se as fugas de escravos. O Clube Militar pedia a Isabel que não utilizasse o Exército na captura de escravos fugidos. Sentindo próxima

a vitória, Nabuco viajou em novembro para a Europa. Mas dessa vez mirava mais alto, seu principal objetivo era ir à Itália para solicitar ao papa Leão XIII que publicasse uma bula condenando a escravidão. Calculava que, diante da conhecida religiosidade de Isabel, se o papa falasse, ela obedeceria. Seus amigos da Anti-Slavery Society lhe conseguiram uma carta de apresentação do cardeal Manning, arcebispo de Westminster, chefe da Igreja Católica na Grã-Bretanha (I: 76 e 77). A audiência aconteceu em 10 de fevereiro. Leão XIII recebeu-o com simpatia e prometeu uma encíclica condenando a escravidão para antes da abertura das câmaras, tradicionalmente feita no início de maio. A diplomacia de Cotegipe conseguiu, no entanto, adiar sua publicação. Mas o relato da entrevista, com a promessa do papa, escrito pelo próprio Nabuco, tinha sido publicado em *O Paiz*, e tornara-se de conhecimento geral.

As coisas precipitaram-se. Atritando-se com Isabel, Cotegipe demitiu-se em março de 1888. Outro chefe conservador, João Alfredo, foi chamado com a incumbência de abolir a escravidão e tomou posse a 10 de março. Nabuco, que estava em Londres, iniciou logo a viagem de volta ao Brasil. Em 30 de março chegou ao Recife, em 18 de abril estava no Rio de Janeiro, a tempo de liderar a batalha final, a aprovação da lei no Congresso, e colher com os outros abolicionistas as glórias da vitória. O processo de votação foi quase sumário e a lei foi quase o reconhecimento legal de um fato já consumado.

Em 8 de maio o projeto de abolição sem indenização foi apresentado na Câmara. Nabuco encarregou-se de fazer com que o projeto tramitasse rapidamente na Câmara em caráter de urgência. Ele foi aprovado no dia 9 em segunda votação por 83 votos a 9 e enviado ao Senado no dia seguinte, e lá apresentado no dia 11. Nessa Casa, foi Dantas quem se encarregou de apressar a tramitação. Foi aprovado em segunda votação no dia 12, com apenas seis votos contrários. No dia 13 passou em terceira votação. Nesse mesmo dia, às 15h, a regente Isabel assinou no Paço da Cidade a Lei Áurea. Nabuco falou

à multidão de uma das janelas do Paço. Composta de dois artigos, foi a lei mais curta e mais importante da história do país:

"Art. 1º. É declarada extinta, desde a data desta lei, a escravidão no Brasil.

Art. 2º. Revogam-se as disposições em contrário."

Em 16 de maio, Allen enviou a Nabuco cumprimentos entusiásticos dizendo "ser impossível encontrar palavras suficientemente fortes e contundentes em nossa pobre língua nórdica para lhe transmitir o prazer e as calorosas congratulações" que todos lhe desejavam (I: 82). Em 20 de junho, mandou-lhe minuta de ata da reunião do comitê da Anti-Slavery Society, escrita em pergaminho, contendo as congratulações da Sociedade (I: 86). Informou que mensagem ao imperador fora encaminhada por intermédio do barão de Penedo. Em 8 de janeiro de 1889, Nabuco comunicou a Allen que, juntamente com Rebouças e Gusmão Lobo, tinham entregue à princesa Isabel o documento enviado pela Anti-Slavery Society (I: 89). E acrescentou uma nota de mau presságio. A princesa tinha realizado um ato de coragem, "mas confio em Deus que não perca o trono por isso".

A ESTRATÉGIA DE NABUCO

Desde 1879, quando a menção feita por Nabuco na Câmara à questão da St John del Rey Mining Company repercutiu na Europa e provocou a reação da Anti-Slavery Society, Nabuco e outros abolicionistas despertaram para a importância de mobilizar a opinião pública internacional em favor de sua luta. No Brasil, a opinião pública ainda não se mobilizara para a questão e as resistências eram enormes, sobretudo dentro do Parlamento. Nabuco tinha plena consciência da importância da opinão internacional, e britânica em particular, sobre a elite brasileira, nela incluído o Imperador. A contínua pressão britânica, o apelo da Junta Francesa de Emancipação de 1866 e a mensagem ao povo brasileiro da Associação Abolicionista Internacional de Paris de 1869 tinham contribuído sem dúvida

para reforçar a decisão imperial de levar adiante a aprovação da Lei do Ventre Livre.

Uma das primeiras medidas tomadas pela Sociedade Brasileira contra a Escravidão foi fazer traduzir seu manifesto para o inglês e o francês e enviá-lo, junto com o anúncio de sua fundação, às congêneres no exterior, aí incluída a Anti-Slavery Society. A escolha dessa instituição como principal interlocutora era lógica. Ela era a mais conhecida sociedade abolicionista do mundo, localizava-se no centro do grande império britânico e na cidade amada por Nabuco, e tomara a iniciativa de entrar em contato com os brasileiros. Como vimos, a resposta da associação britânica, pela voz de seu secretário, não se fez esperar. Além de se congratular com a co-irmã brasileira a Anti-Slavery aprovou plenamente o manifesto e prometeu intercâmbio de informações e cooperação. Não se esqueceu de mencionar que a troca de informações contribuiria para o melhor conhecimento da situação brasileira na América e na Grã-Bretanha.

Em Londres, Nabuco e a Anti-Slavery Society montaram um esquema eficiente de propaganda da luta abolicionista. O brasileiro passava as informações a Allen que se encarregava de as colocar na imprensa, sobretudo no influente *The Times*. Quando não conseguia, publicava-as em sua própria revista, o *Anti-Slavery Reporter*. O *Times* era o veículo ideal pela influência que exercia dentro e fora da Grã-Bretanha. O próprio Nabuco disse em uma das cartas: "no Brasil, o *Times* é considerado a voz da civilização" (I: 45). Em carta de 11 de junho de 1885 ao editor do jornal, publicada no dia 12, Allen repetiu essa opinião, observando que a publicidade no *Times* representava grande ajuda aos esforços dos abolicionistas brasileiros porque "os fazendeiros [planters] são particularmente sensíveis às críticas do povo inglês" (nota à carta I: 57). O jornal tinha clara postura abolicionista e raramente se recusava a publicar as matérias enviadas por Allen que as extraía das cartas de Nabuco.[8]

---

[8] Consciente da insuficiência de seu inglês para o leitor nativo, Nabuco pedia a Allen que fizesse as correções que julgasse necessárias. O secretário fazia poucas correções.

Quando o jornal publicava alguma matéria desfavorável, Nabuco inquietava-se e insistia em responder. É um tanto duvidoso que os fazendeiros em geral fossem de fato tão sensíveis às críticas do jornal, mas a elite política brasileira certamente o era.

A Anti-Slavery Society ajudava também levando Nabuco a participar de congressos internacionais. Em 1883, ela financiou a participação dele na 11ª conferência da International Law Association, dedicada à reforma dos direitos das gentes, realizada em Milão (I: 46, 47, 48). Nova reunião dessa Associação realizou-se em Londres em 1887, com sua participação (I: 72). Os dois congressos aprovaram moções de Nabuco contra a escravidão. Tais arenas ampliavam muito o alcance da campanha. Em outra frente, Allen conseguiu um convite para uma recepção na casa do influente William Gladstone, várias vezes primeiro-ministro da Grã-Bretanha. Às vésperas da abolição, os quakers da Anti-Slavery Society ainda lhe arranjaram uma carta de apresentação escrita pelo cardeal Manning para lhe facilitar conseguir audiência com Leão XIII.

O esquema de propaganda completava-se com a conexão brasileira. Por obrigação de ofício, o ministro brasileiro, barão de Penedo, enviava ao governo de seu país as matérias publicadas no *Times* sobre a escravidão brasileira e as atividades de Nabuco. O barão não tinha o entusiasmo abolicionista de Nabuco, mas não parece ter colocado qualquer obstáculo à campanha do amigo, mesmo durante o ministério conservador de Cotegipe (1885-1888). Não há indicação de que tenha havido entre os dois qualquer desentendimento, nem que Penedo tenha pedido moderação a Nabuco.

A imprensa brasileira também fez parte do esquema. *O Abolicionista* durou apenas 13 meses e era de pequena tiragem. Os esforços de Nabuco em 1882 e 1885 para fundar um diário não prosperaram por escassez de recursos. Mas ele possuía bons contatos no mais influente

---

A mais curiosa foi a eliminação de três pontos de exclamação na carta de 16 de setembro de 1887 em que Nabuco anunciava sua vitória eleitoral sobre o ministro Portela no 1º distrito de Pernambuco. Allen deve ter achado que o entusiasmo brasileiro não cairia bem entre os sóbrios leitores britânicos.

órgão de imprensa da corte, o *Jornal do Commercio* que, com freqüência, reproduzia matéria do *Times* e de outros jornais europeus. Embora o jornal não tomasse partido ostensivamente, um de seus redatores, Gusmão Lobo, era abolicionista convicto e amigo de Nabuco. O chefe de redação, Luís de Castro, também favorecia a causa. Em 1882, graças à intervenção de Penedo junto a Francisco Antônio Picot, um dos proprietários do jornal, Nabuco conseguiu ainda o cargo de correspondente em Londres. Além de facilitar o trabalho de propaganda, o emprego ainda lhe rendia 30 libras por mês. Foi também articulista e correspondente do jornal republicano *O Paiz*, de Quintino Bocaiúva, para quem a propaganda abolicionista servia ainda para criticar o regime. Outro jornal importante na capital do país era o *The Rio News*, de propriedade de Andrew Jackson Lamoureux, um norte-americano que traduzia para o inglês os documentos da Sociedade Brasileira contra a Escravidão e os difundia na colônia anglófona da corte. A *Gazeta da Tarde*, de Ferreira de Menezes, era abertamente abolicionista, o mesmo se dando com a *Cidade do Rio*, de José do Patrocínio.

A parceria entre Nabuco e Allen, entre os representantes dos abolicionistas brasileiros e britânicos, funcionou à perfeição em seu objetivo de dar dimensão internacional à luta antiescravista, aumentando a pressão sobre o governo e os escravistas brasileiros. Mas a jogada não era sem riscos para Nabuco. Desde sua viagem de 1881, ele foi acusado pelos escravistas de prejudicar o nome do Brasil no exterior ao expor os males da escravidão e de adotar atitude antipatriótica. A acusação de falta de patriotismo era-lhe muito incômoda. Dela se defendeu várias vezes. Boa parte de seu discurso no *breakfast* que lhe ofereceram em março de 1881 foi dedicado ao tema. Acusavam-no, disse, de encorajar 'uma espécie de intervenção moral da Europa em nossas questões domésticas e de patentear aos olhos do mundo uma desgraça nacional que devia ser cuidadosamente escondida a todas as vistas'. Sua resposta foi que não se tratava de uma revolução nacional, mas "do último combate contra a escravidão no mundo civilizado".[9]

---

[9] Ver *O Abolicionista* de 1/05/1881, p. 5-6.

Sua reação mais contundente foi provocada por um artigo de Goldwin Smith, publicado na *Macmillan's Magazine* em 1886, em que o autor criticava o fato de ter W. L. Garrison, o abolicionista norte-americano, recorrido à opinião pública inglesa em busca de apoio para sua luta. Escreveu uma resposta apaixonda e pediu a Allen que conseguisse sua publicação no *Times*.[10] Defendeu o fato de ter Garrison recorrido ao apoio dos abolicionistas britânicos, mas defendeu, sobretudo, sua própria posição, pois ele estava fazendo exatamente a mesma coisa. Não podia ser antipatriótica, argumentou, uma ação que tentava elevar o Brasil ao nível de civilização já atingido por outros povos. Não se poderia prestar maior serviço ao Brasil do que fazer com que o mundo inteiro condenasse a escravidão como pirataria, pois tal decisão ecoaria no país e produziria seu resgate e sua liberdade muito antes do que o conseguiria sua voz (ver texto da resposta anexo à carta I: 65).

A resposta lembra uma passagem de *O abolicionismo* em que Nabuco denuncia a corrupção do patriotismo, isto é, seu uso para defender uma instituição condenada pela civilização, como um dos males decorrentes da escravidão. Nabuco e os abolicionistas em geral estabeleciam uma clara oposição entre nação e civilização. Colocavam os valores da civilização acima de um patriotismo que os negava. Quando, em *O abolicionismo*, postulou o fim da escravidão como condição indispensável à construção nacional, ele estava naturalmente trabalhando com um conceito de interesse nacional distinto do dos escravocratas e próximo ao do de José Bonifácio. Na visão dos dois estadistas, não podia haver conflito entre nação e civilização.

Nabuco, no fundo, recorria ao argumento usado por todas as sociedades abolicionistas: a abolição da escravidão era uma questão de civilização, de progresso moral da humanidade, a que nenhum país podia fugir sob pretexto de um patriotismo estreito limitado à defesa

---

[10] Foi um dos raros casos em que Allen não conseguiu a inserção da resposta no *The Times*. Ela foi posteriormente publicada no *Anti-Slavery Reporter*.

de uma causa já condenada. O verdadeiro patriotismo, argumentava, exigia a incorporação do país no mundo civilizado. Ao defender os interesses da civilização como parte da concepção de patriotismo, revelava também os motivos que o tinham levado a recorrer à opinião internacional: jogar o peso dos valores da civilização sobre os interesses dos escravocratas que se protegiam com a bandeira do patriotismo.

Pós abolição

Após a abolição, a correspondência de Nabuco com Allen e outros membros da Anti-Slavery Society escasseou, quase desapareceu. Em 1889, há apenas uma carta de Nabuco, a seguinte é de Allen, datada de dez anos depois, apesar de Nabuco ter estado em Londres de setembro de 1890 a julho de 1891 e de janeiro a setembro de 1892. Em abril de 1900, Allen enviou os cumprimentos da Anti-Slavery Society pela nomeação de Nabuco ministro brasileiro em Londres, um ligeiro equívoco, corrigido por Nabuco, uma vez que ele fora enviado em missão especial do governo que o encarregara de defender os interesses do Brasil contra a Inglaterra na questão de limites com a Guiana Inglesa (cartas II: 6-8). A última carta conhecida de Nabuco a Allen é de 7 de junho de 1900 (II: 8). Em 8 de março de 1901 Allen saudou a presença dele em Londres, dizendo sentir-se orgulhoso de o poder tratar por Vossa Excelência, embora preferisse o antigo título de amigo (carta II:13).

No dia 6 de março de 1902, dirigindo-se a Nabuco como um "My dear Excellence", Allen informou que ele e o irmão Joseph, tesoureiro da Society durante 23 anos, tinham renunciado a seus postos (II: 16). A razão do rompimento, sugerida na carta de 2 de abril (II: 17), última conhecida de Allen para Nabuco, foi a posição pró-Bôer adotada por uma parte do Comitê. Na carta de 6 de março, o ex-secretário ainda dera notícias do segundo papagaio com que Nabuco o presenteara em maio de 1899 quando soube que o primeiro

morrera há dois anos. A ave suportara bravamente o inverno inglês, informou, e era muito querida de suas filhas. Mas às vezes era necessário cobrir a gaiola para abafar sua gritaria.

Em dezembro de 1904 Nabuco escreveu à viúva, Sarah E. Allen, consolando-a pela perda do marido. Encontrava-se, então, em Londres, para onde se deslocara depois de perder a causa que defendera em nome do Brasil na disputa pelos limites da Guiana Inglesa e se preparava para assumir o posto de embaixador em Washington, a convite do barão do Rio Branco, ministro das Relações Exteriores. Na carta, declarou sua admiração pelo "coração ardente" de Allen e por sua dedicação aos nobres ideais que perseguira por toda a vida. Garantiu que jamais o esqueceria e se ofereceu para contribuir para algum monumento em honra do amigo (III:1). Sarah respondeu em 12 de janeiro de 1905 (III: 2). Falou da afeição que unira Nabuco ao marido e informou que Charles padecera longa e dolorosa enfermidade, iniciada com uma bronquite havia dois anos. Na progressão da doença, perdera o movimento dos dois braços, mas não perdera a esperança de recuperação. Em pós-escrito, Sarah informou ainda que o papagaio estava em grande forma. Mas só gostava da filha Beatrice e de Charles. Quando ouvia a voz deste, subia na cama do enfermo, postava-se em cima de seu joelho e se mantinha muito quieto. Nabuco respondeu em 13 de janeiro, sua última carta aos Allen e também a última deste livro (III: 3). Para alegrá-la um pouco, aproveitou a menção feita por ela ao bicho de estimação que se obstinava em não falar para contar uma piada de um papagaio mudo.

As cartas

Foram levantadas e incluídas neste volume cartas trocadas entre Nabuco e membros da Anti-Slavery Society. Foram ainda incorporadas algumas outras entre Nabuco e cidadãos britânicos envolvidos na causa abolicionista. Entre eles, encontra-se uma curiosa figura, Catherine Impey, membro de uma também curiosa Ordem Inter-

nacional dos Bons Templários (I: 40 a 43). Também constam cartas trocadas diretamente entre a Anti-Slavery Society e a Sociedade Brasileira contra a Escravidão. Ao todo, são 110 cartas. A grande maioria delas, no entanto, mais precisamente 64%, refere-se à correspondência entre Nabuco e o secretário Charles H. Allen. São 29 cartas de Nabuco ao secretário e 42 dele para Nabuco. Outros membros da Anti-Slavery Society que mantiveram correspondência com Nabuco foram Edmund Sturge, Joseph Cooper, Joseph Alexander e Travers Buxton, sucessor de Allen na secretaria (ver lista de nomes de dirigentes da Society ao final das cartas).

Os originais das cartas de Joaquim Nabuco aos membros da Anti-Slavery Society encontram-se guardados na Rhodes House, cuja biblioteca faz parte da Bodleian Library da Universidade de Oxford. São ao todo 37 cartas, 29 delas dirigidas a Charles Allen. Constam ainda do acervo da Rhodes House três cartas enviadas pela Sociedade Brasileira contra a Escravidão. Os originais das cartas dos abolicionistas britânicos podem ser encontrados no acervo da Fundação Joaquim Nabuco. São 71 cartas, 42 das quais foram enviadas por Allen. Uma das cartas de Catherine Impey foi localizada na Coleção Wanderley Pinho do Instituto Histórico e Geográfico Brasileiro, outra, de Allen à Sociedade Brasileira contra a Escravidão, foi tirada de *O Abolicionista*.

Grande parte das cartas está em excelente estado de conservação. Foram poucos os casos em que não se conseguiu recuperar o texto original. Em algumas, não consta a data precisa, mas não foi difícil atribuir-lhes uma data aproximada. Parte da correspondência foi publicada pela Fundação Joaquim Nabuco em 1985, com o título *Joaquim Nabuco, Cartas aos abolicionistas ingleses*. A introdução e organização do livro foram feitas por José Tomás Nabuco, filho de Joaquim Nabuco. Apesar dos méritos da publicação, ela inclui apenas 23 cartas, 22 de Nabuco e uma de Allen. Ficaram de fora 15 cartas de Nabuco, 43 de Allen e 31 outras. Não há também tradução

para o português. Daí justificar-se essa nova edição que inclui muitas novas cartas e as faz acompanhar de notas para melhor compreensão do leitor, além de introdução histórica dos organizadores. A nova edição inclui ainda uma tradução para o português, feita por Vera Joscelyne, com a supervisão dos organizadores. O texto de Nabuco é surpreendentemente correto e fluente, levando-se em conta que o inglês não era o idioma estrangeiro que melhor dominava. Mas a construção da frase é muitas vezes portuguesa e o vocabulário, como anotou José Tomás Nabuco, utiliza várias palavras de origem latina em detrimento de expressões tipicamente inglesas. A tradução não se preocupou em reproduzir o português Nabuco. Buscou apenas correção e clareza.

É esse material que nos permite avaliar melhor a importância da conexão britânica para a luta abolicionista de Nabuco. A exposição da escravidão brasileira aos olhos do mundo deu nova dimensão e nova eficácia à luta. Num país em que o grosso da elite política defendia os interesses dos proprietários, mas também se preocupava com a imagem externa e era imbuída de valores ocidentais, a exposição não podia deixar de causar constrangimento e apressar a decisão final. As cartas permitem também, para além do aspecto tático, conhecer melhor o núcleo da argumentação abolicionista de Nabuco. Tratava-se, para ele, de uma luta pela civilização, pela incorporação do país aos valores básicos da civilização ocidental, de uma luta contra uma concepção de nacionalismo estreito que se afirmava ao custo de valores universais.

I
CORRESPONDENCE
1880-1889

I
CORRESPONDÊNCIA
1880-1889

LETTER 1

ALLEN* TO NABUCO (IN RIO DE JANEIRO)
8 JANUARY 1880

55 New Broad Street, London E.C. [Offices of the British and Foreign Anti-Slavery Society]

Dear Sir

I have much pleasure in handing you the following copy of a Minute passed by the Committee of this Society.

"The Committee of the British and Foreign Anti-Slavery Society, desire to place upon record their sense of the great services rendered by Senhor Joaquim Nabuco to the cause of freedom, by the constant and untiring devotion with which he has laboured to procure the carrying out of justice towards the unfortunate Catta Branca Blacks so long held in illegal slavery by the St. John del Rey Mining Company.**

---

* Charles Harris Allen (1824 or 1825-1904), Secretary of the British and Foreign Anti-Slavery Society June 1879 – November 1898, Honorary Secretary November 1898 – March 1902.

** The St John d'El Rey Mining Company was founded in 1830. Its mine at Morro Velho in Nova Lima, Minas Gerais (near present day Belo Horizonte) was the largest gold mine in South America. The Company purchased 500 slaves between 1830 and 1843 (151 in 1834 alone). See Marshall C. Eakin, *British enterprise in Brazil. The St. John d'el Rey Mining Company and the Morro Velho gold mine, 1830-1960* (Durham N.C., 1989), p. 195, Table 18. With the demise of other gold mining companies in the 1840s and 1850s – the Brazilian Company (Cata Branca) 1833-44, the National Brazilian Mining Association (Cocais) 1833-46 and the Imperial Brazilian Mining Association (Gongo Soco) 1824-56 – the St John 'rented' almost 1000 of their slaves: 385 from Catta Branca, under a contract (signed in London in June 1845) that stipulated that the adults would be freed after

CARTA I

Allen* a Nabuco [no Rio de Janeiro]
8 de janeiro de 1880

55 New Broad Street, London E.C. (Escritório da Sociedade Britânica e Estrangeira contra a Escravidão).

Prezado Senhor,

Tenho muito prazer em lhe enviar a seguinte cópia de uma minuta aprovada pelo Comitê desta Sociedade.

"O Comitê da Sociedade Britânica e Estrangeira Contra a Escravidão deseja registrar seu reconhecimento pelos enormes serviços prestados pelo Senhor Joaquim Nabuco à causa da liberdade, pela devoção constante e incansável com a qual trabalhou em busca de justiça para os infelizes negros da Catta Branca, há tanto tempo mantidos em escravidão ilegal pela St. John del Rey Mining Company.**

---

* Charles Harris Allen (1824 ou 1825-1904), secretário da British and Foreign Anti-Slavery Society (Sociedade Britânica e Estrangeira para a Abolição da Escravidão) de junho de 1879 a novembro de 1898 e secretário honorário de novembro de 1898 a março de 1902.
** A St. John del Rey Mining Company foi fundada em 1830. Sua mina de ouro de Morro Velho, em Nova Lima, perto da atual Belo Horizonte, era a maior da América do Sul. A companhia comprou 500 escravos entre 1830 e 1843 (151 apenas em 1834). Ver Marshall C. Eakin, *British enterprise in Brazil. The St. John del Rey Mining Company and the Morro Velho gold mine, 1830-1960* (Durham N.C., 1989), p. 195, tabela 18. Com a falência de outras companhias de mineração de ouro nas décadas de 1840 e 1850 – a Brazilian Company (Cata Banca), 1833-44, a National Brazilian Mining Association, (Cocais) 1833-46, e a Imperial Brazilian Mining Association (Gongo Soco) 1824-56 – a St. John "alugou" quase mil de seus escravos: 385 da Catta Branca, sob contrato (assinado em Londres em junho de 1845) que estipulava que os adultos seriam libertados em 14 anos e os menores depois de 21 anos; 182 da Cocais em 1861; e 400 de credores da Gongo Soco nos anos 1860. Eakin, *op. cit.*, p. 34. Desse modo, no final da década de 1860, a St. John del Rey

"The Committee have seen with pleasure the decree passed by the Juiz de Direito of the Rio das Velhas district by which the Catta Branca Blacks are now declared to be free – their freedom dating from 1860 and their wages to be allowed from that date. This Decree the Committee trust to see carried out in its entirety without delay; but meanwhile they hasten to express to Senhor Nabuco the deep sense they entertain of the manner in which he has contributed towards the end now attained, and on behalf of all the suffering slaves, they offer him their sincere thanks.

"They, also, at the same time, wish to record their sense of the services he has rendered to the cause of humanity by his vigorous attack of the Policy of the Brazilian Government in their endeavour to introduce Chinese Coolie labour under indenture into Brazil.*** The Committee hold the opinion that this is but another name for

---

14 years and the minors after 21 years; 182 from Cocais in 1861; and 400 from the creditors of Gongo Soco in the 1860s. Eakin, op. cit. p 34. Thus in the late 1860s the St John d'el Rey Mining Company, a British company, held some 1500 slaves. On 1 January 1868 the Company freed all the children born to their own slaves as well as the Catta Branca slaves. Eakin, op. cit. p. 200. The Company had always had a policy of freeing old, infirm and 'deserving' slaves on a regular basis. 191 of its own slaves were freed between 1830 and 1882, 87 of the 'rented' Catta Branca slaves between 1845 and 1879. Eakin, op. cit., p. 35. Others, of course, died. The British government, the British and Foreign Anti-Slavery Society from 1876, the English language press in Rio de Janeiro and, above all, in 1879 Joaquim Nabuco, recently elected to the Brazilian Parliament, took up the cause of the St John d'El Rey slaves, and especially the Catta Branca slaves who under the original contract should have been freed between 1859 and 1866, and pursued their freedom (and the payment of back wages) through the Brazilian and British courts. A final settlement in the case of the remaining 223 Catta Branca slaves was reached in June 1882 (see letter 31).
*** After the end of the African slave trade in the 1850s, Chinese 'coolie', indentured, immigrant labour was often proposed by Brazilian *fazendeiros* and their representatives in government and Parliament as an alternative source of manpower for Brazilian agriculture. There were, however, only 436 Chinese workers registered in the Brazilian Census of 1872. 1000 were imported in 1874, but overall less than 3000 Chinese were introduced into Brazil in the 19th century. See Robert Conrad, 'The planter class and the debate over Chinese immigration to Brazil, 1850-1893', *International Migration Review*, 9/1 (1975). The Chinese government was always reluctant to sanction emigration to Brazil,

"O Comitê viu com prazer a sentença dada pelo Juiz de Direito da comarca do Rio das Velhas pela qual os negros da Catta Branca foram declarados livres – sua liberdade devendo ser datada de 1860 e seus salários devidos a partir dessa mesma data. O Comitê confia que a sentença seja posta em prática em todo o seu conteúdo e sem demora; mas, enquanto isso, seus membros se apressam em expressar ao Senhor Nabuco o profundo sentimento que nutrem pela maneira pela qual contribuiu para o fim agora alcançado e, em nome de todos aqueles escravos sofredores, eles lhe oferecem seus sinceros agradecimentos.

"Ao mesmo tempo, eles desejam registrar seu reconhecimento pelos serviços por ele prestados à causa da humanidade por seu ataque vigoroso às políticas do Governo brasileiro em sua tentativa de introduzir no Brasil a mão-de-obra de *cules* chineses sob contrato.*** Na opinião do Comitê, isso não passa de outro nome para

---

Mining Company, uma empresa britânica, dispunha de uns 1500 escravos. Em 1º de janeiro de 1868, a companhia libertou todas as crianças nascidas de suas próprias escravas e também das escravas da Catta Branca. Eakin, *op. cit.,* p. 200. A Companhia sempre adotara como prática costumeira a política de libertar os escravos velhos, enfermos e "merecedores". Libertou 191 de seus próprios escravos entre 1830 e 1882, e 87 dos "alugados" da Catta Branca entre 1845 e 1879. Eakin, *op. cit.*, p.35. Outros, naturalmente, morreram. O governo Britânico, a British and Foreign Anti-Slavery Society, a imprensa de língua inglesa no Rio de Janeiro e, sobretudo, em 1879, Joaquim Nabuco, recentemente eleito para a Câmara dos Deputados, adotaram a causa dos escravos da St. John del Rey, especialmente dos da Catta Branca que, de acordo com o contrato original, deviam ter sido libertados entre 1859 e 1866, e lutaram por sua libertação (e pelo pagamento dos salários atrasados) nos tribunais brasileiros e britânicos. Uma decisão final do caso dos 223 escravos remanescentes da Catta Branca foi tomada, como veremos, em junho de 1882 (veja carta 31).
*** Depois do final do tráfico de escravos africanos em 1850, fazendeiros e seus representantes no governo e no parlamento propuseram várias vezes o uso de trabalhadores imigrantes chineses (cules) sob contrato como fonte alternativa de mão-de-obra para a agricultura. Havia, no entanto, apenas 436 trabalhadores chineses registrados no censo de 1872. Foram importados 1000 em 1874, mas no total menos de 3000 chineses entraram no Brasil durante o século XIX. Veja Robert Conrad, "The planter class and the debate over Chinese immigration to Brazil, 1850-1893", *International Migration Review*, 9/1 (1975). O governo chinês relutou sempre em aprovar a emigração para o Brasil, em

slavery, and they trust that Senhor Nabuco will continue to oppose the introduction of so nefarious a measure; and that his efforts in this respect also, will be crowned with success."

With the expression of my high regard
I am, Dear sir,

Yours very sincerely
CHAS. H. ALLEN
Secretary

---

not least because of the notoriously harsh treatment of the Chinese in Cuba, Peru and Britain's tropical colonies. The British government was also opposed: in 1873 Chinese migration from Hong Kong was banned (except to Britain's own colonies!) and in 1874 the Portuguese authorities in Macau were persuaded to do the same. In 1878 the Sinimbu government in Brazil, which was favourable to the importation of *cules*, convoked an Agrarian Congress at which the subject was discussed, with *fazendeiro* opinion divided. At this time the Brazilian press and public were hostile to Chinese immigration, partly on ethnic or racist grounds (fears for the 'degeneration' of the Brazilian population) and partly because the traffic in coolies could become, in Joaquim Nabuco's words, 'a new slave trade' extending the life of slavery in Brazil.

escravidão e ele confia que o Senhor Nabuco continuará a se opor à introdução de medida tão nefasta, e que seus esforços nessa questão serão, também, coroados de êxito."

Com a expressão de minha maior consideração,
Sou, prezado senhor,

Seu muito sinceramente,
CHAS. H. ALLEN
Secretário.

---

boa parte por causa do notório mau tratamento do chineses em Cuba, Peru e nas colônias tropicais britânicas. O governo britânico também se opunha: em 1873 foi proibida a migração de chineses de Hong Kong (exceto para as colônias da própria Grã-Bretanha!) e em 1874 as autoridades portuguesas de Macau foram convencidas a fazer o mesmo. Em 1878, o governo Sinimbu, favorável à importação de cules, convocou um Congresso Agrícola em que o tema foi discutido, dividindo-se as opiniões dos fazendeiros. Nesse momento, a imprensa brasileira e a opinião pública eram antes hostis à imigração chinesa, em parte por razões étnicas ou racistas (medo da "degeneração" da população brasileira), em parte porque o tráfico de cules poderia transformar-se, nas palavras de Joaquim Nabuco, em "novo tráfico de escravos", prolongando a vida da escravidão no Brasil. Ver *Congresso agrícola*. Edição fac-similar dos anais do Congresso Agrícola, realizado no Rio de Janeiro em 1878. Rio de Janeiro: Fundação Casa de Rui Barbosa, 1988.

LETTER 2

Williams* to Nabuco
14 February 1880

Serra de Cocais, Minas Gerais

Dear Sir

I have been requested by the Secretary of the British and Foreign Anti-Slavery Society of London [Charles Allen], to forward, and which I have now the honor to do, a copy of a resolution passed by the Committee of that Society; thanking you for your successful efforts in causing the emancipation of the Catta Branca Blacks illegally held in slavery in Morro Velho; by bringing the subject under the notice of the "Assemblea Geral". **

I trust the substance of the Resolution may be as gratifying to you as it affords me pleasure in being made the means of its communication.

I am afraid there is not much chance of these Blacks receiving their wages from January 1860 to 1877 (date of deposit), unless the matter is again brought before the "Assemblea".

I have the honor to be
Dear Sir
                    Your most obedient and humble servant
                      CHARLES H. WILLIAMS

---

* Charles Williams, Director of the Cocais mines.
** Assembléia Geral do Império, or Chamber of Deputies and Senate meeting together.

CARTA 2

WILLIAMS* A NABUCO
14 DE FEVEREIRO DE 1880

Serra de Cocais, Minas Gerais

Prezado Senhor,

O secretário da British and Foreign Anti-Slavery Society de Londres pediu-me que lhe enviasse – o que agora tenho a honra de fazer – uma cópia da resolução aprovada pelo Comitê daquela sociedade, agradecendo-lhe por seus bem sucedidos esforços em levar o assunto à atenção da Assembléia Geral** obtendo assim a emancipação dos negros da Catta Branca que tinham sido mantidos ilegalmente como escravos em Morro Velho.

Espero que o conteúdo da Resolução seja tão gratificante para V.Sa. quanto o é para mim ter sido escolhido como mensageiro dessa comunicação.

Temo que haja muito pouca probabilidade de que esses negros recebam seus salários a partir de janeiro de 1860 até 1877 (data do depósito), a não ser que o assunto seja levado uma vez mais à Assembléia.

Tenho a honra de ser
Prezado Senhor

Seu mais obediente e humilde servidor
CHARLES H. WILLIAMS

---

* Charles Williams, diretor das Minas Cocais.
** Assembléia-Geral do Império, Câmara dos Deputados e Senado.

LETTER 3

Nabuco to Allen
8 April 1880

Rio de Janeiro

Dear Sir,

I had the honor to receive the communication you kindly addressed to me [letter 1], of the Resolutions passed by the Committee of the British and Foreign Anti-Slavery Society, and I beg you to convey to your distinguished Associates, and to receive for yourself, my most sincere thanks. Your approbation was not for me a matter of doubt, therefore it honors me still more.

The fact that a great English Company has lent itself, for twenty years, to be the chief instrument for the illegal enslaving of hundreds of men, for whose freedom it had solemnly pledged itself by a public contract, could nowhere excite so much indignation as in England. It is for that that the S. João del Rey Mining Company and its accomplices had never more constant and uncompromising enemies than Her Britannic Majesty's Representatives in Brazil. I was perfectly aware then that I was rendering a service, both to the English nation and to the slaves of Morro Velho, by denouncing the spoliation of human freedom perpetrated by an important gold mining enterprise of South America under the protection of the British flag. I had only in view to call the attention of the country to that scandalous conspiracy, and give it the largest publicity. In fact justice after this step could no longer be delayed. I here must heartily join you in the praise you bestow upon the worthy magistrate, whose name I beg leave to mention, Judge Frederico Augusto Alvares da Silva, who

CARTA 3

Nabuco a Allen
8 de abril de 1880

Rio de Janeiro

Prezado Senhor,

Tive a honra de receber a comunicação que V.Sa. tão gentilmente me enviou [carta 1] a respeito da Resolução aprovada pelo Comitê da British and Foreign Anti-Salvery Society. Peço-lhe que transmita aos distintos membros da Sociedade e que aceite também V.Sa. os meus agradecimentos mais sinceros. Não tinha a menor dúvida quanto à sua aprovação e, por essa razão, a honra ainda é maior.

O fato de uma grande companhia inglesa se ter prestado durante 20 anos a ser o instrumento principal da escravidão ilegal de centenas de homens cuja liberdade havia sido solenemente prometida por um contrato público em nenhum outro lugar poderia ter suscitado mais indignação do que na Inglaterra. É por essa razão que a S. João del Rey Mining Company e seus cúmplices nunca tiveram adversários mais constantes e mais intransigentes do que os representantes de Sua Majestade Britânica no Brasil.

Estava perfeitamente ciente de que prestava um serviço tanto à nação inglesa quanto aos escravos do Morro Velho quando denunciei a espoliação da liberdade humana perpetrada por importante empresa de mineração de ouro da América do Sul sob a proteção da bandeira britânica. Tinha apenas em vista chamar a atenção do país para aquele conluio escandaloso e lhe dar a maior publicidade possível. Com efeito, após esse passo, a justiça não podia mais ser adiada. Aqui, e com

has, by his decree, affirmed the right of the Catta Branca blacks to their freedom and salary in a way which, I am confident, will not be altered hereafter. It is unhappily much to be regretted – and it should be investigated – that out of the three hundred and eighty five slaves, who in 1845, obtained a perfect right, by a legal title, to their liberty (the minors when they should attain twenty one years, the others after fourteen years of services rendered), only one hundred and twenty three now appear to receive their letters of freedom from the hands of public justice.

As for the resistance I offered to the Chinese immigration scheme, I think with you that any labour contract celebrated in China will soon degenerate into a Slavery bond for the contracted, in whatever country he may chose to settle. I oppose the idea of sustaining artificially the large proprietorships with the Asiatic, instead of the decaying African stay. This plan meanwhile seems to meet with an insurmountable obstacle by the refusal of the Celestial Empire through its government to celebrate any treaty, allowing the emigration of its subjects to be converted into a traffic. After the fall, moreover, of the Sinimbu administration which had undertaken to furnish the agriculturers of two only of the Southern provinces with Coolies, there is no longer any reason to fear that the black be replaced by the yellow slave, and the inheritance of slave labour will appertain entirely to free people.

Thanking you once more for the gratifying message you sent me, I assure you will always find me at the fighting post I now occupy. I place the Emancipation interest beyond any other, above any party allegiance or engagement. Compared to this great social reform, which should extend the right of freedom, property, family and conscience, to the race which produces more that two thirds of Brazilian exportations, political reforms remain in the shade.
In the approaching session of the House of Deputies, besides a bill, the purpose of which is to correct many of the inequalities and

grande entusiasmo, compartilho o louvor que V.Sa. tece ao digníssimo magistrado cujo nome me permito mencionar, o juiz Frederico Augusto Álvares da Silva, que, por sua sentença, confirmou o direito dos negros da Catta-Branca a sua liberdade e salário, de maneira que, estou certo, não será modificada daqui em diante. Infelizmente, é extremamente lamentável – e esse fato deve ser investigado – que dos 385 escravos que, em 1845, obtiveram a justo título um direito perfeito à liberdade (os menores quando completassem 21 anos, e os outros após 14 anos de serviços prestados) apenas 123 parecem ter recebido até agora suas cartas de alforria das mãos da justiça pública.

Quanto à resistência que ofereci ao esquema de imigração chinesa, concordo com V.Sa. que qualquer contrato de trabalho celebrado com a China irá degenerar-se rapidamente em vínculo escravista para os contratados, qualquer que seja o país onde decidam estabelecer-se. Oponho-me à idéia de sustentar artificialmente as grandes propriedades substituindo sua base, agora em declínio, na mão-de-obra africana, pela asiática. Por enquanto esse plano parece ter encontrado um obstáculo insuperável na recusa do Império Celestial, por intermédio de seu governo, de celebrar qualquer tratado permitindo que a emigração de seus súditos seja convertida em tráfico. Além disso, após a queda do governo Sinimbu, que se tinha comprometido a fornecer *cules* aos agricultores de apenas duas das províncias do sul, já não há qualquer motivo para temer que os negros sejam substituídos pelo escravo amarelo e a herança do trabalho escravo pertencerá inteiramente às pessoas livres.

Agradecendo uma vez mais a agradável mensagem que V.Sa. me enviou, garanto-lhe que V.Sa. sempre me encontrará neste posto de luta que hoje ocupo. Ponho meu interesse pela Emancipação acima de qualquer outro, inclusive acima de qualquer lealdade ou envolvimento partidário. Quando comparada a essa imensa reforma social que deve estender o direito de liberdade, propriedade, família e consciência

iniquities of the slavery covenant, I will introduce one establishing the date of the 1st of January, 1890, for the entire abolition of Slavery in the Empire.* I know such a large period is a compromise, but it is necessary one. It is the only means of surmounting difficulties which are still very great. The law of the 28th September, 1871, sufficient for that time, has a slower action, and gives a lower rate of yearly emancipations, than the circumstances of the country and the steady progress of public conscience, now, both allow and requires. An unchangeable term, such as the 1st of January, 1890, would leave time to the planters to prepare for the great evolution, while it would directly give rise, in the hearts of the slaves, to an invaluable hope, of an infinite price, which would render life less and less hard for them, at every step of time that should bring them nearer to freedom. This bill will not be converted this year into law; but introduced every Session in a Liberal House by myself or some of my friends, in a Conservative House by some prominent Conservative Abolitionist like Mr. Gusmão Lobo – increasing every time in votes, it will triumph at last. As the date is immovable, every delay would render the transition period shorter, but it would not be our fault. The frontier of the next decade shall not be crossed in Brazil, I hope, by any man calling himself a slave. Such a hope I express here is sure to meet with the sympathy of the Emperor, who cannot but

---

* Nabuco presented his bill on 24 August 1880. The first article read: 'On 1 January 1890 slavery will be declared abolished for all time in the territory of the Empire. The State will indemnify by means of this law those who still possess slaves at that date.' Attached were the signatures of 38 deputies. Nabuco requested a decision on an early vote [*urgência na votação*]. The Liberal President of the Council of Ministers, José Antônio Saraiva, made it a question of confidence in the government, threatening to resign if the *urgência* were approved. The deputies supporting the government boycotted the session, depriving the Chamber of the necessary quorum. Nabuco did not wish to ask for a further *urgência* but another deputy did so. His request was defeated 77 votes to 18, thus preventing discussion of the bill, which was withdrawn.
The bill was published in *O Abolicionista*, 1 January 1881, pp. 6-7 and 1 February 1881, pp. 4-5. *O Abolicionista* was the journal of the Sociedade Brasileira contra a Escravidão formed on 7 September 1880 (see letter 5). The first issue was published on 1 November 1880.

àquela raça que produz mais de dois terços das exportações brasileiras, qualquer outra reforma política fica em segundo plano.

Na sessão da Câmara dos Deputados que se aproxima, além de projeto de lei cujo objetivo é corrigir muitas das desigualdades e iniqüidades do pacto escravista, irei introduzir um outro que estabelece a data de 1º de janeiro de 1890 para a abolição total da escravidão no Império.* Sei que um prazo assim tão longo é apenas uma solução conciliatória, mas isso é necessário. Essa é a única forma de superar as dificuldades que ainda são enormes. A lei de 28 de setembro 1871, suficiente para a época, tem ação lenta e gera um índice inferior de emancipações anuais que as circunstâncias atuais do país e o constante progresso da consciência pública tanto permitem quanto exigem. Um prazo pré-fixado, como esse de 1º de janeiro de 1890, dará tempo suficiente aos fazendeiros para se prepararem para a grande evolução e, ao mesmo tempo, despertará no coração dos escravos uma esperança inestimável, de um preço infinito, que lhes tornará a vida cada vez menos árdua na medida em que a passagem do tempo os aproxime da liberdade. Esse projeto não será convertido em lei este ano; no entanto, será apresentado em todas as sessões: numa Câmara Liberal, por mim ou por alguns de meus amigos e, numa Câmara Conservadora, por algum eminente abolicionista conservador, como o Sr. Gusmão Lobo. Assim ele irá recebendo um número cada vez maior de votos e finalmente triunfará. Como a data não será alterada, cada adiamento

---

* Nabuco apresentou o projeto em 24 de agosto, com a assinatura de 38 deputados, e pediu urgência na votação. O Presidente do Conselho, José Antônio Saraiva, fez da urgência questão de confiança no governo, ameaçando pedir demissão se ela fosse aprovada. Os deputados do governo boicotaram a votação negando quorum à sessão. Nabuco não quis pedir nova urgência, mas outro deputado o fez, tendo sido ela derrotada por 77 votos a 18, ficando impedida a discussão do projeto. Seu artigo primeiro dizia: "No dia 1º de janeiro de 1890 a escravidão será declarada abolida para sempre no território do Império. O Estado indenizará na forma desta lei os senhores que ainda possuam escravos naquela data". O projeto foi publicado em *O Abolicionista* (01/01/1881, p. 6-7 e 01/02/1881, p. 4-5). *O Abolicionista* era o jornal da Sociedade Brasileira contra a Escravidão, criada em 7 de setembro de 1880 (ver carta 5). O primeiro número foi publicado em primeiro de novembro de 1880.

be earnestly desirous of leaving to his daughter a free country, rid of slavery, and who has had already forty years of reign to execute what Alexander II, of Russia, did after six, not for one million, but for forty millions of his subjects, against most terrible odds and incomparable social resistances, without disposing, in fact, of any greater strength. We will have, besides, on our side the generosity of the national character, and chiefly the complicity of the slave-owners, who out of human feelings, are actually becoming more and more the best workers of Emancipation. The law passed under Viscount of Rio Branco's administration was certainly not a compromise between two independent Sovereignties: the State and Slavery. It was not a contract, *do ut des*, nor a treaty of alliance. It was like any other, a legislative Act, to be tested by experience and by its own nature, the mere forerunner of the definitive solution. It shakened the traditional building, exposed its secular foundation, now the fall must follow. Under the last Cabinet the movement was checked for a while, but the Cabinet was thrown down and Emancipation stands. What a better signal of public spirit than the private liberality of great and small landowners, leaving, by will, all their slaves free and distributing lands amongst them? Every day a new name is inscribed in that Golden Book, whose pages every Brazilian would be proud to read. What a better signal, too, than the position assumed by the leading newspapers of the country, all favourable to Emancipation, as, for instance, the *Jornal do Commercio*, whose defence of the Redeeming Fund honours our journalism, and the *Gazeta de Notícias*, open to every social reform? All the generosity for the county is aroused, long since, in favour of progressive abolition. Anywhere, at the public meetings, as well as in the Parliament galleries every word of abolition is greeted with applause, and true popularity is attached to the memory of those who were the precursors of the idea, as well as to every statesman who tried to build the greatness of the country upon a free soil. Finally we may rely on the late, but powerful, contingent, when all those who descend from slaves will

tornará o período de transição mais curto, mas não será por nossa culpa. A fronteira da próxima década não será transposta no Brasil, espero eu, por um só homem que chame a si mesmo de escravo. Essa esperança que aqui manifesto certamente irá ao encontro da boa vontade do Imperador que só pode estar sinceramente desejoso de deixar para sua filha um país livre, desembaraçado da escravidão, pois ele já teve 40 anos de reinado para executar aquilo que Alexandre II, da Rússia, fez em apenas seis, não para um milhão, mas para 40 milhões de seus súditos, contra os mais terríveis obstáculos e resistências sociais inigualáveis e sem dispor, na verdade, de maior poder do que aquele que tem nosso Imperador. Teremos do nosso lado, além disso, a generosidade do caráter nacional e principalmente a cumplicidade dos senhores de escravos que, por sentimentos humanitários, estão na verdade tornando-se cada vez mais os melhores obreiros da Emancipação. A lei aprovada pelo Ministério do visconde do Rio Branco não foi certamente um compromisso entre duas soberanias independentes: o Estado e a Escravidão. Não foi um contrato, *do ut des*, nem um tratado de aliança. Foi um ato legislativo, como qualquer outro, a ser submetido à prova da experiência e foi, por sua própria natureza, apenas um precursor da solução definitiva. Ele abalou o antigo edifício, expôs sua fundação secular, agora deve seguir-se a queda. Sob o último Gabinete o movimento foi freado por algum tempo, mas ele caiu e a Emancipação permanece. Que melhor sinal de espírito público que a liberalidade particular de grandes e pequenos proprietários que por testamento liberam todos seus escravos e distribuem terras entre eles? A cada dia um novo nome é registrado naquele Livro de Ouro cujas páginas todos os brasileiros estariam orgulhosos de ler. Que melhor sinal, também, que a posição assumida pelos principais jornais do país, todos eles favoráveis à Emancipação, como, por exemplo, o *Jornal do Commercio*, cuja defesa do Fundo de Emancipação honra nosso jornalismo, e a *Gazeta de Notícias*, aberta para todas as reformas sociais? Toda a generosidade do país foi despertada, há muito, a favor da abolição progressiva. Em qualquer lugar, nas reuniões públicas ou nas galerias do

understand what a duty that legacy imposes on them towards the cause we defend. 'The fact remains, but the right has passed', said Senator Nabuco, my father, alluding to the beneficent law of the 28th of September, 1871. Well, a fact that does not stand upon right, is condemned to perish; it has no internal life, and the sooner it disappears, the better.

The British and Foreign Anti-Slavery Society sees every day the propagation of its efforts. That is a result of the work of social and moral levelling, which is being carried on among civilized countries. These efforts more than once were directed towards Brazil, and they were not unsuccessful. Well, the day is not very distant, when, in the geographical map of Slavery, Brazil and Cuba, two of the most beautiful and fertile portions of the globe, will no longer be the dark spots in American land. That day, your work will be almost finished, but from that day only, a date I called the national hegira – will begin the new life of a country destined to be by the virtue of free-work alone, a blessed home, the pride of her children, born or adoptive.

Offering you the assurance of my high regard, I have the honor to be, dear Sir,

Yours very sincerely
JOAQUIM NABUCO
Member of the Brazilian Parliament

Parlamento, qualquer palavra sobre a abolição é recebida com aplausos e uma popularidade genuína está associada à memória daqueles que foram precursores da idéia, bem assim como àquela de todos os estadistas que tentaram construir a grandeza do país sobre um solo livre. Finalmente, poderemos contar com um contingente tardio, mas poderoso, quando todos aqueles que descendem de escravos vierem a compreender o dever que esse legado lhes impõe diante da causa que defendemos. "O fato continua, mas o direito acabou", diz o Senador Nabuco, meu pai, aludindo à lei beneficente do dia 28 de setembro de 1871. Ora, um fato que não se baseia em direito está condenado a sucumbir; não possui qualquer vida própria e quanto mais rapidamente desaparecer, melhor.

A British and Foreign Anti-Slavery Society vê a cada dia a propagação de seus esforços. Esse é o resultado do trabalho de nivelamento social e moral que está sendo realizado entre países civilizados. Mais de uma vez esses esforços foram dirigidos ao Brasil e eles não foram em vão. Não está muito longe o dia em que, no mapa geográfico da Escravidão, o Brasil e Cuba, duas das regiões mais belas e férteis do globo, já não serão manchas escuras na terra americana. Nesse dia vosso trabalho estará quase terminado, mas é só a partir desse dia — uma data que chamo de hégira nacional — que começará a vida nova de um país destinado a ser — apenas em virtude do trabalho livre — um lar abençoado e o orgulho de seus filhos aqui nascidos ou adotivos.

Apresentando a V.Sa. minha maior consideração,
Tenho a honra de ser

Muito sinceramente,
JOAQUIM NABUCO
Membro do Parlamento Brasileiro.

LETTER 4

WILLIAMS TO NABUCO
9 AUGUST 1880

Serra de Cocais

Dear Sir

Having been upon an excursion North far out of the way of post I have only just had the pleasure to receive you letter of 24 May.*
In the Catta Branca Slave case my latest advices from Ouro Preto, do not state that the Tribunal da Relação have yet given sentence in the appeal case. A note from the Minister of Justice to the President might exercise the same galvanise effect as your speech of 26 August did upon the Curador, and others at Sabará. I am most desirous for the decision, as I am anxious to withdraw my original copy of the contract which is now with the [word illegible], and which I am refused till the sentence is given and this document is necessary for the proceedings in England, against Gordon** and others.

I am glad to see your admirable reply to the letter of congratulations from the Anti-Slavery Society [letter 3], and your intention to introduce a Bill to enable a total end to slavery in 1890.

In the meantime, could foreigners be made subject to their own laws in regard to slavery matters?

---

* Letter not located.
** James Newell Gordon, Superintendent of St John d'El Rey Mining Company, 1857-76.

CARTA 4

Williams a Nabuco
9 de agosto de 1880

Serra de Cocais

Prezado Senhor,

Tendo estado em excursão ao norte do país bem distante de meu posto, só agora tive o prazer de receber sua carta de 24 de maio.* No caso dos escravos da Catta Branca, as últimas informações que recebi de Ouro Preto não afirmam que o Tribunal da Relação já deu a sentença no caso da apelação. Uma nota do ministro da Justiça para o Presidente pode exercer o mesmo efeito galvanizador que teve seu discurso de 26 de agosto sobre o Curador e outros mais em Sabará. Estou desejando muito que saia a decisão e ansioso para recuperar minha cópia original do contrato que agora está nos autos e que me é recusada até que a sentença seja dada. Esse documento é necessário para os procedimentos legais na Inglaterra contra Gordon** e outros.

Fiquei satisfeito de ver sua admirável resposta à carta de felicitações da Anti-Slavery Society e sua intenção de apresentar um projeto de lei que permita o fim total da escravidão em 1890 [carta 3].

Enquanto isso, poderiam os estrangeiros ser submetidos a suas próprias leis em assuntos de escravidão?

---

* Carta não localizada.
** James Newell Gordon, Superintendente da St. John d'El Rey Mining Company, 1857-76.

I am progressing with the Freedom of the Blacks with whom I have to do and shortly hope to have them all free, the old ones taken care of, the young ones provided for.

I am, dear Sir
Yours very sincerely
                                              CHAS. H. WILLIAMS

Tenho feito progressos na libertação dos negros, lidando com quem preciso lidar, e espero que em breve todos eles estejam livres, os velhos sendo cuidados e os jovens com sua subsistência garantida.

Sou
Estimado Senhor,
Seu muito sinceramente

CHAS. WILLIAMS

LETTER 5

Santos to Allen
8 October 1880

Rio de Janeiro

Sir,

I am directed by the Brazilian Anti-Slavery Society* to communicate its organisation, in Rio de Janeiro, to the British and Foreign Anti-Slavery Society.

By our 'Manifesto'** and the last issue of the *Rio News*, of which I have the pleasure of sending you a few copies, you will see what the purposes of our Society are, and I believe that they will meet your hearty approval.

Hoping to soon enter into direct and frequent exchange of communications with your Society on every subject relative to slavery, I have the honour to be, Dear Sir, Your obedient servant

JOSÉ AMÉRICO DOS SANTOS

Secretary
Sociedade Brasileira contra a Escravidão

---

* Sociedade Brasileira conta Escravidão founded 7 September 1880.
** The Manifesto was published in the *Gazeta de Notícias* on 28 September 1880. It appeared in English translation in the *Rio News* and in French in the *Méssager du Brésil*. Charles Allen replied on 23 November (letter 6).

CARTA 5

Santos a Allen
8 de outubro de 1880

Rio de Janeiro

Senhor,

A Sociedade Brasileira contra a Escravidão* encarregou-me de comunicar sua organização, no Rio de Janeiro, à British and Foreign Anti-Slavery Society.

Por nosso "Manifesto"** e pelo último número do *Rio News,* do qual tenho o prazer de lhe enviar algumas cópias, o senhor verá quais são os objetivos de nossa Sociedade e acredito que eles terão sua sincera aprovação.

Na expectativa de que em breve estejamos permutando comunicações diretas e freqüentes com sua Sociedade sobre todos os assuntos relacionados com a escravidão, tenho a honra de ser,

    Caro Senhor
    Seu mais obediente servidor

                      JOSÉ AMÉRICO DOS SANTOS
    Secretário
    Sociedade Brasileira contra a Escravidão.

---

* Fundada em 7 de setembro de 1880.
** O "Manifesto" foi publicado na *Gazeta de Notícias* em 28/09/1880. Uma versão em inglês saiu no *The Rio News* de 05/10/1880. O *Méssager du Brésil* publicou uma versão em francês.
Charles Allen respondeu a José Américo dos Santos em 23 de novembro de 1880 (carta 6).

LETTER 6*

ALLEN TO JOSÉ AMÉRICO DOS SANTOS
23 NOVEMBER 1880

Dear Sir,

I have much pleasure, on behalf of the British and Foreign Anti-Slavery Society, in acknowledging receipt of the several copies of the Manifesto of the Sociedade Brasileira contra a Escravidão, in English, French and Portuguese. Your manifesto was received by this Society with especial pleasure, and I warmly congratulate you on having persuaded Sr Joaquim Nabuco, a member of your Chamber of Deputies, whose services on behalf of the slaves are well known to us, to be your president. Lord Granville* had already sent us a copy in English for our information, with a request that it be returned to him; immediately I returned it to the Secretary of State with a copy in Portuguese that you had been kind enough to send us. The manifesto was discussed at a meeting of the Society's committee on 17th inst. And a resolution of approval and congratulations was unanimously passed, a copy of which I have the satisfaction to send you. I nourish the sincere hope that the Society, which I have the honour to represent, can co-operate with your society in the task of extinguishing slavery in the shortest possible time. I will send you on a regular basis copies of the *Anti-Slavery Reporter* and, in exchange, I will be pleased to receive your own publications. The resolution

---

* This a translation into English of the Portuguese translation of Allen's letter which was published in *O Abolicionista*, 1 January 1881, pp. 3-4. The original has not been located.

CARTA 6*

Allen a Santos
23 de novembro de 1880

Caro Senhor,

Tenho o prazer de, por parte da *British and Foreign Anti-Slavery Society*, acusar a recepção de diversos exemplares do manifesto da Sociedade Brasileira contra a Escravidão, em inglês, francês e português. O vosso manifesto foi recebido por esta sociedade com o mais especial agrado, e eu de coração me congratulo convosco por haverdes granjeado para vosso presidente o Sr. Joaquim Nabuco, deputado à assembléia geral do vosso país, cujos serviços em prol dos escravos são por nós tão favoravelmente conhecidos. O conde de Granville [chanceler da Grã Bretanha] remeteu-nos obsequiosamente, para que dele tomássemos conhecimento, um exemplar em inglês do mesmo manifesto, com a recomendação de que lh'o restituíssemos; e imediatamente o devolvi à secretaria dos negócios estrangeiros, com um exemplar em português, que houvestes a bondade de enviar-nos. Foi o manifesto submetido à discussão em sessão da junta administrativa de 17 de corrente, e passou unanimemente uma resolução de aprovação e congratulação, da qual tenho a satisfação de remeter-vos cópia. Nutro sinceras esperanças de que a Sociedade que tenho a honra de representar poderá colaborar com a vossa associação no empenho de extinguir com brevidade a escravidão. Enviar-vos-ei regularmente exemplares do *Anti-Slavery Reporter*,

---

* Tradução publicada em *O Abolicionista*, 1/01/1881, p. 3-4. Original não localizado.

mentioned above reads: It was resolved that the British and Foreign Anti-Slavery Society received with much pleasure and satisfaction the manifesto of the Sociedade Brasileira contra a Escravidão and considers the organisation of that society evident proof that slavery, as an institution, will cease to exist within a short period of time, not only in Brazil, but in all civilized countries. The British and Foreign Anti-Slavery Society, therefore, sends its warmest congratulations to the Sociedade Brasileira and expresses the hope that, through the regular exchange of information, slavery and the condition of the slaves in Brazil will become better known than hitherto by the public, both in América and in Great Britain. The contents of the manifesto are warmly approved by the society in London which will be ready at all times to collaborate with the society in Brazil in its efforts to destroy the evil that is slavery in Brazil.

CH H. ALLEN
Secretary

e em troca receberei com prazer, as vossas publicações". A resolução mencionada na carta é a seguinte: "Resolveu-se declarar que a *British and Foreign Anti-Slavery Society* recebeu com muito prazer e satisfação o manifesto da Sociedade Brasileira contra a Escravidão e considera a organização desta sociedade como uma das provas mais evidentes de que a escravidão, como instituição, deve cessar de existir dentro em pouco tempo, não só no Brasil, mas em todos os países civilizados. A *British and Foreign Anti-Slavery Society,* portanto, apresenta suas cordiais congratulações à Sociedade Brasileira e manifesta a esperança de que, pela troca regular de comunicações, o estado da escravidão e a condição dos escravos no Brasil se tornarão melhor conhecidos do que até agora pelo público, quer da América, quer da Grã-Bretanha. Os assuntos, de que trata o manifesto, são cordialmente aprovados pela sociedade de Londres, que a todo o tempo estará pronta a colaborar com a sociedade do Brasil nos seus esforços por destruir a maldição da escravidão no Brasil.

CH. H. ALLEN,
SECRETÁRIO.

LETTER 7

Sociedade Brasileira contra a Escravidão to British and Foreign Anti-Slavery Society
20 December [1880]

Rio de Janeiro

Gentlemen,

We take the liberty to inform you of the departure of the President of this Society, Deputy Joaquim Nabuco, for a few months visit in Europe, and to solicit your kind reception and your valuable assistance in any object in which we have a common interest.

The principal purpose of Mr. Nabuco's visit is to bring ourselves into more intimate relations with the societies and individuals in Europe who are interested in the extinction of the slave traffic and in the universal abolition of slavery. With such a purpose it is manifest that this principal and most important visit will be to the first and most influential organization of its kind in the world – The British and Foreign Anti-Slavery Society.

Mr. Nabuco's services, both in parliament and in the press, in [sic] behalf of the cause of abolition in Brazil have been incessant and untiring, and he stands before the country to-day as its acknowledged leader. In bespeaking your invaluable cooperation in the purposes of his visit to Europe at this time we therefore solicit not only a service which you will be pleased to render, but also a service which will be made the more efficient and valuable through its bestowal upon so prominent a leader of the anti-slavery movement in Brazil.

CARTA 7

Sociedade Brasileira contra a Escravidão à British and Foreign Anti-Slavery Society
20 de dezembro [1880]

Rio de Janeiro

Senhores,

Tomamos a liberdade de lhes informar a partida do presidente desta Sociedade, Deputado Joaquim Nabuco, que visitará a Europa durante alguns meses, e de solicitar a V.Sas. para ele uma recepção generosa e sua valiosa ajuda em qualquer assunto no qual tenhamos interesse comum.

O objetivo principal da visita do Sr. Nabuco é estabelecer contatos mais estreitos entre nossa Sociedade e sociedades e pessoas na Europa que estejam interessadas na extinção do tráfico de escravos e na abolição universal da escravidão. Com esse objetivo, é evidente que a visita principal e mais importante será feita à primeira organização desse tipo, e a mais influente, no mundo – a Sociedade Britânica e Estrangeira contra a Escravidão.

Os serviços do Sr. Nabuco prestados à causa da abolição no Brasil, tanto no Parlamento quanto na imprensa, têm sido constantes e incansáveis e em nosso país e ele se ergue hoje diante do país como seu líder. Ao apelar para vossa valiosa cooperação com os objetivos da visita do Sr. Nabuco à Europa estamos não só solicitando um serviço que os senhores terão prazer em prestar, mas também um serviço que se tornará ainda mais eficaz e valioso por ser prestado a um líder tão preeminente do movimento contra a escravidão no Brasil.

With the assurances of our high esteem, and of our hearty cooperation with you in your great work, we have the honor to be

Your most obedient servants

ADOLPHO DE BARROS
Vice President

JOSÉ AMÉRICO DOS SANTOS
Secretary

ANDRÉ REBOUÇAS
Treasurer

Assegurando-lhes nossa alta estima e nossa disposição sincera de cooperar com os senhores em seu importante trabalho, temos a honra de ser,

Seus mais obedientes servidores.

ADOLPHO DE BARROS
Vice-Presidente

JOSÉ AMÉRICO DOS SANTOS
Secretário

ANDRÉ REBOUÇAS
Tesoureiro

LETTER 8 [POSTCARD]

ALLEN TO NABUCO [AT 32 GROSVENOR GARDENS, W. 8]
9 FEBRUARY 1881

55 New Broad Street

Very glad to welcome you to England. Mr. Cooper* is very ill but I am going to his house this morning with your card and will write to you directly I return. Mr. Sturge** is also away ill. Would it be convenient for you to call here tomorrow (Thursday at 12). I am very busy with an Address to the Government and the new number of the *Reporter* or I would offer to call upon you. We should like you to sign our *two* Addresses to the Government.

C.H. ALLEN

---

* Joseph Cooper (1800-81), Honorary Secretary of the Anti-Slavery Society, 1871-9.
** Edmund Sturge (1808-93), Secretary of the Anti-Slavery Society, 1871-9, Honorary Secretary since 1879.

CARTA 8 [CARTÃO POSTAL]

Allen a Nabuco [em 32 Grosvenor Gardens, W. 8]
9 de fevereiro de 1881

55 New Broad Street

Estou muito satisfeito de lhe dar as boas vindas à Inglaterra. O Sr. Cooper* está muito mal, mas vou até a casa dele hoje de manhã com seu cartão e volto a lhe escrever assim que retornar. O Sr. Sturge** também está em casa, doente. Seria conveniente para o senhor passar aqui amanhã (quinta feira, às 12)? Estou muito ocupado em redigir uma representação ao governo e com o novo número do *Reporter*; não fosse por isso, me ofereceria para ir visitá-lo. Gostaríamos que o senhor assinasse nossas *duas* representações ao governo.

C.H. ALLEN
Secretário

---

* Joseph Cooper (1800-1881), Secretário Honorário da Anti-Slavery Society, 1871-9.
** Edmund Sturge (1808-1893), Secretário da Anti-Slavery Society, 1871-9, Secretário Honorário desde 1879.

LETTER 9

ALLEN TO NABUCO
14 FEBRUARY 1881

55 New Broad Street

Dear Sir

I have received a letter from our President Mr. Samuel Gurney* of Brighton, asking me to find out whether it would be convenient to you to go down to Brighton some day this week. He would like me to accompany you and he would meet us at the station and show you some of the 'lions' (sic) of that great seaside town. We should then proceed to his house to lunch and return easily to London by afternoon express.

I think Friday or Saturday would be the best time. Please let me know as soon as you can, and I will arrange which train we shall take.

When Mr. Sturge is well enough to come to town I hope we shall be able to find an opportunity for some of the older Members of this Society to meet you either somewhere in the City or at the West End.

I am much obliged for the Portuguese papers. I can read most of the report of your reception in Lisbon**, but unfortunately I do not

---

* Samuel Gurney (1816-82), banker and philanthropist, son of the abolitionist Samuel Gurney (1786-1856), President of the Anti-Slavery Society since 1864.

** For the repercussions of Nabuco's visit to Lisbon as reported in the local press, see *O Abolicionista* 1 March 1881. The Brazilian deputy was received with full honours in the Chamber of Deputies on 8 January. The *Diário Popular* described him as 'tall, elegant, attractive, with extremely regular features, more like a typical Frenchman than a Brazilian'. Rafael Bordalo Pinheiro, the famous Portuguese caricaturist, offered a dinner in his honour. The *Times*, 10 January 1881, described the visit to Lisbon by the 'leader of the slavery abolition party in Brazil'.

CARTA 9

Allen a Nabuco
14 de fevereiro de 1881

55 New Broad Street

Prezado Senhor,

Recebi carta de nosso presidente, Sr. Samuel Gurney,* de Brighton, perguntando se lhe seria conveniente o senhor ir até Brighton algum dia desta semana. Ele gostaria que eu o acompanhasse e nos esperaria na estação e lhe mostraria alguns dos "leões" [sic] daquela grande cidade costeira. Depois iríamos para a casa dele para o almoço e voltaríamos facilmente para Londres no expresso da tarde.

Acho que sexta-feira e sábado seriam os melhores dias. Por favor, avise-me tão logo lhe seja possível e decidirei que trem iremos tomar.

Quando o Sr. Sturge estiver bem o suficiente para vir a Londres, espero poder encontrar oportunidade para que alguns dos membros mais antigos desta Sociedade encontrem com o senhor em algum lugar da City ou no West End.

Muito obrigado pelos textos em português. Consigo ler a maior parte do relatório sobre sua recepção em Lisboa,** mas infelizmen-

---

* Samuel Gurney (1816-82), banqueiro e filantropo, filho do abolicionista Samuel Gurney (1786-1856), Presidente da Anti-Slavery Society desde 1864.

** A repercussão da visita de Nabuco a Lisboa vista pela imprensa local pode ser acompanhada pelas transcrições feitas em *O Abolicionista* de 01/03/81. O deputado brasileiro foi recebido com todas as honras na Câmara dos Deputados no dia 8 de janeiro, quando foi saudado pelo deputado Antônio Cândido. O *Diário Popular* de Lisboa o descreveu como "alto, elegante, de uma fisionomia insinuante, de feições extremamente regulares, lembrando mais o tipo francês do que o brasileiro". Rafael Bordalo Pinheiro, o famoso caricaturista, ofereceu-lhe um jantar de que participaram Ramalho Ortigão e outros. O *Times* de Londres também noticiou, em 10 de janeiro de 1881, a visita a Lisboa do "líder do partido abolicionista do Brasil".

know sufficient Portuguese to read your letter. Should you like any portion of it printed in our *Reporter* I shall be happy to do so if you can tell me how I can obtain it in English.

It will be too late for this month as it has now gone to press but will contain extracts from the Spanish newspaper. Next month I could print extracts from the Lisbon paper.

Meanwhile I return them to you and hope to hear that you will kindly allow me to conduct you to Brighton either on Friday or Saturday next.

I am Dear Sir
Yours very truly

CHAS. H. ALLEN

te meu português não é bom o bastante para ler sua carta. Se quiser que algum trecho dela seja publicado em nosso *Reporter,* terei prazer em fazê-lo se me disser como posso obter o texto em inglês.

Já é um pouco tarde para o número deste mês, pois já está no prelo, mas ele vai incluir extratos do jornal espanhol. Mês que vem eu poderia imprimir extratos do jornal de Lisboa.

Enquanto isso eu os devolvo ao senhor e espero que tenha a gentileza de permitir que o leve a Brighton na sexta-feira ou sábado próximos.

Sou,
Prezado Senhor,

Seu muito sinceramente,
CHAS. H. ALLEN

LETTER 10

Nabuco to Allen
14 February 1881

32 Grosvenor Gardens

Dear Sir,

I should like to write an article on the slavery question in Brazil stating all our views. I do not know if I could find the way for that article being placed before the eyes of a large member of representative people in England, by being published after correction in some Magazine of high class and influence. In case you could give me a chance of publishing it in the conditions I desire, I would begin to work in [sic] it as soon as I receive from you such assurance. I am sure no more important question could attract the attention of liberal opinion than the one on whose solution depends the fate of a whole race of men. I do not know how to write in English so as to appear before an English public, but I will have my contribution grammatically corrected by someone who knows. I think this would be a great service rendered to the emancipation cause, and that is the reason why I do not shrink before it.

If you see the possibility of any such publication, I ask you to let me know.

I saw the paragraph in the last issue of *The Economist** and I thought it excellent.

---

* Unable to locate.

CARTA 10

Nabuco a Allen
14 de fevereiro de 1881

32 Grosvenor Gardens

Prezado Senhor,

Gostaria de escrever um artigo sobre a questão escravista no Brasil apresentando todas as nossas opiniões. Não sei se poderia encontrar um meio de colocar esse artigo diante dos olhos de um grande número de pessoas com representatividade na Inglaterra, publicando-o, após correções, em alguma revista de alta categoria e influência. Se o senhor puder me conseguir a oportunidade de o publicar nas condições desejadas, começaria a trabalhar no artigo assim que recebesse do senhor essa garantia. Tenho certeza de que nenhuma outra questão importante poderia atrair mais a atenção da opinião liberal do que aquela de cuja solução depende o destino de uma raça inteira. Meu inglês escrito não é bom o bastante para ser apresentado a um público inglês, mas minha contribuição será corrigida gramaticalmente por alguém que o possa fazer. Acredito que seria um grande serviço prestado à causa da emancipação e esse é o motivo pelo qual não recuo diante dele.

Se V.Sa. achar que essa publicação é possível, peço-lhe que me avise. Vi o parágrafo no último número de *The Economist** e achei-o excelente. Subscrevo-me, estimado Sr. Allen,

---

* Não localizado.

I beg you to believe me, dear Mr. Allen.

Sincerely yours
JOAQ. NABUCO

P.S. – I have given up the post cards. I see how easy it is to make a reputation for writing them.   J.N.

Peço que me creia
Prezado Senhor Allen,

                                        Seu sinceramente,
                                        JOAQUIM NABUCO

P.S. – Desisti de cartões postais. Percebo como é fácil adquirir uma reputação por escrevê-los. J.N.

LETTER 11

Allen to Nabuco
3 March 1881

55 New Broad Street

My dear Senhor

The Welcome is a paper that is either owned or edited by one of our Committee. He desires me to state that if you will let him have a good photograph likeness of yourself he will have it engraved and published in his paper – together with a translation of your Madrid speech*. I have several copies of this speech and enclose you one herewith – as well as a copy of *The Welcome* – separately. If you would kindly let me have a carte de visite and a translation of the speech I will send them to the Editor of *The Welcome*. Perhaps one of the clerks in the Embassy could translate it for you as I see it is in Portuguese.

Hoping to see you tomorrow at a little after half past 4 – when our routine business will be nearly finished.

I am
Yours very truly

CHAS. H. ALLEN

---

* Nabuco gave his speech (in Portuguese) at a special session of the Sociedad Abolicionista Española held in his honour on 23 January. See *O Abolicionista*, 1 May 1881, pp. 1-4. At the end of the session Nabuco was acclaimed *sócio benemérito* of the Society.

CARTA 11

Allen a Nabuco
3 de março de 1881

55 New Broad Street

Meu caro Senhor,

O *Welcome* é um jornal que ou pertence a um membro de nosso Comitê ou o tem como editor. Essa pessoa me pediu que lhe dissesse que se o senhor lhe mandar uma boa fotografia sua ele a imprimirá e publicará em seu jornal, junto com uma tradução de seu discurso em Madri.* Tenho várias cópias desse discurso e envio-lhe uma delas – bem assim como um exemplar do *Welcome* – separadamente. Se fizer a gentileza de me enviar um cartão de visita e uma tradução do discurso eu os encaminharei ao Editor do *Welcome*. Talvez um dos funcionários da Embaixada possa traduzi-lo para o senhor pois vejo que está em português.

Na expectativa de vê-lo amanhã um pouco depois das quatro e meia – quando nosso trabalho de rotina já estará quase terminado,
Sou

Seu muito sinceramente,
CHAS. H. ALLEN

---

* Nabuco pronunciou seu discurso em português em sessão em sua homenagem organizada pela Sociedade Abolicionista Espanhola a 23 de janeiro. O discurso foi publicado em *O Abolicionista* de 01/05/1881, p. 1-4. Ao final da sessão, Joaquim Nabuco foi aclamado sócio benemérito da Sociedade.

LETTER 12

Nabuco to Allen
Monday [March 1881]

Dear Mr. Allen,

Will you be kind enough to send me a few copies of the *Reporter* in order I may send them to Brazil by to-morrow night?

I am sorry to say I do not see how I could translate my speech of Madrid busy as I am with a new unexpected work, and my friends shrink before committing themselves to write in English. I am obliged then to send you my photograph without any contribution of mine — as you kindly asked.

Wednesday or Thursday I will call at New Broad Street to see you. I remain, dear Mr. Allen,

Sincerely yours

JOAQ. NABUCO

CARTA 12

Nabuco a Allen
Segunda-feira [março de 1881]

Prezado Sr. Allen

O senhor poderia fazer a gentileza de me enviar algumas cópias do *Reporter* para que eu possa enviá-las ao Brasil amanhã à noite?
Lamento dizer que não vejo como poderia traduzir meu discurso de Madri, ocupado como estou com novo e inesperado trabalho e sabendo que meus amigos relutam muito antes de se comprometerem a escrever em inglês. Sou obrigado a lhe enviar apenas minha fotografia – como teve a gentileza de solicitar – sem qualquer outra contribuição de minha parte.
Irei à New Broad Street para vê-lo quarta ou quinta-feira. Continuo,
Caro Sr. Allen,
Seu sinceramente,

JOAQ. NABUCO.

LETTER 13

Cooper to Nabuco
8 March 1881

Essex Hall, Walthamstow

Dear Sir

Some time ago you were good enough to send me a card announcing your arrival in London, the receipt of which I should have acknowledged long ago, if I had not been seriously ill. So much so as to be quite unable to write to or to call upon you.

I am still a great invalid but it seems to me as if I must try to write a few lines to express my cordial regard and great respect for you – I am not able to express to you half the satisfaction with which I heard your noble manifesto read to me. It is a document which does the highest credit to you and to the Sociedade Brasileira. The principles of righteousness and justice are most ably set forth and I imagine are just what the immortal José Bonifacio advocated and for which he was banished from his country more than half a century ago. I should have rejoiced if it had been in my power to unite with my colleagues in doing honour to one who is so nobly engaged in pleading the cause of the injured and oppressed. But my time in this world is drawing toward a conclusion and I am looking towards that country where the men of the earth shall no more oppress. You will not be surprised at this when I tell you that I was in my early life a humble but ardent co-adjunctor of Clarkson and Wilberforce and their fellow labourers, the pioneers in the good cause of freedom and justice.

CARTA 13

COOPER A NABUCO
8 DE MARÇO DE 1881

Essex Hall, Walthamstow

Prezado Senhor,

Algum tempo atrás teve a gentileza de me enviar um cartão anunciando sua chegada a Londres, cartão cujo recebimento eu deveria ter acusado há muito tempo se não estivesse gravemente doente. Doente a ponto de quase não ser capaz de escrever ou de lhe fazer uma visita.

Ainda estou bastante enfermo, mas me parece que devo tentar escrever umas poucas linhas devido a minha consideração cordial e meu grande respeito pelo senhor – não sou capaz de lhe expressar nem a metade da satisfação que tive quando me leram seu nobre manifesto. É um documento que o honra muitíssimo e à sociedade brasileira. Os princípios de honradez e justiça são expressos de forma muito competente e, imagino, são exatamente aquilo que o imortal José Bonifácio defendia e pelo qual ele foi banido de seu país há mais de meio século. Eu me teria alegrado se tivesse podido me unir a meus colegas na homenagem àquele que está tão nobremente envolvido na defesa de injustiçados e oprimidos. Mas meu tempo neste mundo está chegando ao fim e estou esperando ansiosamente aquele país em que os homens da terra já não oprimirão ninguém. Estou certo de que não se surpreenderá quando eu lhe disser que fui, por toda a vida, um humilde mas ardente colaborador de Clark-

That the blessing of the Most High and of Him who came to proclaim liberty to the captives may rest upon you and upon your labours is the desire and prayer of

Yours very sincerely

JOSEPH COOPER

son e Wilberforce e de seus companheiros de trabalho, os pioneiros na boa causa da liberdade e da justiça.

Que a bênção do Altíssimo e d'Aquele que veio para proclamar a liberdade para os cativos possa descer sobre o senhor e sua luta é o desejo e a oração de

Seu muito sinceramente,

JOSEPH COOPER

LETTER 14

ALLEN TO NABUCO
5 APRIL 1881

55 New Broad Street

Dear Senhor

At the last meeting of the Committee of this Society held on the 1st April I was directed to convey to you the warm thanks of the Committee for the valuable and interesting information respecting slavery in Brazil, which you were good enough to lay before them in person at their former meeting [4 March]; and also for the excellent and exhaustive speech which you delivered at the public breakfast given by the President in your honour, on the 23rd March last at the Charing Cross Hotel.*

I have also the pleasure to offer you on behalf of the Committee, those other members of this Society who have had the privilege of meeting you, their warm welcome to this country and their hope that you may have a speedy and safe passage home, when you quit these shores.

I have the honour to remain
Dear Senhor
Yours most sincerely

CHAS. H. ALLEN

---

* Nabuco was introduced, to an audience of 150, including 11 Members of Parliament, by Thomas Fowell Buxton, son of the great abolitionist Sir Thomes Fowell Buxton. Buxton had recently replaced Samuel Gurney as President of the Society. The speech was

CARTA 14

Allen a Nabuco
5 de abril de 1881

55 New Broad Street

Prezado Senhor,

Na última reunião do Comitê desta Sociedade, realizada no dia 1º de abril p.p., encarregaram-me de lhe transmitir os agradecimentos sinceros do Comitê pela valiosa e interessante informação relativa à escravidão no Brasil que teve a bondade de lhes transmitir pessoalmente na reunião anterior [4 de março], e também pelo discurso, excelente e exaustivo, que pronunciou no café da manhã público oferecido pelo Presidente em sua homenagem dia 23 de março p.p. no Hotel Charing Cross.*

Tenho também o prazer de lhe transmitir, em nome do Comitê e dos outros membros da Sociedade que tiveram o privilégio de o conhecer, calorosas boas vindas a este país e o desejo de que tenha viagem rápida e segura a seu próprio país quando deixar nosso litoral.

Tenho a honra de permanecer,
Caro Senhor,
Seu muito sinceramente,

CHAS. H. ALLEN

---

* Joaquim Nabuco foi apresentado a um público de 150 pessoas, entre as quais 11 membros da Câmara dos Comuns, por Thomas Fowell Buxton, filho do grande abolicionista Sir Thomas Fowell Buxton, que recentemente substituíra Samuel Gurney na presidência

published in the *Anti-Slavery Reporter* 14 April 1881 and in *O Abolicionista*, 1 June 1881, pp. 2-5.

Before reviewing the history of slavery in Brazil and the obstacles to its abolition, Nabuco addressed head-on those who attacked the abolitionists in Brazil by accusing them 'of trying to raise a sort of European moral intervention in our domestic affairs, and of disclosing to the eyes of the world a national misfortune which should be jealously hidden from view'. Brazilian abolitionists 'did not need foreign assistance owing to the absence of national help'. They had 'the strong support of almost every element of opinion which is not the partner or the client of slavery'. They fought slavery 'exactly because [they] wish to see Brazil assume a prouder position in America, by getting rid of this blot upon civilization. It is not the men who have such national sensitiveness, such a consciousness of their country's reputation abroad, that could be accused of want of patriotic reticence by those same people who for thirty years brought on us the pain of foreign interference, because they would not desist from the greed of the slave trade!'. 'Emancipation in Brazil', he insisted, 'is not the creation of men who look to the approval of European feeling. Emancipation there is the natural growth on a liberal soil of the most democratic environments in America'. Nevertheless, he concluded, 'if I did not come to Europe to denounce and impeach slavery out of the court where it has a right to be judged, and will not fail to be condemned, I am only too glad when liberal opinion of any party abroad applauds our work.... It would be as debasing for any country to govern itself according to foreign opinion, as it would be insane for it to resist its moral influences, irrespective of their origin, which always moulded its social and moral life. As Brazil has imported all the principles of her government and organization, we are not willing to build up for the first time a Chinese wall to protect slave holders from the general influences which have made the world incompatible with slavery'.

The speech was given extensive coverage in the London press. The *Times* reporter observed that it was 'rather too long'. The *Evening Standard* commented that it was given 'in excellent English'. Besides *O Abolicionista,* the *Jornal do Commercio*, the most respected newspaper in Brazil, which maintained a correspondent in London, reported the coverage of the English newspapers.

da Sociedade. O discurso foi publicado no *Anti-Slavery Repórter* de 14/04/1881 e em *O Abolicionista* de 01/06/1881, p. 2-5.

Antes de fazer um apanhado da história da escravidão no Brasil e dos obstáculos à abolição, Nabuco dirigiu-se diretamente aos que atacavam os abolicionistas brasileiros sob a acusação de "pretenderem levantar na Europa uma espécie de intervenção moral em nossas questões domésticas, e de patentearem aos olhos do mundo uma desgraça nacional, que devia ser cautelosamente escondida a todas as vistas". Os abolicionistas brasileiros "não necessitavam de auxílio estrangeiro por falta de apoio nacional". Eles tinham "o forte apoio de todos os elementos da opinião que não são cúmplices ou clientes da escravidão". Combatiam a escravidão "exatamente porque desejavam ver o Brasil assumir uma posição mais altiva na América, livrando-se da negra mancha que avilta sua civilização. Não é por certo a homens que têm tão elevada aspiração nacional, tal consciência da reputação de sua pátria no estrangeiro, que pode ser feita a acusação de falta de melindre patriótico por aqueles mesmos que, durante 30 anos, infligiram ao Brasil o sofrimento da intervenção estrangeira, só porque não queriam desistir dos atrozes lucros do tráfico de escravos". "A emancipação no Brasil", insistiu, "não é a criação de homens que procuram a aprovação dos estadistas da Europa. A emancipação é ali o crescimento natural em solo liberal das sociedades mais democráticas da América". No entanto, concluiu, "se não vim à Europa denunciar e fazer condenar a escravidão fora da jurisdição que deve e há de infalivelmente condená-la, posso, todavia, regozijar-me sempre que a opinião liberal de qualquer nação aplaudir a obra dos Abolicionistas Brasileiros [...] Seria tão degradante para qualquer país ser governado pela opinião estrangeira como seria loucura de sua parte resistir às influências de onde quer que venham, que sempre modelaram sua vida social e moral. Todas as bases da organização e do governo do Brasil foram importadas da Europa. Não havemos agora de levantar uma muralha da China só para proteger os senhores de escravos contra as influências gerais que tornaram pouco a pouco o mundo inteiro incompatível com a escravidão". (Tradução das citações tirada de *O Abolicionista*). A imprensa londrina, inclusive o *Times*, noticiou o evento. O repórter do *Times* não deixou de anotar que o discurso foi "assaz longo". *The Evening Standard* publicou um resumo da conferência, anotando o repórter do jornal que fora pronunciada "em excelente inglês". Além de *O Abolicionista*, o *Jornal do Commercio*, o mais respeitado do país e que tinha correspondente em Londres, reproduziu as reportagens dos jornais ingleses.

* Tradução das citações tirada de *O Abolicionista*.

LETTER 15

Nabuco to Allen
Thursday [April 1881]

Dear Mr. Allen,

I have received the kind communication you made to me [letter 14] of the approval of your Society to the speech I delivered at the Charing Cross at breakfast [23 March] and I only can repeat to you that I leave England under great obligations towards every person connected with the 'Anti Slavery'. I will try to put myself in correspondence with you, in whom I have met more than with a sympathiser of the abolition cause, with a good friend. I will leave for Brazil by the steamer of the 20th from Bordeaux. Everything was arranged for my leaving England on the 9th but now I feel it is impossible to leave so soon, and I will only start early next week for Paris, without any hope of being able to stay in Lisbon longer than a few hours. Next week I will go and see you at the Anti-Slavery office and say goodbye. I wish you kindly tell Mrs. Allen how much I did appreciate her kindness to me.

If it were possible, I would go to-morrow by 3 o'clock to New Broad Street 55, but I am afraid I will be too busy with my engagements.

Will you be kind enough to let me have the full report of the breakfast even if it is in proofs of the *Reporter* so that I may send it to-morrow evening by the Southampton mail to Brazil?

CARTA 15

Nabuco a Allen
[Quinta-feira, abril de 1881]

Prezado Sr. Allen,

Recebi a gentil comunicação que me enviou [*carta 14*] sobre a aprovação de sua sociedade ao discurso que fiz no café da manhã no Charing Cross e só posso repetir aqui que deixo a Inglaterra devendo muito a todas as pessoas ligadas à Sociedade contra a Escravidão. Tentarei manter correspondência com o senhor, em quem encontrei – mais do que um simpatizante da causa da abolição – um bom amigo. Parto para o Brasil pelo navio do dia 20 que sai de Bordeaux. Tudo foi organizado para que eu deixasse a Inglaterra no dia 9, mas agora sinto que me é impossível partir tão cedo, e só viajarei no começo da semana que vem para Paris, sem qualquer esperança de permanecer em Lisboa mais que umas poucas horas. Semana que vem irei vê-lo no escritório da Sociedade para me despedir. Peço-lhe a gentileza de dizer à Sra. Allen o quanto apreciei sua bondade para comigo.

Se me fosse possível, iria amanhã às 3 da tarde até New Broad Street 55, mas temo que esteja ocupado demais com meus compromissos.

O senhor poderia fazer a gentileza de me enviar o relato completo do café da manhã, mesmo que seja nas provas do *Reporter*, para que eu o possa despachar amanhã à noite pelo malote de Southampton para o Brasil?

I went last week to see you, but unfortunately you were occupied with the Boers*.

Believe me always, dear Mr. Allen,
Truly yours

JOAQ. NABUCO

---

* A reference to the First Boer War (1880-1). The British had captured the Cape Colony from the Dutch in 1806. The Boers were the descendents of the (mainly Dutch) settlers of the East Cape frontier in South Africa who in the 'Great Trek' from 1835 to 1837 escaped British rule and formed the republics of Orange Free State, Transvaal and Natal. After several decades of conflict they were annexed by the British Crown following the second Boer War (1899-1902).

Semana passada, fui visitá-lo, mas infelizmente o senhor estava ocupado com os bôeres.*

Creia-me sempre,
Caro Sr. Allen,
Seu sinceramente

JOAQ. NABUCO

---

* Referência à Primeira Guerra dos Bôeres, 1880-81. Os britânicos tinham tomado a Colônia do Cabo aos holandeses em 1806. Os bôeres eram os descendentes dos colonizadores, holandeses na maioria, da fronteira leste da colônia do Cabo, na África do Sul, que entre 1835 e 1837 fugiram do domínio britânico empreendendo a "Grande Jornada" (Great Trek) e formaram as repúblicas do Estado Livre de Orange, do Transvaal e de Natal. Após várias décadas de conflito, foram finalmente incorporados pela Coroa britânica ao final da Segunda Guerra dos Bôeres (1899-1902).

LETTER 16

Cooper to Nabuco
15 April 1881

Essex Hall, Walthamstow

My dear friend

I feel exceedingly obliged for the excellent portrait which you have so kindly sent me.

I need scarcely say that it will be much valued by my family and by myself for as long as I remain here. It will always remind me of your able and fearless advocacy of the rights of the downtrodden and oppressed, and although I cannot expect ever to meet again in this world, may we meet around the throne in that great company whose robes have been washed and made white in the blood of the Lamb.

Always think of me as sincerely and cordially yours

JOSEPH COOPER

CARTA 16

Cooper a Nabuco
15 de abril de 1881

Essex Hall, Walthamstow

Meu caro amigo,

Sinto-me extremamente grato pelo excelente retrato que tão generosamente me enviou.

Nem preciso dizer que ele será muito apreciado por minha família e por mim enquanto permanecer aqui. Ele sempre me fará recordar sua defesa competente e destemida dos direitos dos tiranizados e oprimidos e, embora não possa ter a esperança de o encontrar outra vez neste mundo, que possamos nos encontrar ao redor do trono na grande companhia daqueles cujas vestes foram lavadas e embranquecidas no sangue do Cordeiro.

Sempre pense em mim como seu amigo sincero e cordial,

JOSEPH COOPER

LETTER 17

Nabuco to Allen
5 June 1881

Rio de Janeiro

Dear Mr. Allen,

I arrived here a month ago, but so many engagements and duties were waiting for me that only now can I write to you and think of the pleasure which your acquaintance gives me. I have nothing new to tell you about the anti-slavery here. I was well and warmly received by my friends, but I doubt if the reception I met with in Europe has not been a fine subject for the pro-slavery party to play with before the Constituencies. It is current that this House will be dissolved and new elections will by all means take place this year. I present myself now for Rio de Janeiro, the Capital of the Empire, and a strong work will be done on my side. The result appears very doubtful, Rio being a very important point for both parties, to win which is by itself a victory greatly coveted. If I lose my seat in Parliament I will have had a very short political career, but I will be glad not to have a long one by submitting to slavery and treating with it. I send you one of the portraits you wish for and the other three to the person whose names are written on the back, praying you to forward them to their addresses. I present my respects to Mrs. Allen and hope to be able to see her often if by any means I leave public life by a contrary vote of this city. In this case I will do my best to spend some time in England, helping from London as much as I can the abolitionist movement here. The next elections are all important for us, because the question can only be decided in Parliament.

CARTA 17

Nabuco a Allen
5 de junho de 1881

Rio de Janeiro

Prezado Sr. Allen,

Cheguei aqui há um mês, mas eram tantos os compromissos e deveres à minha espera que só agora lhe posso escrever e pensar sobre o prazer que sua amizade me proporciona. Não tenho nada de novo a lhe dizer sobre a questão antiescravista aqui. Fui recebido por meus amigos muito carinhosamente, mas pergunto-me se a recepção que tive na Europa não se tornou um ótimo tema para o partido escravista usar diante de seu eleitorado. Dizem que esta Câmara vai ser dissolvida e que novas eleições acontecerão de qualquer maneira este ano. Candidatei-me pelo Rio de Janeiro, a capital do Império, e muito esforço será feito a meu favor. O resultado parece duvidoso, pois o Rio é um ponto muito importante para ambos os partidos e a vitória aqui é extremamente cobiçada. Se perder meu assento no Parlamento, terei tido uma carreira política muito curta, mas ficarei feliz de não a ter tido longa se para isso tivesse que me submeter à escravidão e negociar com ela. Envio-lhe um dos retratos que desejava e outros três para as pessoas cujos nomes escrevi no verso, pedindo-lhe que os encaminhe aos respectivos endereços. Apresento meus respeitos à Sra. Allen e espero poder vê-la muitas vezes se por alguma razão tiver que deixar a vida pública em virtude de um voto contrário desta cidade. Nesse caso, farei o possível para passar algum tempo na Inglaterra e de Londres ajudar ao máximo o movimento abolicionista brasileiro.

Emancipation cannot be done through a revolution, which would be to destroy everything – it will only be carried by a Parliamentary majority – and therefore it is for us a great question not to become a still smaller minority than we were.

Believe me, dear Mr. Allen,
Truly yours

JOAQ. NABUCO

As próximas eleições são muito importantes para nós porque essa questão só pode ser decidida no Parlamento.

A emancipação não pode ser feita por meio de uma revolução, pois isso seria destruir tudo. Ela só pode ser realizada por maioria parlamentar – e, por essa razão, a grande questão para nós é não nos tornarmos minoria ainda menor do que a que já somos.

Creia-me
Caro Sr. Allen,
Verdadeiramente seu,

JOAQ. NABUCO.

LETTER 18

Nabuco to Allen
13 June 1881

Rio de Janeiro

My dear Mr. Allen,

Will you be kind enough to forward the enclosed letter to Sr. Regidor Jurado*, whose address I forgot? I have not received news from yourself since I arrived here, but hope they are at present crossing the sea. I am sorry I left England before the Season** when there was hardly anything for me to do here. I remain my dear Mr. Allen,
Sincerely yours,

JOAQ. NABUCO

---

* Letter not found. Recipient unidentified.
** A reference to the social events associated with the so-called London 'Season' between May and July.

CARTA 18

Nabuco a Allen
13 de junho de 1881

Rio de Janeiro

Prezado Sr. Allen,

Poderia fazer a gentileza de encaminhar a carta em anexo para o Sr. Regidor Jurado*, cujo endereço esqueci? Ainda não recebi notícias suas desde que aqui cheguei, mas espero que no momento elas estejam atravessando o oceano. Lamento ter deixado a Inglaterra antes da Estação** quando aqui há muito pouca coisa a fazer.

Permaneço,
Caro Sr. Allen,
Sinceramente seu,

JOAQ. NABUCO

---

* Carta não localizada. Destinatário não identificado.
** Referência aos eventos sociais da chamada 'Estação' londrina, entre maio e junho.

LETTER 19

Nabuco to Allen
23 October 1881

Rio de Janeiro

Dear Mr. Allen

I have only time to write to you a short letter to let you have the decision of our Supreme Court on the 'Morro Velho' case. The sentence of the Ouro Preto Court of Appeal has been annulled and the appeal Court of Rio shall give a new judgement on the point to the black wages and their right to freedom by force of the 1845 contract. The importance of the *Acórdão* which ordered the revision of the Minas sentence is chiefly that by the Ouro Preto sentence the blacks were considered free by the Morro Velho's concession of freedom in 1880 and not by the 1845 contract, while the Supreme Court says that their right to freedom dates from the contract between the Catta Branca and the Morro Velho Companies in that year. It is very important too that it was proposed in the Supreme Court to bring over official proceedings against the Morro Velho for having reduced free people, *of whose freedom they were conscious*, to slavery by matriculating them in 1872 as slaves. Such was the vote, as you will see in the Acordão, of the Ministers of the Supreme Court Silveira e Sayão Lobato. The court did not vote the criminal proceedings simply because they do not technically consider to be the same crimes of reducing free people to slavery when the people are *actually* free and when they only have however clear and *incontestable* a right to freedom. This is a purely technical ground and does not signify that the Ministers who voted against the prosecution hold any different

CARTA 19

Nabuco à Allen
23 de outubro de 1881

Rio de Janeiro

Estimado Sr. Allen,

Só tenho tempo para lhe escrever uma carta breve para lhe transmitir a decisão do Supremo Tribunal no caso "Morro Velho". A sentença da Relação de Ouro Preto foi anulada e a Relação do Rio proferirá nova sentença sobre a questão dos salários dos negros e de seu direito à alforria por força do contrato de 1845. A importância do acórdão que ordenou a revisão da sentença de Minas é, sobretudo, que, pela sentença de Ouro Preto, os negros foram considerados livres pela concessão de alforria da Morro Velho em 1880 e não pelo contrato de 1845, enquanto que o Supremo Tribunal diz que seu direito à alforria vem desde o contrato entre a companhia Catta Branca e a companhia Morro Velho naquele ano. Também é muito importante que no Supremo Tribunal se tenha proposto mover uma ação penal contra a Companhia Morro Velho por ter reduzido pessoas livres, *de cuja liberdade ela estava ciente*, à escravidão, matriculando-as como escravos em 1872. Esse foi o voto, como o senhor verá no acórdão, dos ministros do Supremo Tribunal, Silveira e Sayão Lobato. O tribunal não julgou a ação penal simplesmente porque, tecnicamente, não considera ser o mesmo tipo de crime reduzir pessoas livres à escravidão quando elas são *realmente* livres e fazer o mesmo quando elas apenas possuem direito à liberdade, por mais claro e *incontestável* que seja esse direito. Isso é uma questão puramente técnica e não significa que os ministros que votaram contra a ação penal

view from their colleagues, who pressed for it on the point of the conspiracy and the *keeping in slavery* of men who ought to be *freed* twenty two years ago.

On the 31ˢᵗ the electoral battle shall be decided and it is almost impossible for me to win. The candidate who will probably defeat me is himself a *fazendeiro* (coffee planter) in S. Paulo. I present myself in Rio — it was a very bold attempt to struggle with slavery in the city, they pretend to be the coffee capital. If I am defeated, as I expect, I will probably go to London for a few years, as I can hardly do anything out of Parliament except to educate the people by pamphlets and writing and this I can do better in London than here. The greatest suffering of the position I took is that I can do nothing to help the poor slaves who every day come to be believing I have power to free them, while I can only send them back to the slavery quarters and to their master's wrath. I will send to you the documents of the campaign and the results of the vote. I intend saying in my next address that if I am defeated I will bear proscription and the social antagonism which their vote of ostracism shows to exist between the abolitionists and the electors, with the same resignation and patience with which the slaves bear their intolerable condition. In a country where over one million of men have no rights whatever, neither to have a family protected by law or property of their own except with great risk — nor to have their labour payed [sic] at least one day during their lives — it is a very mild sentence that which may condemn me to leave political life and my seat in Parliament to the slave owners and the delegates of slavery. I beg you, my dear friend, to remember me kindly to Mrs Allen, to present my warm wishes for his health to the venerable Mr. Cooper and to present my compliments of fellow worker and associate to Mr. Gurney, Mr. Sturge and Mr. Crawford*. I am always

---

* Joseph Crawford, former consul-general in Havana, member of the committee of the Anti-Slavery Society.

tivessem uma visão diferente da de seus colegas que pressionaram a favor dela com base na acusação de conspiração e de *manutenção em escravidão* de homens que deveriam ter sido *libertados* 20 anos antes.

No dia 31, a batalha eleitoral será decidida e é quase impossível que eu vença. O candidato que provavelmente irá me derrotar é um fazendeiro de café de São Paulo. Candidatei-me pelo Rio – foi uma tentativa ousada de lutar contra a escravidão na cidade que pretendem que seja a capital do café. Se for derrotado, como acredito que seja, provavelmente irei para Londres por uns poucos anos, pois poderei fazer muito pouco fora do Parlamento, a não ser educar as pessoas com panfletos e escrevendo, e isso posso fazer melhor em Londres que aqui. O maior sofrimento derivado da posição que assumi é que nada posso fazer para ajudar os pobres escravos que todos os dias vêm até mim acreditando que tenha o poder de os libertar, quando, na verdade, só os posso mandar de volta às senzalas e à ira de seus senhores. Em breve enviar-lhe-ei os documentos da campanha e os resultados da votação. Em meu próximo discurso tenho a intenção de dizer que, se perder, sofrerei a proscrição e o antagonismo social que o voto de ostracismo demonstra existir entre os abolicionistas e os eleitores, com a mesma resignação e paciência com que os escravos suportam sua condição intolerável. Em um país onde mais de um milhão de homens não têm qualquer direito, nem mesmo o de ter a família protegida pela lei ou qualquer propriedade própria a não ser com grande riscos – e nem mesmo a receber um pagamento por seu trabalho por um único dia durante suas vidas – é uma sentença muito suave aquela que pode me condenar a deixar a vida política e meu assento no Parlamento para os senhores de escravos e para os representantes da escravidão. Peço-lhe, meu caro amigo, que dê minhas lembranças à Sra. Allen, transmita meus votos de boa saúde ao venerável Sr. Cooper e meus cumprimentos de compa-

Sincerely yours
Joaq. Nabuco

P.S. – What a grand work you have done in Egypt!** I was to write a short note and I came to this page. Pardon me. JN

** The Anti-Slavery Society was involved in the struggle for the abolition of the domestic slave trade and domestic slavery in Egypt.

nheiro de trabalho e associado ao Sr. Gurney, ao Sr. Sturge e ao Sr. Crawford.*
Sou sempre,
Sinceramente seu,

JOAQ. NABUCO

P.S. – Que trabalho grandioso os senhores fizeram no Egito!** Ia escrever apenas um bilhete e acabei chegando a esta página. Desculpe-me. JN.

---

* Joseph Crawford, ex-cônsul geral em Havana, membro do comitê da Anti-Slavery Society.
** A Anti-Slavery Society estava envolvida na luta pela abolição do tráfico interno e da escravidão no Egito.

LETTER 20

Allen to Nabuco
22 November 1881

55 New Broad Street

My dear Senhor

I was very pleased to receive your friendly letter of 23rd Oct [letter 19] and hasten to reply to it.

The Portuguese version of the decision of the Court in the 'Morro Velho' case has been forwarded to the Solicitors of the Treasury. I am very glad to tell you that this case is now very nearly ripe for prosecution in the English Courts and I hope you will shortly hear something about it. *But this is strictly in confidence.* Thank you very much for you kind interest and assistance in the matter.

We are anxiously awaiting the result of your great electoral contest – and quite hope you will be returned for Rio de Janeiro. Should however the powers of evil be too strong and you should be compelled to allow them to ride over your head – *for a season* – how gladly we shall *all* welcome you back to England . You will certainly be able to aid the good cause very much by your eloquent voice which will be heard across the wide Atlantic and will give courage and strength to the poor slave! By this mail I send you a copy of the [Parliamentary] Slave Papers Nº 1 1881 which please accept from us. They contain interesting matters relating to Brazil, which you will see we have noticed in the last Reporter [November 1881]. There will be also a short further notice in the next number. Mr. Sturge

CARTA 20

Allen a Nabuco
22 de novembro de 1881

55 New Broad Street

Meu caro senhor,

Tive muito prazer em receber sua carta amiga de 23 de outubro [carta 19] e apresso-me em respondê-la.

A versão em português da decisão do Tribunal no caso "Morro Velho" foi encaminhada para os advogados do Tesouro. Fico feliz de lhe poder dizer que esse caso agora está quase pronto para ser julgado nos tribunais ingleses e espero que brevemente terá alguma notícia sobre o assunto. *Mas isso é totalmente confidencial.* Muito obrigado por seu gentil interesse e ajuda no assunto.

Estamos aguardando com ansiedade o resultado de sua grande batalha eleitoral – e esperamos muito que seja eleito pelo Rio de Janeiro. No entanto, se os poderes do mal forem fortes demais e for obrigado a permitir que eles passem por cima do senhor – *por uma estação* – com que alegria nós todos lhe daremos as boas vindas de volta à Inglaterra. Com certeza poderá ajudar muito a boa causa com sua voz eloqüente que será ouvida através do vasto Atlântico e dará coragem e forças ao pobre escravo! Por este correio envio-lhe uma cópia dos *[Parliamentary] Slave Papers* número 1, de 1881, que pedimos que aceite. Eles contêm assuntos interessantes relacionados ao Brasil que, como verá, noticiamos no último *Reporter* [Novembro de 1881]. Haverá também outra breve notícia no próximo número. O

is very well and desires to be kindly remembered to you – also Mr. Crawford. Poor Mr. Cooper will hardly survive this winter I think. He seems fast breaking up. Mrs. Allen is well and desires her kindest regards. She is now at Oxford as my youngest son has gone there to try and win a scholarship. The eldest is at Cambridge studying mathematics etc.

I am glad you approve our work in Egypt. It is still far from finished – but we hope to obtain freedom for the Slave someday and I trust you will see the same for your million and a half enslaved human beings in Brazil.

With best wishes I am ever yours very sincerely

CHAS. H. ALLEN

Sr. Sturge está muito bem e pede que lhe enviemos suas lembranças. Mr. Crawford também. O pobre Sr. Cooper dificilmente conseguirá sobreviver a esse inverno, acho eu. Ele parece estar se definhando rapidamente. A Sra. Allen está bem e envia suas lembranças carinhosas. No momento, ela está em Oxford já que meu filho mais novo foi tentar uma bolsa lá. O mais velho está em Cambridge estudando matemática e outras coisas mais.

Fico contente em saber que aprovou o trabalho que fizemos no Egito. Ainda falta muito para que esteja terminado – mas esperamos obter a liberdade para os escravos um dia e confio que verá a mesma coisa para seu milhão e meio de seres humanos escravizados no Brasil.

Com os melhores votos, sou sempre seu
Muito sinceramente,

CHAS. H. ALLEN

LETTER 21

NABUCO TO ALLEN
2 JANUARY [1882]

32 Grosvenor Gardens

Dear Mr. Allen,

Here I am back again, wishing to remain for a couple of years studying English institutions and making the best use of my stay abroad. I will see you this week in your office – but I do not know on what day.

I send you the portrait you wished for – and a number of the 'Abolitionist' started after my departure.* When we meet we shall talk about so many things.

Sincerely yours

J. NABUCO

---

* *O Abolicionista*, in its last issue, 1 December 1881, reported Nabuco's departure for London that day, banished from Parliament 'thanks to the hatred and envy of those who considered him an invincible athlete (sic)', and included the text of his farewell address 'To the Abolitionists of Brazil' on withdrawing from the country 'temporarily'. The report (in which 'atleta invencível' was translated as 'dangerous antagonist') and Nabuco's 'bold and manly' address as he began his 'virtually enforced exile' were reprinted in the *Anti-Slavery Reporter*, February 1882.

CARTA 21

Nabuco a Allen
2 de janeiro de [1882]

32 Grosvenor Gardens

Prezado Sr. Allen,

Aqui estou eu de volta, com o desejo de permanecer uns dois anos estudando as instituições inglesas e fazendo o melhor uso possível de minha estada no exterior. Irei vê-lo esta semana em seu escritório – mas ainda não sei que dia.

Envio-lhe o retrato que desejava – e um número do *Abolicionista* que surgiu depois de minha partida.* Quando nos encontrarmos conversaremos sobre tantas coisas.

Sinceramente seu,

J. NABUCO.

---

* *O Abolicionista* de 01/12/1881, o último número a ser publicado, noticiou a partida de Joaquim Nabuco para Londres nesse dia, banido que fora do Parlamento "graças ao ódio e à inveja dos que nele enxergam um atleta invencível", e incluiu o texto de sua mensagem de despedida "Aos abolicionistas brasileiros", ao sair do país "temporariamente" (p. 1). A notícia e a "corajosa e viril" mensagem ao iniciar o "virtualmente um exílio forçado" foram reproduzidas no *Anti-Slavery Reporter* de fevereiro de 1882.

LETTER 22

Allen to Nabuco
3 January 1882

55 New Broad Street

My dear Senhor

['Greeting illegible'] or One hundred thousand welcomes to the friendly though foggy shores of Old England! I hope you are quite well after your long voyage and your hard fight in the cause of freedom. I shall be very glad to see you once more. Mr. Sturge wishes me to invite you to our next Committee – on Friday the 6th inst. at 4.30. Will you come? If not send me a card saying *when* I may expect you, so that I may not be out. I believe I am going to the South of France next week for a month and therefore I do not wish to miss you. I hope you will come to the Committee. As you are a corresponding Member you have the right to attend every month.

Many thanks for the photograph. It is an admirable likeness. I want to make an Anti-Slavery Album for the Office.

Mrs Allen will be very glad to hear of your safe arrival and when I return from Menton I hope you will honour us with your company. We live where we did. My children are well. The eldest boy is at Cambridge (not *now* as it is vacation). The younger has just won a scholarship at Balliol College – Oxford – the greatest university prize there is for beginners. He is only 17½ so that the honour is the greater.

CARTA 22

Allen a Nabuco
3 de janeiro de 1882

55 New Broad Street

Meu prezado Senhor,

[Saudação ilegível] ou cem mil vezes bem-vindo às costas amigáveis ainda que nevoentas da Velha Inglaterra! Espero que esteja bastante bem depois da longa viagem e da difícil luta pela causa da liberdade. Terei muito prazer em vê-lo uma vez mais. O Sr. Sturge quer que o convide para nosso próximo Comitê – sexta-feira, dia 6 do corrente, às 4h30. O senhor virá? Se não, mande-me um cartão dizendo *quando* o posso esperar para que eu não saia. Acho que vou para o sul da França semana que vem por um mês e, portanto, não quero perder a oportunidade de vê-lo. Espero que venha ao Comitê. Como é membro correspondente, tem o direito de participar todos os meses.

Muito obrigado pela fotografia. Parece muito com o original. Quero fazer um álbum contra a escravidão para o Escritório.

A Sra. Allen vai ficar contente de saber que chegou bem e quando eu voltar de Menton espero que nos dê a honra de sua companhia. Continuamos no mesmo endereço. Meus filhos estão bem. O mais velho está em Cambridge (não *neste momento*, pois está de férias). O mais novo acaba de ganhar uma bolsa para o Balliol College – Oxford – o maior prêmio universitário que existe para iniciantes. Ele tem só 17 anos e meio e com isso a honra ainda é maior.

Ever yours very sincerely

CHAS. H. ALLEN

Secretary

I send you a memorial card of dear Mr. Cooper.

Thanks for *O Abolicionista*.
I should like to print your address (see note to letter 21 above) next month.

Sempre seu,
Muito sinceramente,

                                         CHAS. H. ALLEN

Envio-lhe um cartão em memória do estimado Sr. Cooper.

Obrigado por *O Abolicionista*.
Gostaria de publicar sua saudação no mês que vem [carta 21].

LETTER 23

Nabuco to Allen
Thursday [January 1882]

19 Brook Street

Dear Mr. Allen,

I am very busy today and therefore could do no better than what I include.

I have not yet my papers in order, and so I could not find the date of the sentence of the Court of Appeal which I suppose was delivered in November 1880, nor the date of the Supreme Court sentence which occurred by the end I suppose too of October 1881, nor the date in which the last Sentence by the Revising Provincial Court appointed by the Supreme Court is to be pronounced, nor finally if this last Court is that of Rio or that of S. Paulo. The last two points I could find in the letter of Mr. Jacintho Dias da Silva written lately to me if I knew where I put it – and the two first in the *Rio News*.

I saw your note today in *The Times*. Unhappily I was writing to you about Mr. Morrison's doings and only now someone reads to me in the *Times* that he died in London a few days ago.* I am very sorry for it, as he probably did not know how to extricate the Company from 20 years of guilt. Truly yours

JOAQ. NABUCO

---

* Pearson Morrison, company secretary, St John d'El Rey Mining Company, sent out to Morro Velho in 1876 to replace James Newell Gordon as Superintendent and clean up the affairs of the Company.

CARTA 23

Nabuco a Allen
Quinta-feira [janeiro de 1882]

19 Brook Street

Prezado Sr. Allen,

Estou muito ocupado hoje e por isso não posso fazer nada mais que aquilo que anexei.

Ainda não organizei meus papéis e, portanto, não pude encontrar a data da sentença do Tribunal da Relação que, suponho eu, foi promulgada em novembro de 1880; tampouco encontrei a data da sentença do Supremo Tribunal que, também suponho, ocorreu no fim de outubro de 1881; nem tampouco a data em que a última sentença do Tribunal Provincial de Revisão, nomeado pelo Supremo Tribunal, será pronunciada, e, finalmente, tampouco descobri se esse último tribunal é o do Rio ou o de São Paulo. As duas últimas informações poderia encontrar na carta que o Sr. Jacintho Dias da Silva me escreveu recentemente — se eu soubesse onde a coloquei — e as duas primeiras no *Rio News*.

Vi sua nota hoje no *Times*. Infelizmente, eu lhe escrevia sobre as confusões do Sr. Morrison e só agora alguém lê para mim no *Times* que ele morreu em Londres alguns dias atrás.* Sinto muito, porque provavelmente ele não sabia como livrar a Companhia de 20 anos de culpa.

Verdadeiramente seu,

JOAQ. NABUCO.

---

* Pearson Morrison, secretário da St. John d'El Rey Mining Company, enviado a Morro Velho em 1876 para substituir James Newell Gordon na posição de Superintendente e endireitar os negócios da Companhia.

LETTER 24

Nabuco to Allen
5 January 1882

St James Club, Piccadilly

Dear Mr. Allen,

I am so very busy today and tomorrow that I must deprive myself of the great pleasure of going to the City in order to see you until the end of the week. Next week you say you are going to France. Well when you come back I shall see you. Now we have plenty of time. I am very sorry not to be able to be present to the meeting of the Committee tomorrow – but I hope on the next months to renew my acquaintance with that worthy body and see again Mr. Sturge. Unhappily I did not arrive in time to pay my last respects to poor Mr. Cooper*. He lived a noble life – that is the best one can do. Give my compliments to your sons for the pleasure they are causing you and please represent my respects to Mrs. Allen.

Good bye and *au revoir*

Truly yours

J NABUCO

---

* Joseph Cooper died in December 1881.

CARTA 24

Nabuco a Allen
5 de janeiro de 1882

St. James Club, Picadilly

Estimado Sr. Allen,

Estou tão ocupado hoje e amanhã que devo negar-me, até o fim da semana, o grande prazer de ir até a City para vê-lo. Semana que vem o senhor diz que irá à França. Então eu o verei quando voltar. Agora temos muito tempo. Lamento muito não poder estar presente à reunião do Comitê amanhã — mas espero que nos próximos meses possa renovar o contato com essa instituição tão meritória e ver o Sr. Sturge uma vez mais. Infelizmente não cheguei a tempo de prestar meus últimos respeitos ao pobre Sr. Cooper.* Ele viveu uma vida nobre — é o melhor que podemos fazer. Transmita meus cumprimentos a seus filhos pelo prazer que lhe estão proporcionando e, por favor, apresente meus respeitos à Sra. Allen.

Adeus e *au revoir*.

Verdadeiramente seu,

J NABUCO

---

* Joseph Cooper faleceu em dezembro de 1881.

LETTER 25

Nabuco to Sturge
23 January 1882

19 Brook Street

Dear Mr. Sturge,

As Mr. Allen is now in the south of France, I take the liberty of troubling you to get some information on a point which does interest you so much, the Morro Velho Company's case about the slaves it has illegally held. The representative of the Blacks against the Morro Velho Company wants to know: 1º – If it exists in London any representation of the extinct Catta Branca Company and if it does where does it function and what are its character, powers and legal standing; 2º – If between the representatives of the Catta Branca Company, if such exist, and the Morro Velho Company is there any union or community of interests known in the City; 3º – who are those persons, what is their public character, and their social position or profession.

Mr. Jacintho Dias da Silva, who pleads the cause of the Blacks, now in appeal before the Relação, writes to me to have that information, which he says he asked too from the British Legation in Rio, and finds very useful and almost necessary for the stating of the Blacks rights as the Morro Velho insists in having paid the salaries to the extinct Catta Branca's delegates. I am sure you know all about it and could give me the information Mr. Dias da Silva wants to embody in his defence of the poor slaves' right. I am sorry to trouble you, and

CARTA 25

Nabuco a Sturge
23 de janeiro de 1882

19 Brook Street

Prezado Sr. Sturge,

Como o Sr. Allen está no sul da França, tomo a liberdade de o incomodar para obter uma informação sobre um ponto que tanto lhe interessa, o caso da Companhia Morro Velho com relação aos escravos que ela manteve ilegalmente. O representante dos Negros contra a Companhia Morro Velho quer saber o seguinte: 1º – Se existe em Londres alguma representação da extinta Companhia Catta Branca e, se ela existir, onde funciona e quais são sua natureza e seus poderes e situação legal; 2º – Se entre os representantes da Companhia Catta Branca, se existem, e a Companhia Morro Velho há qualquer união ou comunhão de interesses que sejam conhecidos na City; 3º – Quem são essas pessoas, qual é seu caráter público e sua posição social ou profissão.

O Sr. Jacintho Dias da Silva, que defende a causa dos Negros, causa esta que no momento está em apelação diante da Relação, escreveu-me pedindo essas informações que ele próprio já pediu também à Legação Britânica no Rio e que, a ser ver, é muito útil e quase necessária para a afirmação dos direitos dos Negros, já que a Morro Velho insiste que já pagou os salários aos representantes da extinta Catta Branca. Tenho certeza de que o senhor sabe tudo sobre esse assunto e que me poderia dar a informação que o Sr. Dias da

am ready to call on you at the Anti-Slavery Room to get the necessary information.

I wish you every prosperity. Believe me, dear Mr. Sturge,

Respectfully yours
                                                    JOAQUIM NABUCO

Silva deseja para incorporá-la à sua defesa dos direitos dos pobres escravos. Desculpe-me por o importunar, e estou pronto a visitá-lo na Sala da Anti-Slavery para obter a informação necessária.

Desejo-lhe toda a prosperidade. Creia-me,
Caro Sr. Sturge,
Respeitosamente seu,

JOAQUIM NABUCO

LETTER 26

Allen to Nabuco
21 February 1882

55 New Broad Street

My dear Senhor

I was so surprised to hear from you yesterday that Mr. Kingdon* has made you so insulting and flagrant a proposition as to commission that I took the opportunity this morning of letting him know that you did not think of employing him as your printer. Without telling him anything of what passed I let him understand that you were somewhat annoyed, and he immediately guessed the reason. He then explained to me exactly what he had really proposed and intended and said he had feared afterwards from your manner that you quite misunderstood him. Mr. Kingdon besides being a printer is what is called a Commission Merchant or Agent – a well known most respectable business – and one in which I was once largely engaged myself in connection with Australia.

Mr. K. has lived many years in Madagascar where he taught the natives in the Government press the art of printing. Many of his friends in that Island and in South Africa send him orders to buy goods not only for printing but for all sorts of purposes. These are of course accompanied with a remittance. He buys the goods and ships them out with the invoice – to which he adds *openly* and above board the usual commission for trouble of 5 per cent or whatever may be

---

* Abraham Kingdon was the printer of the *Anti-Slavery Reporter* and in Angust 1883 of Nabuco's book *O abolicionismo*.

CARTA 26

Allen a Nabuco
21 de fevereiro de 1882

55 New Broad Street

Meu caro Senhor,

Fiquei tão surpreso ao ouvir do senhor ontem que o Sr. Kingdon* lhe fez uma proposta tão insultante e escandalosa com relação à comissão que aproveitei a oportunidade hoje de manhã para dizer a ele que o senhor não estava pensando em o empregar como seu tipógrafo. Sem lhe dizer nada do que passou deixei que ele percebesse que o senhor estava um tanto zangado e ele imediatamente adivinhou o motivo. Ele então me explicou exatamente o que tinha proposto realmente e qual era sua intenção e disse que depois ficou temeroso porque, pelo seu jeito, o senhor obviamente o tinha entendido mal. Além de ser gráfico, o Sr. Kingdon é aquilo que chamamos de Comissário ou Agente por Comissão — um negócio bem conhecido e respeitável — e o tipo de negócio em que eu mesmo estive envolvido em conexão com a Austrália.

O Sr. Kingdon morou muitos anos em Madagascar onde ensinou tipografia aos nativos que trabalhavam na editora do governo. Muitos de seus amigos naquela ilha do sul da África fazem-lhe encomendas de compra de mercadorias não só para trabalhos tipográficos, mas para todos os tipos de objetivos. É claro, eles enviam dinheiro junto com as encomendas. Ele compra as mercadorias e as envia por mar com a fatura — a qual ele acrescenta *abertamente* e sem nada escon-

---

* Abraham Kingdon era o impressor do *Anti-Slavery Reporter* e imprimiu *O abolicionismo*, livro que Nabuco publicou em 1883.

agreed on. On hearing from you that you were thinking of taking an Office in the City he thought you were going to start as Commission Merchant with Brazil – and the idea immediately occurred to him that he could buy all things connected with printing better than you could yourself – and that he would willingly buy these for you and divide the commission, as your agent. This is very often done by Merchants where one is better qualified than another to act as buyer – and it makes no difference to the principal who is of course only charged one commission of 5 per cent.

Now this is a totally different thing from offering a commission as a bribe – where the price is added on and charged to the principal *as part of the price*, – which is gross deception. Mr. Kingdon utterly repudiates such transactions as this and says he has never paid one sixpence of commission to anyone in his life and never would – although I know he received a hint in your Embassy that this was the only way to get business! Mr. Sturge and I have known Kingdon for some time and have always had the highest opinion of him – nor do we believe he would ever stoop to such a method of obtaining business. I enclose two testimonials of his which you will do well to read. So well have I thought of him that I have more than once advanced him money to carry on his business – and indeed have some now not been paid.

When I see you next I can explain more fully what I may have only poorly expressed in this letter. What day next week will suit you to pay us a friendly visit and dine *en famille* with us? Will Thursday or Friday be convenient?

Yours very sincerely

CHAS. H. ALLEN

der a comissão normal de 5% por seu trabalho, ou seja lá qual for a porcentagem combinada. Ao ouvir do senhor que estava pensando em alugar um escritório na City ele achou que o senhor ia começar a trabalhar como Comissário para o Brasil – e imediatamente teve a idéia de que poderia comprar todas as coisas relacionadas com tipografia mais facilmente que o senhor – e que estaria disposto a comprar essas coisas para o senhor e dividir a comissão, como seu agente. Isso é feito muitas vezes por comerciantes nos casos em que um deles tem melhores qualificações que outro para atuar como comprador – e isso não faz diferença para o comitente a quem, é claro, apenas é cobrada uma comissão de 5%.

Ora, isso é uma coisa totalmente diferente de uma oferta de comissão como suborno – em que o preço é acrescentado e cobrado do comitente *como parte do preço* – [sublinhado no original] o que é uma fraude flagrante. O Sr. Kingdon repudia totalmente transações como essas e diz que ele nunca pagou nem cinqüenta centavos de comissão a ninguém na vida dele e nunca o faria – embora eu saiba que em sua Embaixada lhe sugeriram que essa era a única maneira de conseguir negócios! O Sr. Sturge e eu conhecemos o Sr. Kingdon há algum tempo e sempre tivemos uma excelente opinião dele – e tampouco cremos que ele jamais se rebaixaria a um método assim para conseguir negócios. Envio-lhe em anexo duas referências dele que o senhor deveria ler. Tenho uma opinião tão boa dele que mais de uma vez lhe adiantei dinheiro para que pudesse continuar seu negócio – e na verdade estou pronto a lhe emprestar mais.

Da próxima vez que nos encontrarmos posso lhe explicar mais detalhadamente aquilo que posso ter expressado mal nesta carta. Qual é o dia da semana próxima que mais lhe convém para nos fazer uma visita informal e jantar conosco *en famille*? Quinta ou sexta-feira são convenientes para o senhor?

Seu muito sinceramente,

CHAS. H. ALLEN

LETTER 27

STURGE TO NABUCO
24 FEBRUARY 1882

Devonshire House Hotel, Bishopsgate Without

Dear Mr Nabuco

I inclose (sic) a draft of an 'interpellation' (sic) for one of our friends to make in the House of Commons.

Before doing so we should be glad to have your views upon it, or any suggestion or any alteration you may think should be made in it.

Believe me
Yours very truly

EDMUND STURGE

CARTA 27

STURGE A NABUCO
24 DE FEVEREIRO 1882

Devonshire House Hotel, Bishopsgate Without

Prezado Senhor Nabuco,

Envio-lhe em anexo a minuta de uma "interpelação" a ser feita por um de nossos amigos na Câmara dos Comuns.

Antes que isso seja feito, gostaríamos de ter sua opinião sobre ela, ou qualquer sugestão ou alteração que ache que deva ser feita no texto.

Creia-me
Seu muito sinceramente

EDMOND STURGE

LETTER 28

Nabuco to Allen
[June 1882]

19 Brook Street

Dear Mr. Allen,

Can you put into English, or translate it into English, the article I send you for the *Reporter*,* or make an article of your own upon it.

I have sent to my friends in Rio a petition to be signed by them, already signed by me and my friend Admiral Costa Azevedo, who is staying in London, and I will ask you to publish it in the *Reporter* next month. Meanwhile I will think of the English address – and then ask you to help me to do something in the United States through Mr. F. [Frederick] Douglass.**

I have so much to do, unhappily, that I really [do not] have any spare time left to write on my favourite subject, of abolition, but I have a strong desire to write a full paper on slavery in Brazil for some magazine and one in French for the *Rappel* which Mr. Schoelcher*** says to me would insert it.

---

* Unable to locate.
** Fredrick Douglass (1818-95), freed American slave, one of the leaders of the abolitionist movement in the United States.
*** Victor Schoelcher (1804-93), who as president of the French abolitionist committee had played a major role in the abolition of slavery throughout its colonies by France in 1848.

CARTA 28

Nabuco a Allen
[Junho de 1882]

19 Brook Street

Prezado Sr. Allen,

O senhor poderia escrever em inglês ou traduzir para o inglês o artigo que eu lhe enviei para o *Reporter**, ou então escrever o senhor mesmo um artigo baseado no meu?

Mandei para meus amigos no Rio, para que eles a assinem, uma petição que já foi assinada por mim e por meu amigo almirante Costa Azevedo, que está em Londres no momento, e peço-lhe que a publique no *Reporter* do mês vindouro. Enquanto isso, pensarei sobre o discurso em inglês – e depois lhe pedirei que me ajude a fazer alguma coisa nos Estados Unidos por intermédio do Sr. F. [Frederick] Douglas.**

Estou com tanta coisa para fazer, infelizmente, que realmente não tenho nenhum tempo para escrever sobre meu tema favorito, a abolição, mas estou com uma enorme vontade de escrever um ensaio completo sobre a escravidão no Brasil para alguma revista e outro para o *Rappel* já que o Sr. Schoelcher*** me disse que o publicaria.

---

* Não localizado.
** Frederick Douglass (1818-95), liberto norte-americano, um dos líderes do movimento abolicionista nos Estados Unidos.
*** Victor Schoelcher (1804-93), importante abolicionista, lutou pelo fim da escravidão nas colônias francesas. Criou uma sociedade abolicionista em 1834 e presidiu o Comitê Francês de Emancipação que orientou a abolição da escravidão pela França em 1848.

Next week I will go and see you and Mr. Sturge. I wish you to present my respects to Mrs. Allen.

Very truly yours

J. NABUCO

Semana que vem irei vê-lo e ao senhor Sr. Sturge. Peço-lhe que transmita meus respeitos à Sra. Allen.

Muito sinceramente,

J. NABUCO.

LETTER 29

Nabuco to Allen
21 June 1882

19 Brook Street

Dear Mr. Allen,

Thanks for the *Reporter*. I send you wishing you could correct it when you have any leisure, for insertion in some *future* number of your paper, the petition which I sent to Brazil to be signed there by our friends. To-morrow or the day after I will go to the City and talk to you. I did not go last week on account of having much to do.

Believe me always,
Very truly yours,

JOAQUIM NABUCO

CARTA 29

NABUCO A ALLEN
21 DE JUNHO DE 1882

19 Brook Street

Prezado Sr. Allen

Obrigado pelo *Reporter*. Envio-lhe, na expectativa de que o senhor possa corrigi-la quando tiver tempo, e para inserção em algum *próximo* número de seu jornal, a petição que mandei para o Brasil para ser assinada lá por nossos amigos. Amanhã ou depois de amanhã irei até a City e conversaremos. Não fui semana passada porque tinha muito que fazer.
Creia-me sempre,
Muito verdadeiramente seu,

J. NABUCO

LETTER 30

Nabuco to Allen
Saturday [June/July 1882]

19 Brook Street

Dear Mr. Allen,

I send you the original of the petition I sent to our Parliament.* The paragraphs numbered are the only ones which ought to be translated, the others having not been included in the address.

In the next number of the *Reporter* I will write something on Brazilian topics.

Ever yours truly,

J. NABUCO

---

* The petition, signed in London on 4 June by Nabuco and Rear Admiral José da Costa Azevedo, was presented to the Chamber of Deputies by deputy Antônio Pinto on 14 July, Bastille Day. It demanded 'the total emancipation of the slaves, immediately or within a short term, to be defined at the time'. See *Annaes do Parlamento Brasileiro*, 1882 tomo II, p. 294. The text was also published in the *Jornal do Commercio* on 15 July. It appeared in English translation in the *Anti-Slavery Reporter,* August 1882.

CARTA 30

Nabuco a Allen
Sábado [Junho/julho de 1882]

19 Brook Street

Prezado Sr. Allen,

Envio-lhe o original da petição que mandei a nosso Parlamento.* Os parágrafos numerados são os únicos que devem ser traduzidos, já que os outros não foram incluídos no discurso.

Para o próximo número do *Reporter*, escreverei algo sobre temas brasileiros.

Sempre seu verdadeiramente,

J. NABUCO

---

* A petição, assinada em Londres a 4 de junho por Nabuco e pelo vice-almirante José da Costa Azevedo, foi apresentada à Câmara dos Deputados pelo deputado Antônio Pinto em 14 de julho, aniversário da tomada da Bastilha. Pedia aos deputados que promovessem "a emancipação total dos escravos, imediata ou dentro de curto prazo, mas proclamada desde já". Ver *Annaes do Parlamento Brazileiro*, 1882, tomo II, p. 294. O texto foi também publicado no *Jornal do Commercio* de 15 de julho. Uma tradução saiu no *Anti-Slavery Reporter* de agosto de 1882.

LETTER 31

Nabuco to Allen
16 July 1882

19 Brook Street

Dear Mr. Allen,

I must congratulate you and the Anti-Slavery on the final sentence delivered against the Morro Velho Company and in favour of the Blacks.* I enclose the article of the 'Rio News' of the 24th which I dare say you have seen wishing you if you have another copy to return me the scrap.

This week I will go and see you and talk about Brazilian matters unless you write to me that you shall not be in your office either on Wednesday or Thursday next.

Please present my compliments to Mr. Sturge and believe me always

Very truly yours

JOAQ. NABUCO

---

* Judgement of the Brazilian 'Final Court of Appeal' (Supremo Tribunal de Justiça), 22 June 1882, published in English translation in the *Anti-Slavery Reporter*, August 1882. For the history of the Catta Branca slaves, see note to letter 1 above.

CARTA 31

Nabuco a Allen
16 de julho de 1882

19 Brook Street

Prezado Sr. Allen,

Devo felicitá-lo e à Anti-Slavery pela sentença final proferida contra a Companhia Morro Velho e a favor dos Negros.* Envio em anexo o artigo do *Rio News* do dia 24 que, imagino, já deve ter visto. Se já tem outra cópia, peço-lhe que me devolva o recorte.

Nesta semana irei visitá-lo para conversar sobre assuntos brasileiros, a menos que me escreva dizendo que não vai estar no escritório na próxima quarta ou quinta-feira.

Por favor, transmita meus cumprimentos ao Sr. Sturge e creia-me sempre,

Muito verdadeiramente seu,

JOAQ. NABUCO

---

* Sentença do Supremo Tribunal de Justiça, assinada por Tavares Bastos (presidente), Aquino Castro, Azevedo e Paiva Teixeira, datada de 22 de junho de 1882. Foi publicada em inglês no *Anti-Slavery Reporter* de agosto de 1882. Para a história dos escravos da Catta Branca, ver nota à carta no. 1.

LETTER 32

Allen to Nabuco
21 July 1882

55 New Broad Street

My dear Sir

I was talking to Mr. Sturge about what you said in reference to the probability of the Catta Branca slaves being induced on payment of £10 or £20 to sign a release in full of all claim for back wages!

Mr Sturge thinks there ought to be someone appointed to protect these poor Blacks if possible. If it were in England the money would be ordered to be paid into Court — so as to be safe and properly administered. We do not know what course is adopted in Brazil, but it is important some security should be found so as to ensure the payment of the sums due. Mr. Sturge thinks that possibly you might be able to write out by the mail of the 24th to call the attention of some qualified person to this matter. Probably he would be at some expence [sic] in postage and telegraphic messages or fees to court messengers and I am therefore authorized to say that you may draw upon this Society to any amount not exceeding £10 (ten pounds) for such expenses.

Will you kindly give this your thought and let me know what you advise and also whether the steps necessary for protection of the Blacks can be taken.

CARTA 32

Allen a Nabuco
21 de julho de 1882

55 New Broad Street

Meu caro Senhor,

Estive conversando com o Sr. Sturge sobre o que o senhor me disse com referência à probabilidade de os escravos da Catta Branca serem induzidos a assinar um documento abrindo mão de qualquer reivindicação de salários atrasados em troca de um pagamento de 10 libras ou 20 libras!

O Sr. Sturge acha que, se possível, alguém deveria ser indicado para proteger esses pobres negros. Se fosse na Inglaterra, o dinheiro teria que ser pago na justiça – para que assim fosse administrado com segurança e de forma adequada. Não sabemos qual é o processo adotado no Brasil, mas é importante que se encontre algum meio de garantir o pagamento das somas devidas. O Sr. Sturge acha que o senhor talvez pudesse escrever pelo correio do dia 24 na tentativa de chamar a atenção de alguma pessoa com poder nesse assunto. Provavelmente essa pessoa teria alguma despesa com mensagens pelo correio ou telégrafo, ou gratificação a oficiais de justiça. Portanto, fui autorizado a lhe dizer que pode contar com esta Sociedade para qualquer quantia que não exceda dez libras para cobrir tais despesas.

O senhor poderia pensar um pouco sobre o assunto e dizer-me o que aconselha e também se é possível dar os passos necessários para a proteção dos negros?

We shall possibly get a question asked in the House of Commons about the Cocais Co. and the Court of Chancery.*

Mrs. Allen hopes you can fix some day next week after Tuesday to come and see us.

Yours very truly

CHAS. H. ALLEN

---

* The Court of Chancery was a High Court that came under the jurisdiction of the Lord Chancellor and dealt with cases according to equity and fairness rather than the strict letter of the law.

Conseguiremos, possivelmente, que alguém faça uma pergunta na Câmara dos Comuns sobre a Companhia Cocais e a Court of Chancery.*

A Sra. Allen espera que possa marcar um dia na semana que vem depois de terça-feira para nos vir visitar.

Seu muito verdadeiramente,

CHAS. H.ALLEN

---

* A Court of Chancery era um tribunal superior presidido pelo Lord Chancellor que examinava os casos sob o ponto de vista da equidade e da justiça e não da estrita letra da lei.

LETTER 33

Nabuco to Allen
7 August [1882]

19 Brook Street

Dear Mr. Allen,

I send you the extract such as it appeared in the *Jornal do Commercio* [15 July – see letter 30] of Sr. Antonio Pinto on introducing my petition to Parliament.

Are you coming down to the City at all this week? I would like very much to see you then.

Truly yours

JOAQ. NABUCO

CARTA 33

Nabuco a Allen
7 de agosto de [1882]

19 Brook Street

Prezado Sr. Allen,

Envio-lhe o resumo, tal como apareceu no *Jornal do Commercio* [15 de julho, ver carta 30], da introdução que o Sr. Antônio Pinto fez ao apresentar minha petição ao Parlamento.

O senhor vem para a City algum dia desta semana? Gostaria muito de vê-lo então.

Verdadeiramente seu,

JOAQ. NABUCO

LETTER 34

Nabuco to Sturge
16 August 1882

Malvern Lodge, Norfolk Square, Brighton

Dear Mr. Sturge,

I send you confidentially, wishing you to send it back to me after reading, a letter I received last year on the subject of certain blacks in Minas Gerais, as you might talk to the persons concerned in the case and see what to do in favour of the slaves.

I do not think Mr. Allen is in town, if he is with you please show him the letter.

Very truly yours

JOAQ. NABUCO

P.S. I read in the *Times* that the Institute of International Law is to meet in Turin on the 11th Sept. next. I think before the Institute some *memorandum* ought to be read asking for a public condemnation of slavery in the name of international law by the Institute. If necessary, I could send you a petition as I should like to sign it for the Anti-Slavery of Rio de Janeiro. I think some prominent Englishman belongs to the Institute and could take charge of the case. I can send you a *memorandum* of the points on which the petition must stand. I can have the document ready on the 30th August so as to give you ample time to have it forwarded to Turin before the Institute meets. I know it is fully in the scope of the Institute to consider the matter from an international, pacific and civilising point of view. J. N.

CARTA 34

Nabuco a Sturge
16 de agosto de 1882

Malvern Lodge, Norfolk Square, Brighton

Prezado Sr. Sturge,

Envio-lhe confidencialmente, pedindo-lhe que me devolva após a ter lido, uma carta que recebi ano passado sobre alguns negros em Minas Gerais, por acreditar que pode conversar com as pessoas interessadas no caso e ver o que é possível fazer a favor deles.

Não creio que o Sr. Allen esteja na cidade, se ele estiver com o senhor, por favor, mostre-lhe a carta.

Muito sinceramente seu
            JOAQ. NABUCO

PS. Li no *Times* que o Instituto de Direito Internacional vai se reunir em Turim no próximo dia 11 de setembro. Acho que algum memorando deveria ser lido pedindo a condenação pública da escravidão pelo Instituto, em nome do direito internacional. Se necessário, eu poderia enviar-lhe uma petição que gostaria de assinar em nome da Sociedade Contra a Escravidão do Rio de Janeiro. Acho também que algum inglês de renome que pertença ao Instituto poderia encarregar-se do caso. Posso enviar-lhe um memorando dos pontos em que se deve basear a petição. O documento poderia estar pronto dia 30 de agosto para que o senhor tenha tempo suficiente para encaminhá-lo para Turim antes da reunião do Instituto. Sei que está plenamente dentro da competência do Instituto considerar o assunto de um ponto de vista internacional, pacífico e civilizador. J.N.

ptember
LETTER 35

Sturge to Nabuco
18 August 1882

Charlbury, Oxfordshire

Dear Sen Nabuco

Your letter of the 16th [letter 34] with the enclosed reaches me here.

Our Secretary is now away in Switzerland and will not return for fully three weeks.

The story of the Blacks held by the company of which Samuel Gurney Sheppard is the Chairman is an old one. We can talk about it when the Secretary returns, and we next have the pleasure of seeing you.

I thank you for your mention of the International Law Congress. I will write at once to a member of our Committee who has sometimes attended them with a view to the carrying out of your suggestion.

Please inform me when you leave Brighton and where your future address will be.

Meanwhile
Yours truly

EDMUND STURGE

CARTA 35

STURGE A NABUCO
18 DE AGOSTO DE 1882

Charlbury, Oxfordshire

Prezado Senhor Nabuco,

Sua carta do dia 16 [carta 34], com o anexo, encontrou-me aqui. Nosso secretário está na Suíça no momento e só estará de volta daqui a três semanas.

A história dos negros mantidos pela companhia da qual Samuel Gurney Sheppard é presidente é antiga. Podemos falar sobre isso quando o secretário voltar e logo que tivermos o prazer de vê-lo.

Agradeço-lhe a menção ao Congresso de Direito Internacional. Escreverei imediatamente para um membro de nosso Comitê que às vezes participa desses congressos tendo em vista a concretização de sua sugestão.

Por favor, avise-me quando vai deixar Brighton e qual será seu endereço futuro.

Até então,
Seu verdadeiramente,

EDMUND STURGE

On further consideration, I think it important that such a document as you propose should go to the Congress, and I will ask you to prepare it at once. I am writing to the Secretary on the subject. It has a special importance just now in that when the powers of Europe meet in conference vis the *final* settlement in Egypt the slave trade question must be considered. *

---

* The British had invaded and occupied Egypt in August-September 1882, making it a de facto British protectorate.

Pensando melhor, acho importante que um documento como o que propõe seja apresentado ao Congresso, e peço-lhe que o prepare imediatamente. Estou escrevendo para o secretário sobre o assunto. O documento tem uma importância especial no momento porque quando as potências européias se reunirem para decidir sobre um acordo *final* no Egito, a questão do comércio de escravos tem que ser discutida.*

---

* A Grã-Bretanha tinha invadido e ocupado o Egito em agosto-setembro de 1882, transformando o país em um protetorado de fato.

LETTER 36

Sturge to Nabuco
26 August 1882

Charlbury, Oxon

Dear Senhor Nabuco

Since I wrote to you last week I have seen my friend and colleague Mr. J. G. Alexander. He has been in communication with Sir Travers Twiss* who is considered to be the most influential of the English members of the International Law Conference. Sir Travers considers the subject to be one of very great importance, but from having been unwell lately is doubtful of being able to give it full consideration.

Mr. Alexander was intending to visit Brighton at this time, and I hope will see you.

Yours very truly

EDMUND STURGE

---

* Sir Travers Twiss QC (1809-1897) was President of the International Law Association in 1883.

CARTA 36

STURGE A NABUCO
26 DE AGOSTO DE 1882

Charlbury, Oxon

Prezado Senhor Nabuco,

Após lhe ter escrito na semana passada estive com meu amigo e colega Sr. J.G. Alexander. Ele tem estado em contato com Sir Travers Twiss,* considerado o membro inglês mais influente da Conferência de Direito Internacional. Sir Travers acha que o assunto é de grande importância, mas por não tem estado bem de saúde recentemente receia que não lhe possa dar plena consideração.

O Sr. Alexandre pretendia visitar Brighton nesse momento, e espero que ele o possa ver.

Seu muito verdadeiramente,

EDMUND STURGE

---

* Sir Travers Twiss QC (1809-1897) era presidente da International Law Association em 1883.

LETTER 37

Nabuco to Sturge
28 August 1882

Brighton

Dear Mr. Sturge,

I have just received your letter [letter 36] on the subject I wrote to you about, and I am very sorry to hear that Mr. Travers Twiss could not place the point before the body in which he is so influential.

I am sure the International Law Conference you speak of was not meant by you to be the Conference for the reform of the International Law which met in Liverpool, but the *Institut de Droit International* which is to meet in Turin on Sept. the 11th.

I was preparing a paper on 'Slavery before the International Law' – but as you cannot have the subject conveniently brought before the *Institut*, it is better to postpone it to the meeting of next year. Meanwhile I will enlarge the paper I was writing and make it more complete when I go to London, as I have no books here.

Believe me always very truly yours

JOAQ. NABUCO

CARTA 37

Nabuco a Sturge
28 DE AGOSTO DE 1882

Brighton

Prezado Sr. Sturge,

Acabo de receber sua carta [carta 36] tratando do assunto sobre o qual lhe escrevi recentemente. Lamento saber que o Sr. Travers Twiss não possa apresentar o assunto diante do órgão em que tem tanta influência.

Estou certo de que, quando mencionou a Conferência de Direito Internacional, o senhor não quis se referir à Conferência para a reforma do Direito Internacional que se reuniu em Liverpool, e sim ao *Institut de Droit International* que se deve reunir em Turim dia 11 de setembro.

Eu estava preparando um documento sobre a "A escravidão no Direito Internacional", mas já que o senhor não pode fazer com que o tema seja apresentado de maneira adequada perante o *Institut*, é melhor adiar a apresentação até a reunião do ano que vem. Enquanto isso, quando retornar a Londres alongarei o documento que estava escrevendo para o tornar mais completo, já que aqui não tenho nenhum livro.

Creia-me sempre muito verdadeiramente seu,

JOAQ. NABUCO

LETTER 38

ALEXANDER* TO NABUCO
17 SEPTEMBER 1882

Roxburghe
Sandown, Isle of Wight

Dear Senhor Nabuco,

Enclosed I forward, as promised, [a] copy of my paper on the Slave Trade, and our report on the Berlin Congress. You will see that our declaration nº 2 is Bluntschli's article in another form.

I wrote to Mr. Sturge on Friday, as he was not in London when I was there last week, and told him what I thought necessary. My programme of measures to be urged upon our Government is fourfold – the two declarations are recommended, (3) an international arrangement for a mixed commission at Zanzibar to try cases arising out of the Slave Trade, with the needful provisions as to the right of search, (4) that England should assist the Khedive's Government** in enforcing the prohibition of the land traffic through the Sudan and Upper Egypt, so that the prohibition becomes a reality. It seems to me that these measures, if vigorously carried out by our Foreign Office, would suffice to put an end to the East African slave trade in a very short time – though it might

---

* Joseph Alexander, member of the Committee of the Anti-Slavery Society.
** Khedive was the title of the rulers of Egypt and the Sudan belonging to the dynasty created by Muhammad Ali Pasha which lasted from 1805 to 1914. In 1882 Great Britain invaded Egypt in support of its ally the Khedive Tawfiq (1879-1892), son of Ismail Pasha (1863-1879).

CARTA 38

Alexander* a Nabuco
17 de setembro de 1882

Sandown, Isle of Wight
Roxburghe

Prezado Senhor Nabuco,

Como prometido, envio-lhe em anexo cópia do meu texto sobre o Comércio de Escravos e nosso relatório sobre o Congresso de Berlim. Verá que nossa declaração nº 2 é o artigo de Bluntschli sob outro formato.

Escrevi ao Sr. Sturge sexta-feira, pois ele não estava em Londres quando lá estive na semana passada, e disse-lhe o que considerava necessário. Meu programa de medidas a serem recomendadas com insistência ao governo tem quatro itens: as duas declarações que são recomendadas, (3) um acordo internacional para a uma comissão mista em Zanzibar cujo objetivo seja julgar casos resultantes do Comércio de Escravos, com os dispositivos necessários relacionados ao direito de busca, (4) que a Inglaterra preste ajuda ao governo do Quediva** com relação ao cumprimento da proibição do tráfico terrestre através do Sudão e do Egito Superior, para que a proibição se torne realidade. Parece-me que, se levadas a cabo com vigor pelo nosso Ministério de Relações Exteriores, essas medidas serão sufi-

---
* Joseph Alexander, membro do Comitê da Anti-Slavery Society.
** Quediva: título dos governantes do Egito e do Sudão da dinastia criada por Muhamad Ali Pasha, que durou de 1805 a 1914. Em 1882, a Grã-Bretanha invadiu o Egito para apoiar seu aliado, o quediva, filho de Ismail Pasha Tawfiq (1863-1879).

be desirable afterwards to follow them up by placing a light draught cruiser on Lake Tanganyka.

Of course all this would only have an indirect influence on the Brazilian question, but I should think the moral influence on Brazilian opinion must, as you have said, be great.

I have proposed to Mr. Sturge the following means of carrying out these objects. First, a manifesto to be issued by the Anti-Slavery Society, appealing to our countrymen to support us in urging upon our Government to take advantage of the present magnificent opportunity to carry out the above programme – I have since drawn up such a manifesto. Secondly, that public meetings be organized in our principal towns during the latter part of October, at which I have said you and I are willing to attend as a deputation. I have also mentioned that I propose writing an article for the *Nineteenth Century*, and that you intend writing to *The Times*. I will let you know what Mr. Sturge says when I have his reply.

Yours very truly.

JOSEPH G. ALEXANDER

Sept. 18. This morning I have Mr. Sturge's reply approving the idea of a manifesto, but saying nothing about meetings.

cientes para pôr um fim ao comércio de escravos no leste africano em muito pouco tempo – embora possa ser desejável acompanhá-las, futuramente, com o posicionamento de um cruzador de pequeno calado no Lago Tanganika.

É claro, tudo isso teria apenas uma influência indireta na questão brasileira, mas acho que a influência moral sobre a opinião pública brasileira, como o senhor disse, deve ser grande.

Sugeri ao Sr. Sturge os seguintes meios para levar a cabo esses objetivos. Primeiro, um manifesto a ser publicado pela Anti-Slavery Society, pedindo o apoio de nossos conterrâneos para que exortem nosso governo a aproveitar a atual – e excelente – oportunidade de levar a cabo o programa mencionado acima; na verdade, já elaborei esse manifesto. Segundo, que sejam organizadas reuniões públicas em nossas cidades principais durante a última parte de outubro; já disse também que eu e o senhor estaríamos dispostos a participar desses encontros como representantes. Mencionei também que proponho escrever um artigo para o *Nineteenth Century* e que o senhor pretende escrever para *The Times*. Eu lhe repassarei a opinião do Sr. Sturge quando ele me responder.

Seu muito sinceramente.

JOSEPH G. ALEXANDER.

18 de setembro. Hoje de manhã recebi a resposta do Sr. Sturge aprovando a idéia do manifesto, mas sem nada dizer sobre as reuniões.

LETTER 39

ALLEN TO NABUCO
25 OCTOBER 1882

55 New Broad Street

Dear Sir

This Society has arranged to hold a Public Meeting at Willis' Rooms, King St, St James', on Wednesday the 15th of Nov. at 3.p.m. (the Rt Hon. the Earl of Shaftesbury K. G. in the chair) in order to consider the present favourable opportunity for procuring the abolition of Slavery and the Slave Trade in Egypt.

The Committee invite your cordial cooperation, and will be glad if you will kindly consent to speak at the meeting in favour of the above object.

An early answer will oblige
Yours sincerely

CHAS. H. ALLEN

I hope you are quite well and will be able to give us a good speech on the 15th. When are you coming to the City? C.H.A.

CARTA 39

Allen a Nabuco
25 DE OUTUBRO DE 1882

55 New Broad Street

Prezado Senhor,

Esta Sociedade está planejando realizar uma Encontro Público nas Salas Willis, King St, St. James', quarta-feira dia 15 de novembro às 3h da tarde (tendo o Honorável duque de Shaftesbury K.G. como presidente) a fim de discutir a atual oportunidade favorável para obter a abolição da escravidão e do comércio de escravos no Egito.

O Comitê solicita sua cordial cooperação e terá muito prazer se generosamente consentir em falar na reunião a favor do objetivo acima.

Ficaremos gratos por uma resposta rápida.
Seu sinceramente,

CHAS. H. ALLEN

Espero que esteja bastante bem e possa nos brindar com um bom discurso no dia 15. Quando é que o senhor vem à City?

C.H.A.

LETTER 40

Catherine Impey to Nabuco
20 November 1882

I. O. G. T. [International Order of Good Templars]
Temperance Mission
Street, Somerset

Dear Signor Nabuco

You will not forget your kind promise to write a letter to our meeting on Monday next. I wish you could be persuaded to come and read it in person – I wish you could set aside business claims for one evening and plead the rights of the coloured men – those in your own country. Come and speak of the *sin* of keeping men in slavery merely because they are too helpless to resist.

Join us in proclaiming that the coloured man should have a fair chance in life – that his rights should be respected, his life sacred, his wife and children and his home – his own.

The ticket I enclose is a "proof" only. They are printing on the others that a written address from *you* is part of the programme.

We would put you to no expense – except that of your time and presence – Can you not come.
Very truly yours.

CATHERINE IMPEY

CARTA 40

Catherine Impey a Nabuco
20 de novembro de 1882

I. O. G. T. [Ordem Internacional dos Bons Templários]
Temperance Mission
Street, Somerset

Prezado Senhor Nabuco,

Espero que não esqueça sua promessa tão gentil de escrever uma carta para nossa reunião na próxima segunda-feira. Desejaria poder convencê-lo a vir ler a carta pessoalmente – gostaria que pudesse deixar de lado as demandas do mundo de negócios por uma noite para pleitear os direitos dos negros – aqueles de seu próprio país. Venha e fale sobre o *pecado* que é manter homens na escravidão simplesmente porque são impotentes demais para resistir.

Junte-se a nós proclamando que o negro deve ter uma justa oportunidade na vida – que seus direitos devem ser respeitados, sua vida sagrada e que sua esposa, seus filhos e sua casa devem ser seus.

O bilhete que envio em anexo é apenas uma "prova". Nos demais está sendo impresso que um discurso escrito pelo *senhor* é parte do programa.

O senhor não teria qualquer despesa – a não ser a de seu tempo e presença. Será que não pode vir?
Muito sinceramente sua,

CATHERINE IMPEY

LETTER 41*

Nabuco to Impey
24 November 1882

London

Dear Miss Impey

I am very sorry not to be able to join those who will give you their hearty support on Monday next, but I wish to assure you of the deep sympathy with which I heard you speak of the struggle being carried on against the *prejudice of colour*. It is certainly a spot which cannot pass unnoticed in the bright aspects of American democracy that there the negro races find in the colour of their skin unsurmountable [sic] obstacles to social equality and full citizenship, however pure, noble and unselfish their representatives may be. This repulsion has outlived slavery, in fact while it exists slavery cannot be said to have entirely died out. The 'Life of Frederick Douglass' shows almost in every page what a struggle a coloured man would have in the Union to make people forget his colour, look at his character and not his race and admire his eloquence without being ashamed of his company. What is called now in England *boycotting* had been, morally and socially, the fate of the whole negro race in America, and if slavery broke materially that barrier and the negroes were not left altogether alone it was because their unpaid services were too precious. Intercourse never went beyond the interests of the cotton crop.

---

* This letter is from the Wanderley Pinho archive, Instituto Histórico e Geográfico Brasileiro (IHGB), Rio de Janeiro.

CARTA 41 *

Nabuco a Impey
24 de novembro de 1882

Londres

Prezada Srta. Impey,

Lamento muito não poder fazer parte do grupo que lhe irá levar seu caloroso apoio na próxima segunda-feira, mas quero lhe assegurar que foi com profunda simpatia que a ouvi falar sobre a luta que está sendo levada a cabo contra o *preconceito de cor*. É certamente uma mancha que não pode deixar de ser notada nos brilhantes aspectos da democracia americana o fato de naquele país as raças negras encontrarem na cor de sua pele obstáculos insuperáveis para a igualdade social e a plena cidadania, por mais puros, nobres e altruístas que sejam seus representantes. Essa repulsa sobreviveu à escravidão e, com efeito, enquanto ela existir, não poderemos dizer que a escravidão morreu completamente. O livro *Life of Frederick Douglass* mostra, em quase todas as páginas, quanto um homem negro teria de lutar na União para fazer com que as pessoas esquecessem sua cor, vissem seu caráter e não sua raça e admirassem sua eloqüência sem ter vergonha de sua companhia. O que hoje se chama de *boicote* na Inglaterra, foi, moralmente e socialmente, o destino de toda a raça negra na América; e se a escravidão rompeu materialmente aquela barreira e os negros não foram deixados completamente abandonados foi porque seus serviços não remunerados eram valiosos demais. O relacionamento nunca foi além dos interesses do cultivo do algodão.

---

* Esta carta pertence à coleção de Wanderley Pinho, depositada no Instituto Histórico e Geográfico Brasileiro (IHGB), Rio de Janeiro.

I know that in no country whatever are there so many intellectual and progressive forces in activity as in North America, and I feel sure that six millions of Americans, as the negroes are now, will find strong and universal support to wage war against colour prejudice and to carry it from the law, in whose territory it is already won, into all the departments of Church and State, of administration and learning, into the whole field of trade, industry and general social intercourse, only to stop at the line of aristocracy, too exclusive and limited to be governed except by its own code of rank and prejudice.

As for Brazil, my own country and home, I can only repeat here what I told you: even with slavery we make no difference as to colour. Coloured men happen to be foremost in all careers: none is shut to them either by law or by public antipathy or social pressure. Some of the most brilliant talents, in all kinds of intellectual superiority, come from the coloured people. Poets, musicians, orators, engineers, publicists, statesmen, show us how we should have deprived ourselves of real national forces, if we had condemned, by a law, or still worse – by a prejudice, a whole race to live in an inferior level to our own and not to aspire to the same pursuits, achievements and ambitions in life!

No doubt can be entertained about the capacity, either intellectual or moral, of coloured people to help in the work of European civilization and add to it if properly educated and treated. It was only slavery that deprived the children of the negroes, born in America, as it degraded during the time of the Romans the Slavonic nation who gave its name for ever to the men held in property, as it was another kind of slavery, political despotism, that degraded the proudest races of the world until manliness, self-respect and personal dignity passed as distinctive qualities from the descendents of the Athenians and Romans to the descendents of their slaves.

Sei que em nenhum outro país existem tantas forças intelectuais e progressistas em atividade quanto na América do Norte e tenho certeza de que seis milhões de americanos, que é hoje o número de negros naquele país, encontrarão um forte apoio universal para travar uma guerra contra o preconceito de cor e transportá-la, a partir da lei, em cujo território ela já foi ganha, para todos os setores da Igreja e do Estado, da administração e da educação, ao campo inteiro do comércio, da indústria e das relações sociais em geral, parando apenas na linha da aristocracia, que é exclusiva e limitada demais para ser governada a não ser por seu próprio código de posição social e preconceito.

Quanto ao Brasil, meu próprio país e meu lar, só posso repetir aqui o que já lhe disse: mesmo com a escravidão, nós não diferenciamos as pessoas pela cor. Há homens negros na vanguarda em todas as carreiras: nenhuma lhes é fechada seja por lei ou por antipatia pública ou pressão social. Alguns dos talentos mais brilhantes, em todos os tipos de superioridade intelectual, vêm da população negra. Poetas, músicos, oradores, engenheiros, publicitários, estadistas, mostram-nos como teríamos nos privado de verdadeiras forças nacionais se tivéssemos condenado, por lei, ou pior ainda – por preconceito – toda uma raça a viver em um nível inferior ao nosso e a não aspirar às mesmas ocupações, conquistas e ambições na vida!

Nenhuma dúvida pode ser levantada sobre a capacidade, seja intelectual ou moral, do povo negro de contribuir para a obra da civilização européia e acrescentar-lhe algo se for propriamente educado e tratado. Foi somente a escravidão que privou os filhos dos negros, nascidos na América, assim também como, no tempo dos romanos, a nação eslavônica que deu seu nome para sempre aos homens mantidos em propriedade, sofreu outro tipo de escravidão, o despotismo político que degradou as raças mais orgulhosas do mundo até que a hombridade, o auto-respeito e a dignidade pessoal passaram, como

Well, if it is slavery that degraded the negro races in America, it is freedom that will rehabilitate them, or if they prove by an infinite number of everyday examples that they are capable, very eager and thirsty of progress, if they are not like the Asiatic, bound to an immovable past, nor like the savages to the wild and erratic instincts of an earlier human period, but, on the contrary, willing to work in the line and for the aims of European influence and action. The colour prejudice which tends to keep those races backward, to hinder their advance and frustrate their efforts to self culture, is an injustificable wrong done them, a true persecution, such as is possible in the XIXth century and a cruel oppression of which they may be the sufferers, but of which the white people remain before history the inflicters.

Believe me, dear Miss Impey,
yours truly,

JOAQUIM NABUCO

qualidades distintivas, dos descendentes dos atenienses e dos romanos para os descendentes de seus escravos.

Bem, se foi a escravidão que degradou as raças negras na América, é a liberdade que as reabilitará, ou se elas provarem por um número infinito de exemplos cotidianos que são capazes, e que estão ansiosas e sedentas de progresso, se não são como os asiáticos, atados a um passado estático, nem como os selvagens, atados aos instintos erráticos de um período humano anterior, mas, ao contrário, que estão dispostos a trabalhar segundo as diretrizes e para os objetivos da influência e da ação européia. O preconceito de cor, que tende a manter essas raças atrasadas, a prejudicar seu progresso e a frustrar seus esforços de aculturação, é um mal injustificável que lhes é feito, uma verdadeira perseguição, tal como é possível no século XIX, e uma cruel opressão da qual eles podem ser as vítimas, mas da qual, perante a história, os brancos permanecem sendo os infligidores.

Creia-me, prezada Miss Impey,
Seu sinceramente,

JOAQUIM NABUCO

LETTER 42

Impey to Nabuco
28 December 1882

I. O. G. T.
Temperance Mission
Street, Somerset

Dear Señor Nabuco

What can you have thought of my long silence, in return for the great kindness with which you have treated me! Your letter [letter 41] reached me safely and in good time and was deeply appreciated by those of us who were setting up that meeting in Bristol. We felt ourselves a small and somewhat insignificant band in the eyes of the public, and though we were very much in earnest we were none of us very "gifted".

Your excellent letter seemed to say with *weight* – many things which peculiarly wanted saying – Especially I liked the way you showed how *nations* suffer by limiting the aspirations of any particular class. And when you tell what coloured men *unfettered* have done in Brazil you prove most forcibly that the reason coloured men are not great in the Union is for lack of opportunity – not from lack of talent.

I have been anxious to give your letter wider circulation as I know there are many who would read it thoughtfully if it were before them – but in my great care (!) of the original copy I unintentionally sent it with other papers in an envelope to one of my London friends,

CARTA 42

Impey a Nabuco
28 DE DEZEMBRO DE 1882
I. O. G. T.
Temperance Mission
Street, Somerset

Prezado Senhor Nabuco,

O que é que pode ter pensado desse meu silêncio tão prolongado como resposta à enorme gentileza com a qual me tratou! Sua carta [carta 41] chegou sem problemas e com bastante tempo e foi profundamente apreciada por aqueles entre nós que estão organizando aquele encontro em Bristol. Nós nos sentíamos um grupo pequeno e um tanto insignificante aos olhos do público e embora todos nós estivéssemos muito envolvidos, nenhum de nós era muito "talentoso".

Sua excelente carta parece dizer – *com peso* – muitas coisas que especificamente precisavam ser ditas. Gostei especialmente da maneira como o senhor mostrou como as *nações* sofrem ao limitarem as aspirações de alguma classe específica. E quando o senhor conta o que os negros *livres* fizeram no Brasil, prova de maneira muito convincente que o motivo pelo qual os negros não são importantes na União [Norte-americana] é por falta de oportunidade – e não por falta de talento.

Estou ansiosa para divulgar sua carta mais amplamente, pois sei que existem muitas pessoas que a leriam com atenção se a tivessem diante de si – mas, em virtude do grande cuidado (!) que tenho com a cópia original, enviei-a, inadvertidamente, com outros documentos, em um envelope, para um de meus amigos londrinos e durante

and could not for weeks discover its whereabouts. It did not for a long time occur to me what had become of it and we spent hours in looking through every drawer or desk where it seemed possible it might be, and of course in vain, I kept on deferring my letter to you hoping it might turn up and I cannot tell you the satisfaction it gave me to one day receive it again by post.

I find myself wanting to know more about Brazil and your slaves and your social life etc. If you know any good book in English – that would give me a fair notion of what life in Brazil is like at the present time – I should be greatly obliged by you naming it – Unfortunately I have but little time for reading – life is a very busy affair with me but when a book comes in my way bearing in any special way upon the question of slavery or the condition of the Negro race – I somehow make time to read it. I want to know what the efforts of your own Anti-Slavery Society are directed to. What class of people you secure to your movement – what your modes of work – whether you wish to buy off those who still remain in slavery – or whether you are trying to enlighten public feeling and public opinion until people shall voluntarily free their slaves. Do free coloured men ever hold slaves?

But do not answer me if a book will do. I feel you have been very generous of your time already and that I ought to be ashamed to ask more.

With warmest thanks and many apologies for my incivility
I am very truly yours

CATHERINE IMPEY.

(You notice our seal or stamp?)

semanas não consegui descobri onde estava. Demorou muito para que eu descobrisse o que tinha acontecido e passamos horas em casa procurando em todas as gavetas ou mesas onde ela possivelmente poderia estar, e é claro, sem resultado. Fiquei adiando minha carta para o senhor na expectativa de que ela pudesse aparecer e não posso descrever a satisfação que me deu recebê-la outra vez pelo correio um belo dia.

Sinto que quero saber mais sobre o Brasil e seus escravos e sua vida social, etc. Se conhecer algum bom livro em inglês que possa me dar uma boa noção de como é a vida no Brasil atualmente, ficarei muito agradecida se me enviar o título. Infelizmente, tenho pouco tempo para ler – a vida, em meu caso, é muito ocupada, mas quando em meu caminho aparece um livro que trata de alguma maneira especial a questão da escravidão ou a condição da raça negra, de algum modo descubro tempo para lê-lo. Quero saber para que objetivos se direcionam os esforços de sua própria Sociedade Contra a Escravidão. Que tipo de pessoa atraem para seu movimento – quais são suas formas de trabalhar – se querem comprar e libertar aqueles que ainda continuam escravos ou se tentam esclarecer o sentimento da população e a opinião pública até que as pessoas voluntariamente se decidam a libertar seus escravos. Existem homens negros livres que mantenham escravos?

Mas não me responda se um livro pode fazê-lo. Sinto que já foi muito generoso com seu tempo e que eu devia me envergonhar de perguntar mais.

Com os mais calorosos agradecimentos e muitas desculpas pela minha descortesia,
Sou muito sinceramente sua
CATHERINE IMPEY

(O senhor notou nosso sinete ou selo?)

LETTER 43

Impey to Nabuco
24 April 1883

Temperance Mission
Street, Somerset

Senhor J. Nabuco

Dear Sir

I want to trouble you with a question which sometimes perplexes me. People say "prejudice against colour is dying out — therefore why attempt any fresh efforts? Let well alone" etc etc etc

It struck me today that you must have thought this matter out and could perhaps help me to answer it, and I feel sure that for the sake of the oppressed whom I am *trying* to help, you will be willing to help me and will forgive me for troubling you. With you — in Brazil — I understand that slavery is being gradually abolished. The *children* are to be free after they become 21 years old. Why do you not sit down and quietly wait results. The old people are dying. What reason do you *set forth* for agitating a more rapid emancipation?

I *know* that you are right *not to wait*. I *know* that I am right not to wait — but why? I do not know why. I cannot put it in words. I *must* know however and I feel sure you can make it plain to me. You think so *clearly*.

CARTA 43

Impey a Nabuco
24 de abril de 1883

Temperance Mission
Street, Somerset

Senhor J. Nabuco

Prezado Senhor,

Quero incomodá-lo com uma pergunta que às vezes me deixa confusa. As pessoas dizem "o preconceito contra a cor está morrendo – portanto por que tentar novos esforços? É melhor deixar o que está indo bem como está" etc.etc.etc.

Ocorreu-me hoje que deve ter refletido sobre isso e talvez pudesse me ajudar a esclarecer minha dúvida. E estou certa de que em benefício dos oprimidos a quem estou *tentando* ajudar, o senhor estará disposto a me ajudar e a me perdoar por incomodá-lo. Com vocês, no Brasil, entendo que a escravidão está sendo abolida gradativamente. Os *filhos* dos escravos estarão livres quando completarem 21 anos. Por que as pessoas não se sentam e tranquilamente esperam os resultados? Os velhos estão morrendo. Que razões o senhor apresenta para justificar a agitação por uma emancipação mais rápida? *Sei* que está certo em *não esperar*. *Sei* que estou certa em não esperar – mas por quê? Não sei por quê. Não posso expressá-lo em palavras. *Preciso* saber, no entanto, e tenho certeza de que o senhor pode deixar as coisas claras para mim. O senhor pensa com tanta *clareza*!

I took the liberty of sending your first letter – to some of the negro newspapers in America. It attracted a good deal of attention. They need to know more of the hopeful doings of their race so as to recognize *how much and how little* of their present degradation is due to caste prejudice and how much to their own personal inactivity

Yours very truly

CATH. IMPEY

Tomei a liberdade de enviar sua primeira carta para alguns dos jornais negros na América. Ela chamou bastante atenção. Eles precisam saber mais sobre as coisas promissoras que sua raça está fazendo para que possam reconhecer *quanto e quão pouco* de sua atual degradação é resultado do preconceito e quanto da própria inatividade pessoal deles.

Sua muito sinceramente,

CATH. IMPEY

LETTER 44

Allen to Nabuco
21 June 1883

New Broad Street

Dear Senhor Nabuco

I am directed by the Committee of this Society to tender you their sincere thanks for the trouble you have taken in forwarding to the Brazilian Govt. an address calling upon them to claim from the St. John del Rey Co. the back wages due to 220 slaves who died in bonds. They also would be glad if you will someday furnish them with a copy of the original document. Probably it will appear in print and a printed copy will suffice.

I hope you will kindly hold yourself free to attend an Anti-Slavery meeting at Dr. Ingleby's private grounds near London on the 10th or 12th July. I will give you particulars later.

Yours very truly

CHAS. H. ALLEN

CARTA 44

Allen a Nabuco
21 de junho de 1883

New Broad Street

Prezado Senhor Nabuco,

O Comitê desta Sociedade pediu-me transmitir-lhe seus sinceros agradecimentos pelo trabalho que teve em encaminhar ao Governo brasileiro uma representação solicitando que ele cobre da Companhia São João Del Rei os salários atrasados devidos a 220 escravos que morreram no cativeiro. O Comitê também ficaria grato se pudesse eventualmente fornecer-lhe uma cópia do documento original. Provavelmente ele será publicado e uma cópia impressa será suficiente.

Espero que esteja livre para participar de uma reunião da Anti-Slavery na propriedade particular do Dr. Ingleby's perto de Londres no dia 10 ou 12 de julho próximo. Eu lhe darei os detalhes mais tarde.

Seu muito verdadeiramente

CHAS H. ALLEN

LETTER 45

Nabuco to Allen
27 July [1883]

20A Maddox Street, Regent Street

Dear Mr. Allen,

The correspondence on Brazilian Slavery in the *Times* from Jundiahy* (I expect from Mr. Hammond, the same who has of late had a discussion on the subject with the *Rio News*, and is backing strongly and with personalities against us the Slavery interests), if not contested with the same ample space at the disposal of the writer, will be a blow to our cause, as it will be translated in Brazil and made to represent the British feeling of sympathies on the question.

I wish the *Times* would allow me space for an answer and a full statement of the series of reasons we Abolitionists have to pursue the course we have taken. My English being bad, although I can write better English than the nasty examples you have seen, I would accept with thanks any corrections from a competent person.

---

* 'Slavery in Brazil' (From a correspondent at Jundiahy, Sao Paulo), *The Times*, 27 July 1883. The article argued, at enormous length, that 'the total abolition of slavery in Brazil cannot be accomplished without bringing with it most serious consequences to the financial prosperity of the country'. The immediate emancipation of over one million slaves would lead to 'ten years of darkness and ruin...an interregnum of anarchy, bloodshed and misery between the freeing and the perfect establishment of free labour' The writer concluded: 'As a nation...Brazil is sick, and needs all the gentle care her friends can give her. That she will recover no one doubts...if she can but get help, moral and material, to beat down the monster anarchy which will clutch her by the throat if her emancipation of slavery be not very thoughtfully and prudently carried out'.

CARTA 45

Nabuco a Allen
27 de julho de [1883]

20A Maddox Street, Regent Street W.

Prezado Sr. Allen,

A correspondência sobre a escravidão brasileira vinda de Jundiaí publicada no *Times** (acredito que do Sr. Hammond, o mesmo que recentemente teve uma discussão sobre o assunto com o *Rio News* e está apoiando fortemente os interesses da escravidão, junto com algumas personalidades e contra nós) se não for contestada com o mesmo espaço amplo que foi dado a seu autor, será um golpe para nossa causa, pois será traduzida no Brasil e apresentada como se representasse os sentimentos ingleses de simpatia pela posição.

Eu gostaria que o *Times* me concedesse espaço para uma resposta e uma exposição completa sobre a série de razões que nós abolicionistas temos para seguir o curso que estamos seguindo. Como meu inglês é ruim, embora melhor do que o de alguns exemplos horrí-

---

* "Escravidão no Brasil" (de um correspondente em Jundiaí, São Paulo), *The Times*, 27/07/1883. O artigo argumenta longamente que "a total abolição da escravidão no Brasil não pode ser feita sem trazer consigo as mais sérias conseqüências para a prosperidade financeira do país". A emancipação imediata de mais de um milhão e meio de escravos levaria a "dez anos de sombras e ruína [...] a um interregno de anarquia, derramamento de sangue e miséria entre a libertação e a completa introdução do trabalho livre." O autor conclui: "Como nação [...] o Brasil está doente e necessita de todo o cuidado carinhoso que seus amigos lhe podem proporcionar. Ninguém duvida de que irá recuperar-se [...] se puder conseguir ajuda, moral e material, para derrotar a anarquia monstruosa que o agarrará pelo pescoço se a emancipação dos escravos não for realizada com muito discernimento e prudência".

I am so busy that I would not like to write the answer unless sure of it being inserted, and I would feel very obliged to Mr. Sturge or Mr. Arthur Pease** if, bringing the subject before the Editor of the *Times* and telling him what influence to check the Abolitionist movement in Brazil articles of the kind of the one published to-day in the leading English journal are likely to have, they could obtain the insertion of my answer, and have the question treated in a leading article in a way favourable to our cause. This is really a very important question for us, as the effect of such a correspondence passing uncontradicted will be very great in Brazil where the *Times* seems the voice of civilization.***

Yours truly

J. NABUCO

** Arthur Pease 1837-98, MP for Whitby 1880-5, committee member, future President of the Society.
*** No reply by Nabuco to this article was published in the *Times*.

veis que o senhor viu, eu aceitaria agradecido quaisquer correções feitas por pessoa competente.

Estou tão ocupado que não gostaria de escrever a resposta a menos que tenha a garantia de que vai ser publicada. Ficaria muito agradecido ao Sr. Sturge ou ao Sr. Arthur Pease** se ao levarem o assunto ao Editor do *Times* e lhe explicarem que artigos do tipo daquele que foi publicado hoje no mais importante jornal inglês provavelmente terão uma influência negativa refreando o movimento abolicionista no Brasil, pudessem conseguir a publicação de minha resposta e o tratamento da questão em um editorial de modo favorável a nossa causa. Isso é realmente uma questão muito importante para nós, já que o efeito de uma correspondência desse tipo não contraditada será muito grande no Brasil onde o *Times* é considerado a voz da civilização.***

Seu verdadeiramente,

J. NABUCO

** Arthur Pease (1837-98), Membro do Parlamento por Whitby, 1880-85, membro do Comitê da Anti-Slavery Society e seu futuro presidente.
*** Nenhuma resposta de Nabuco a esse artigo foi localizada no *Times*.

LETTER 46

Alexander to Nabuco
28 July 1883

Dear Senhor Nabuco

Enclosed I send you cuttings from *Cook's Excursionist*, which will give you the fares to Milan.* You will be able to estimate other expenses for yourself, as well as I can do.

I trust you will not, however, allow those expenses to be any hindrance to your going. We have a fund applicable to Anti-Slavery purposes, out of which the expenses of our journey to Berlin at the time of the Congress** were paid and I am sure that I have only to mention the matter to Mr. Sturge, whom I expect to see at the Anti-Slavery Committee on Friday, I ensure you the repayment of your expenses. If you are good enough to do the work, I am sure we ought to find the money.

As to the other point I will communicate with Sir Travers Twiss and Dr. Stubbs, so as to make sure that your paper*** shall have full consideration. At present we have no considerable number of subjects likely to lead to discussion, so that there can be no sufficient

---

* For the International Law Association annual meeting in Milan, September 1883.
** Convoked by Bismarck in 1878, the Congress of Berlin brought together the European Great Powers to discuss the crisis in the Balkans.
*** The paper, a review of the slave trade and slavery, written and delivered in French, was published in the *Anti-Slavery Reporter*, October 1883.

CARTA 46

Alexander a Nabuco
28 de julho de 1883

Prezado Senhor Nabuco,

Envio-lhe em anexo recortes da "Cook's Excursionist" que lhe dá o custo das passagens para Milão.* O senhor mesmo poderá avaliar as outras despesas sozinho, tão bem quanto eu.

Espero, no entanto, que não permita que esses gastos sejam um empecilho para sua ida. Temos um fundo para ser utilizado para fins antiescravistas e desse fundo foram pagos os gastos com nossa viagem a Berlim à época do Congresso.** Estou certo de que basta que eu mencione o assunto ao Sr. Sturge, com quem espero me encontrar na reunião do Comitê da Anti-Slavery na sexta-feira, e lhe poderei garantir o reembolso de seus gastos. Se é suficientemente generoso para realizar o trabalho, estou seguro de que é nossa obrigação encontrar o dinheiro.

Quanto ao outro ponto, entrarei em contato com Sir Travers Twiss e o Dr. Stubbs, a fim de garantir que sua comunicação*** receba total atenção. No momento não temos muitos temas capazes

---

* Para a reunião anual da International Law Association em Milão, em setembro de 1883.
** Convocado por Bismark em 1878, reuniu as potências européias para discutir a crise dos Bálcãs.
*** O trabalho, um apanhado sobre tráfico de escravos e a escravidão, escrito e apresentado em francês, foi publicado no *Anti-Slavery Reporter* de outubro de 1883.

reason for your being excluded – indeed you may take my assurance that time will be found for you.

I much hope that you will be with us and shall look forward with great interest to the reading of your paper.
Yours very truly
JOSEPH G. ALEXANDER

de gerar discussão e, portanto, não pode haver razão suficiente para excluir o seu – na verdade pode contar com minha garantia de que lhe será concedido tempo.

Espero que esteja conosco e aguardo com ansiedade e muito interesse a leitura de sua conferência.
Seu muito verdadeiramente,
JOSEPH G. ALEXANDER

LETTER 47

Alexander to Nabuco
4 August 1883

Dear Senhor Nabuco,

I am much obliged for your letter received this morning, and shall have much pleasure in proposing Senhor Alcoforado and yourself as members of the International Law Association. I hope he will be able, as well as yourself, to be with us at Milan.

I am happy to tell you that at the Anti-Slavery Committee yesterday I met Mr. Sturge and the other gentlemen who are co-trustees with myself of the "Friends" Anti-Slavery Fund, and I am authorized to offer you the sum of £ 20 to pay your expenses to Milan.

With regard to your paper, I am sorry that I omitted before to write to you as to the best mode of presenting it. If you would not find it too much work, I think it would be very desirable that the paper should be presented *both in French and in English*. We shall have a large number of Italians and probably Swiss and others who would be able to read it much better in French – on the other hand, there are always a number of English and Americans who can't read French with comfort, and as the report is in English the paper would have to be translated if it is to appear there.

You will find it much cheaper and more satisfactory to get the French edition printed in Paris: if you send the Ms. by post to Mes-

CARTA 47

ALEXANDER A NABUCO
4 DE AGOSTO DE 1883

Prezado Senhor Nabuco,

Estou muito grato por sua carta que recebi hoje pela manhã e terei muito prazer em propor o Senador Alcoforado e o senhor como membros da *Internacional Law Association*. Espero que ele possa, assim como o senhor, estar conosco em Milão.

Fico feliz de lhe dizer que no Comitê da Anti-Slavery, ontem, encontrei-me com o Sr. Sturge e com os outros cavalheiros que, como eu, são curadores do Fundo "Friends" da Anti-Slavery, e estou autorizado a lhe oferecer a soma de 20 libras esterlinas para pagar suas despesas em Milão.

Com relação a seu texto, lamento ter-me esquecido de lhe escrever anteriormente sobre a melhor maneira de apresentá-lo. Se achar que não é trabalho demais, creio que seria desejável que o documento fosse apresentado *tanto em francês quanto em inglês*. Teremos um número grande de italianos e provavelmente de suíços e outros que poderiam ler o texto muito melhor em francês – por outro lado, há sempre um número de ingleses e americanos que não podem ler em francês com facilidade e como o relatório está em inglês, o documento teria de ser traduzido para que possa ser publicado nele.

Verá que é muito mais barato e satisfatório mandar imprimir a edição francesa em Paris; se enviar o manuscrito pelo correio para

srs. Marchal Billard & Co. (see address on next page), the publishers of the *Journal du Droit International Privé*, they would do it very well, and would send you the proofs to correct. As for the English is concerned, I shall be most happy to revise it. I should say that 200 of each would be an amply sufficient number to have printed.

If Senhor Alcoforado would favour us with a paper on any subject of International Law, public or private, we should be very glad. It is doubtful whether we have another meeting of the Council before we go to Milan, and in that case you will not be elected members previously, but this is a mere matter of form.

Hoping to meet you in good time at Milan, I am
Yours very truly
JOSEPH G. ALEXANDER

Marchal Billard & Co.
27 place Dauphiné, Paris

In London you could not do better than go to Mr. Kingdon who prints the *Anti-Slavery Reporter*.

os Srs. Marchal Billard & Co. (veja o endereço na página seguinte), editores do *Journal Du Droit International Privé*, eles o farão muito bem feito e lhe enviariam as provas para serem corrigidas. Quanto ao inglês, terei o maior prazer em revisá-lo. Diria que basta imprimir 200 cópias de cada; isso seria amplamente suficiente.

Se o Senador Alcoforado nos privilegiar com um texto sobre qualquer tema de Direito Internacional, público ou privado, ficaremos muito contentes. Não sabemos exatamente se teremos outra reunião do Conselho antes da ida a Milão, e nesse caso os senhores não seriam eleitos membros previamente, mas isso é apenas uma formalidade.

Na expectativa de encontrá-lo em breve em Milão, sou

Seu muito sinceramente,
JOSEPH G. ALEXANDER

Marchal Billard & Co.
27 Place Dauphiné
Paris

Em Londres, não poderia ter melhor escolha que procurar o Sr. Kingdon que imprime o *Anti-Slavery Reporter*.

LETTER 48

Alexander to Nabuco
24 August 1883

Dear Senhor Nabuco,

Perhaps under the circumstances mentioned in your letter it is not worth while any further to attempt a meeting, but you will find me here from 10:15 to 1 o'clock tomorrow if you should desire to call. I do not know that I have something important to say to you on the subject of your paper: you expressed a wish to come to an understanding with me about it but perhaps the answers I gave to your questions as to printing in French or English do sufficiently meet your wants. I have by me still a considerable number of copies of my paper, and I intend bringing them with me to Milan for distribution.

I received yesterday from Mr. Allen the enclosed cheque for you, which I have endorsed over to you accordingly. I have a Council meeting of the Association this afternoon at which I shall propose you and Senhor Alcoforado as members – also Mr. Allen, who is coming over to Milan from Switzerland.

Yours very truly

JOSEPH G. ALEXANDER

CARTA 48

Alexander a Nabuco
24 de agosto de 1883

Prezado Senhor Nabuco,

É possível que nas circunstâncias mencionadas em sua carta já não valha a pena qualquer outra tentativa de uma reunião, mas, se desejar me visitar, há de me encontrar aqui a partir das 10h15m às 13h da amanhã. Não sei se tenho algo importante para lhe dizer sobre o tema de seu texto; o senhor expressou o desejo de chegar a um entendimento comigo sobre isso, mas talvez as respostas que dei a suas perguntas sobre a impressão em francês ou inglês tenham sido suficientes para satisfazê-lo. Tenho comigo ainda um número considerável de cópias do meu texto e tenho a intenção de levá-las comigo para Milão para serem distribuídas.

Ontem recebi do Sr. Allen o cheque em anexo para o senhor, que endossei devidamente a seu favor. Tenho uma reunião do Conselho da Association hoje à tarde e nela proporei o Senhor e o Sr. Alcoforado como membros – e também o Sr. Allen, que está indo para Milão, da Suíça.

Seu muito sinceramente,

JOSEPH G. ALEXANDER

LETTER 49

Nabuco to Allen
31 March 1884

33 Davies Street, Berkeley Square

Dear Mr. Allen,

I hope you are in good health after your short holiday. I am going to take mine now, as ever since I came from Milan my health has been very poor and I have lost 2 stones without knowing the cause of my extreme nervous debility.

I hope the long sea-voyage and change of climate and surroundings will prove successful if what I am suffering is simply over-work combined with home-sickness and want of my native sun.

I think of leaving for Brazil on the 15th and to stay away 4 months. But who knows? Meanwhile, I am glad to tell you, the Abolitionist movement there is getting every day stronger and I trust my holiday will be employed in agitating the question still more than it has yet been. The moment seems to me to have arrived for some energetic kind of action.

Your 'Gordon Pasha's Life' seems to be very popular.* What tremendous blunder his Proclamation was! Happily for us it came after the Milan Conference.

---

* Allen had recently published *Never to be taken alive: a biography of General Gordon*, a prophetic title as it turned out. General Charles Gordon (1833-85) had been appointed

CARTA 49

Nabuco a Allen
31 de março de 1884

33 Davies Street, Berkeley Square

Prezado Sr. Allen,

Espero que o senhor esteja bem de saúde depois de suas breves férias. Vou tirar as minhas agora, já que, desde que voltei de Milão minha saúde não anda muito bem e já perdi quase 13 quilos sem descobrir a causa de minha extrema debilidade nervosa.

Espero que a longa viagem marítima e a mudança de clima e de ambiente resolverão o problema se o que estou sofrendo for apenas resultado do trabalho em excesso combinado com saudades de casa e falta do sol da minha terra.

Penso em partir para o Brasil dia 15 e ausentar-me por uns quatro meses. Mas quem sabe? Enquanto isso, fico contente de lhe dizer, o movimento abolicionista lá está ficando cada vez mais forte e estou certo de que minhas férias serão usadas para agitar a questão ainda mais. Parece-me que o momento chegou para algum tipo de ação enérgica.

Seu "Gordon Pasha's Life" parece ser muito popular.* Que gafe tremenda foi sua Proclamação! Felizmente para nós ela só ocorreu após a Conferência de Milão.

---

* Allen acabara de publicar o livro *Never to be taken alive: a biography of General Gordon* (Nunca ser aprisionado vivo: uma biografia do General Gordon), um título profético, como se

I will call on you some day next week and would feel obliged if you did kindly present to Mrs. Allen my respects and best wishes for her own and her children's welfare.

I remain always
Yours very sincerely

JOAQ. NABUCO

---

governor-general of Sudan on the Upper Nile river following the British occupation of Egypt in 1882. Faced with a revolt by fundamentalist Muslim forces the British government instructed him to organise the evacuation of Sudan. Gordon, however, chose to stay and defend 'civilization' against 'barbarism', though to the consternation of the Anti-Slavery Society he issued a proclamation sanctioning slavery in Sudan in order to secure local support for his rule. When in March 1884 Khartoum came under siege from the Sudanese rebels Gordon was more or less abandoned by the British government until his fate became a popular cause. Khartoum was only finally relieved by British troops at the end of January 1885, two days after Gordon himself had been killed and beheaded (on 26 January).

Irei fazer-lhe uma visita na semana que vem e ficaria grato se transmitisse meus respeitos à Sra. Allen e meus votos para seu bem estar e o de seus filhos.

Continuo sempre
Seu muito sinceramente,

JOAQ. NABUCO

---

viu depois. O general Charles Gordon (1833-1885) tinha sido nomeado governador-geral do Sudão e do Alto Nilo na seqüência da ocupação do Egito pela Grã-Bretanha em 1882. Tendo que enfrentar uma revolta de forças muçulmanas fundamentalistas, o governo britânico ordenou-lhe que organizasse a evacuação do Sudão. Gordon, no entanto, decidiu ficar e defender a "civilização" contra a "barbárie", mas, para a consternação da Anti-Slavery Society, fez uma proclamação sancionando a escravidão no Sudão com o objetivo de garantir apoio local para seu governo. Em março de 1884, quando Cartum foi sitiada pelos rebeldes sudaneses, Gordon foi praticamente abandonado pelo governo britânico até que seu destino se transformou em causa popular. Cartum foi só foi retomada por tropas britânicas ao final de janeiro de 1885, dois dias depois que o próprio Gordon tinha sido morto e decapitado (em 26 de janeiro).

LETTER 50

Allen to Nabuco (in Rio de Janeiro)
13 June 1884

55 New Broad Street

My dear Senhor

I trust you have long 'ere this arrived safely at your destination and are in better health. I was very sorry not to see you before you went. My journey to Morocco and subsequent illness prevented it.

Morocco is now occupying a prominent position and my visit was well timed. The article which I wrote for the *Times* which appeared in their columns 12 May and the Editorial thereon 14th brought the question forward and now the action of France is helping to raise the interest in that hitherto neglected country. You will see my article in this month's *Reporter*.

Egypt is still in the same muddle, if not worse. Out of it I hope we may see that the question of slavery is doomed to be settled once for all. It is time some limit should be fixed to the holding of slaves. I shall be glad to hear from you with any good news as to Emancipation in Brazil and that other provinces are following the noble example of Ceara.*

---

* Slavery was abolished throughout the northern province of Ceará on 25 March 1884. Nabuco had announced this in a letter to *The Times* on 8 April 1884. Nabuco had earlier reported the genesis of the abolitionist movement in Ceará in the spontaneous refusal of the *jangadeiros*, the raftsmen of Fortaleza harbour, to carry slaves to steamers waiting to

CARTA 50

ALLEN A NABUCO (NO RIO DE JANEIRO)
13 DE JUNHO DE 1884

55 New Broad Street

Meu caro Senhor,

Espero que tenha chegado são e salvo a seu destino muito antes desta carta e que esteja melhor de saúde. Senti muito não poder vê-lo antes de sua partida. Minha viagem ao Marrocos e a doença subseqüente me impediram de o fazer.

O Marrocos está ocupando uma posição importante no momento e minha visita foi na hora certa. O artigo que escrevi para o *Times*, que foi publicado no dia 12 de maio e o editorial do dia 14 trouxeram à tona o assunto e agora a iniciativa da França está contribuindo para despertar o interesse por aquele país até hoje negligenciado. O senhor verá meu artigo no *Reporter* deste mês.

O Egito ainda se encontra na mesma confusão, se não estiver pior. Disso espero que possamos deduzir que a questão da escravidão está destinada a ser decidida de uma vez por todas. Chegou a hora de estabelecermos um limite para a posse de escravos. Ficarei contente de receber algumas boas notícias suas sobre a emancipação no Brasil e sobre a possibilidade de que outras províncias estejam seguindo o nobre exemplo do Ceará.*

---

* A escravidão foi abolida no Ceará em 25 de março de 1884. Joaquim Nabuco tinha anunciado o fato em carta ao *Times* de 8 de abril de 1884. Antes, em carta ao *Anti-Slavery*

Poor Gordon! We are still in great fear for him – but I hope he may escape with his life and health. He must have had a terrible time in the weltering heat of the Soudan, in a besieged city [Khartoum].

We are very busy preparing for our great Jubilee Meeting of 1 August next and trying to raise a Jubilee fund, as we have only about £100 left and are nearly bankrupt. I wonder if any Abolitionists in Rio would like to subscribe to our jubilee fund. Mr. Sturge is very unwell and has not been in town for many weeks – but I hope he is now getting somewhat better. We are all well at home and all join in kind regards and best wishes.

Yours very sincerely

CHAS. H. ALLEN

---

transport them to slave markets in the South, and the success of the Cearense Libertadora in freeing slaves in three districts of Ceará, in a letter to the *Anti-Slavery Reporter*, 5 April 1883 (published the same month). In a letter to *The Times*, 28 May 1883 (published 1 June), he had reported the news by telegraph of the abolition of slavery in the city of Fortaleza on 24 May.

Pobre Gordon! Ainda estamos muito temerosos por ele – mas espero que escape com vida e saúde. Ele deve ter passado um momento muito difícil naquele calor sufocante do Sudão, em uma cidade sitiada [Cartum]. Estamos muito ocupados organizando o grande encontro comemorativa de nosso jubileu dia 1 de agosto próximo e tentando arrecadar fundos para isso já que temos apenas umas 100 libras e estamos quase falidos. Pergunto-me se alguns abolicionistas no Rio gostariam de contribuir para nosso fundo do jubileu. O Sr. Sturge não está nada bem e há muitas semanas não vem à cidade – mas espero que agora esteja um pouco melhor. Em casa, estamos todos bem e nos unimos para lhe enviar lembranças e votos de êxito.

Seu muito sinceramente,

CHAS. H. ALLEN

Reporter, datada de 5 de abril de 1883 (publicada nesse mesmo mês), informara sobre a origem do movimento abolicionista no Ceará na recusa espontânea dos jangadeiros do porto de Fortaleza em levar os escravos para os navios que os transportariam para os mercados do Sul, e o êxito da Cearense Libertadora em libertar os escravos de três municípios do Ceará. Em carta ao *Times*, de 28 de maio de 1883 (publicada em 1 junho), comunicara, por telégrafo, a abolição da escravidão na cidade de Fortaleza em 24 de maio de 1883.

LETTER 51

NABUCO TO ALLEN
19 NOVEMBER 1884

Pernambuco

Dear Mr. Allen,

I am here in Pernambuco fighting for a place in Parliament. The election takes place on the 1st Dec. and by the 4th you will be able to know by writing to the Brazilian Legation if I was elected or not. You know we have an Abolitionist Administration now*, and I am strongly supported by it. I have made several speeches in public places and the election here is the one the Abolitionists are fighting more in earnest in the Empire. It will be a well won victory if we triumph in Pernambuco. I was never so busy in my life.

Be kind enough to remember me always and to present my respects to your associates of the 'Anti-Slavery'. Ever since I came from London I have been working steadily for our cause in Rio, S. Paulo and here. My election is very probable.

Yours very sincerely

J. NABUCO

---

* The Liberal Manuel Pinto de Sousa Dantas assumed the presidency of the Council of Ministers on 6 June 1884, with a programme that included various measures related to slavery, in particular the emancipation of slaves age sixty and over without indemnification of the slave-owners. The abolitionists were enthusiastic and redoubled their efforts to mobilise pubic opinion. Nabuco wrote to Barão de Penedo, the Brazilian minister in London, on 23 June: 'We have taken an immense step forward; Dantas has given us much strength'. But the Chamber, despite having a Liberal majority, failed to support Dantas in a vote of confidence on 28 July (52 votes in favour, 59 votes against). He therefore requested the dissolution of the Chamber and called new elections for 1 December, with the new Chamber due to assemble on 1 March 1885. On 8 September 1884 the *Times* published a long editorial, which was forwarded to the Brazilian government by Penedo, defending the Dantas bill and criticising the opponents of abolition.

CARTA 51

Nabuco a Allen
19 de novembro de 1884

Pernambuco

Prezado Sr. Allen

Estou aqui em Pernambuco lutando por um lugar no Parlamento. A eleição vai ser realizada dia 1º de dezembro e dia 4 já poderá saber, escrevendo para a Legação Brasileira, se fui ou não eleito. Como sabe, temos agora um ministério abolicionista e estou sendo fortemente apoiado por ele.* Fiz vários discursos em locais públicos e esta eleição aqui é a que os abolicionistas estão disputando com maior empenho em todo o Império. Se triunfarmos em Pernambuco, será uma vitória merecida. Nunca estive tão ocupado em minha vida.

Tenha a gentileza de sempre me recomendar e apresentar meus respeitos a seus companheiros da Anti-Slavery. Desde que regressei de Londres tenho trabalhado constantemente por nossa causa no Rio, em São Paulo e aqui. Minha eleição é muito provável.

Seu muito sinceramente,

J. NABUCO.

---

* O liberal Manuel Pinto de Sousa Dantas assumiu a presidência do Conselho de Ministros em 6 de junho de 1884, com um programa que incluía várias medidas relacionadas aos escravos, a principal delas sendo a libertação dos sexagenários sem indenização aos proprietários. Os abolicionistas entusiasmaram-se e multiplicaram os esforços de propaganda. Nabuco escreveu a Penedo em 23/6/84: "Temos feito imenso caminho e o Dantas veio dar-nos muita força". Mas a Câmara, de maioria também liberal, negou-lhe confiança em 28 de julho de 1884, por 59 votos a 52. Dantas pediu sua dissolução e convocou nova Câmara para se reunir em primeiro de março de 1885. Nabuco concorreu às eleições. Em 8/9/1884, o *Times* publicou longo editorial defendendo os projetos de Dantas e criticando os opositores da abolição. O editorial foi encaminhado ao governo brasileiro pelo barão de Penedo.

LETTER 52

ALEXANDER TO NABUCO
6 DECEMBER 1884

My dear Senhor Nabuco

Mrs. Alexander and I were both very sorry to find that you had left England without our having had the pleasure of receiving you in Croydon. I trust, however, that it may not be very long before you again visit our island, and that we may then have the satisfaction of a visit from you. I hope your health has been restored by this time in the climate of your own beautiful country.

I write for the purpose, especially, of sending you a copy of the draft bill on slavery and the slave trade which I have been drawing for the Anti-Slavery Society. It carries out some of the suggestions you brought before us at Milan, and you will see that it also deals with the question of English companies holding slaves. Under its provision there can, if it passes, be no more cases that like of the St. John del Rey Co. suffered to pass by with impunity. I shall be glad of any suggestions you have to make on this bill. They will probably reach me before it has actually been presented to parliament.

We are hoping that the Berlin conference* will at last take some step to assimilate the slave trade with piracy in international law. You

---

* The Second Congress of Berlin convoked by Bismarck, November 1884-February 1885, at which the European Great Powers discussed the creation of areas of free trade in Africa, and especially in the Congo River basin.

CARTA 52

Alexander a Nabuco
6 de dezembro de 1884

Meu caro Senhor Nabuco,

A Sra. Alexander e eu lamentamos muito quando descobrimos que tinha deixado a Inglaterra sem nos dar o prazer de recebê-lo em Croydon. Confio, no entanto, que não demorará muito até que visite de novo nossa ilha e que possamos então ter a satisfação de uma visita sua. A essa altura, espero que sua saúde já tenha melhorado no clima de seu lindo país.

Escrevo com o objetivo especial de lhe enviar uma cópia de um projeto de lei sobre a escravidão e o comércio de escravos que estou elaborando para a Anti-Slavery Society. Ele inclui algumas das sugestões que nos apresentou em Milão e verá que trata também da questão das companhias inglesas que mantém escravos. Em seus termos, se o projeto for aprovado, não poderá haver outros casos como o da St. John del Rey Co. que possam ocorrer impunemente. Ficarei grato por quaisquer sugestões que possa fazer sobre o projeto. Elas provavelmente chegarão antes de o projeto ser apresentado ao Parlamento.

Esperamos que a Conferência de Berlim* vá finalmente fazer algo no sentido de associar, no direito internacional, o comércio de

---

* Segundo Congresso de Berlim, convocado por Bismarck, realizado entre novembro de 1884 e fevereiro de 1885, em que as grandes potências européias discutiram a criação de áreas de livre comércio na África, sobretudo na bacia do Congo.

will have seen in the *Times* the report of one interview with Lord Granville**, and the *Anti-slavery Reporter* will furnish you with a fuller report from which you will find that the resolutions you carried at Milan with regard to slavery were not omitted to be brought to his Lordship's attention. We are very glad Sir Travers Twiss is at Berlin as legal adviser to our Embassy.

I was interested to hear at the Antislavery Committee yesterday of your candidature for the Brazilian Parliament and hope you will be this time elected. May God's blessing attend your efforts in the cause of the slave!

I am
Yours very truly

JOSEPH G. ALEXANDER

** Lord Granville, Foreign Secretary, 1870-74 and 1880-85.

escravos à pirataria. O senhor terá visto no *Times* o relatório de uma entrevista com Lord Granville** e o *Anti-Slavery Reporter* lhe fornecerá um relatório mais completo no qual verá que as resoluções relativas à escravidão que fez passar em Milão não deixaram de ser levadas ao conhecimento de Sua Senhoria. Estamos muito contentes com o fato de Sir Travers Twiss estar presente em Berlim como consultor jurídico de nossa Embaixada.

Fiquei muito interessado ao ficar sabendo na reunião do Comitê da Anti-Slavery de ontem sobre sua candidatura para o Parlamento brasileiro e espero que dessa vez seja eleito. Que a bênção de Deus proteja seus esforços pela causa do escravo!

Sou
Seu muito verdadeiramente,

JOSEPH G. ALEXANDER

** Chanceler de 1870 a 1874 e de 1880 a 1885.

LETTER 53
(torn fragment – not all of it legible)

ALLEN TO NABUCO
8 [DECEMBER 1884]

55 New Broad Street

My dear Senhor

I was much obliged for the copy of the *Tribuna* containing your eloquent speech to the Electors of Recife. I sent it to Mr. Crawford, who has read it and given me a short epitome for the Reporter. I also received your letter of 19th inst. [letter 51] which was read at our Committee on Friday last. Mr. Sturge and all those present desire to be very warmly remembered to you, and I need not say that you have our very warmest wishes for your election to the Brazilian Parliament. I am sure that the oppressed slaves can find no more able or eloquent ..... than yourself.

.... to the Embassy to.....have been elected, but...have no reply... by Book Post copy   speeches made at our Jubilee meetings which I think will interest you, and being in a bound form will be found more easy of reference. I also forward you Printers Proof of Draft Copy of Bill to amend the laws relating to the Slave Trade. Mr. Alexander has had the principal share in drawing up this Bill [letter 52] which now awaits the criticism of Mr. Bryce, MP*. Meanwhile we shall be very glad to receive your suggestions as to any amendment that you may ... requires ... As our...has adjourned till the middle of February, there will probably be time to receive your reply.

---

* James Bryce (1838-1922), historian, Liberal MP, briefly in 1885 Under-Secretary of State for Foreign Affairs, future British ambassador to Washington 1907-13.

CARTA 53
(original danificado, legível parcialmente)

ALLEN A NABUCO
8 [DEZEMBRO DE 1884]

55 New Broad Street

Meu caro Senhor,

Fico muito grato pela cópia da *Tribuna* contendo seu eloqüente discurso aos eleitores do Recife. Enviei-o ao Sr. Crawford que o leu e me fez uma breve sinopse para o *Reporter*. Recebi também sua carta do dia 19 p.p. [carta 51] que foi lida em nosso Comitê na última sexta-feira. O Sr. Sturge e todos os presentes enviam-lhe lembranças calorosas e nem preciso dizer que o senhor tem nossos votos mais sinceros para sua eleição para o Parlamento brasileiro. Estou certo de que os escravos oprimidos não poderão encontrar ninguém mais capaz e eloqüente [...] que o senhor.

[...] para a Embaixada [...] foram eleitos [...] mas não tivemos resposta [...] pelo correio cópia dos discursos feitos nos encontros de nosso Jubileu que acho lhe irão interessar e, como estão encadernados, serão mais fácil de serem usados como referência. Encaminho também a prova da gráfica da minuta do projeto de lei para reformar as leis relacionadas ao comércio de escravos. O Sr. Alexander foi a pessoa que mais contribuiu para a elaboração desse projeto [carta 52] que agora espera a avaliação do Sr. Bryce, Membro do Parlamento.* Enquanto isso, teremos o maior prazer em receber suas

---

* James Bryce (1838-1822), historiador, deputado liberal, em 1885 subsecretário de Estado para as Relações Exteriores por breve período, futuro embaixador em Washington 1907-1913.

With kind regards in which Mrs. Allen would join me were she here.
I am
Yours sincerely
                                          CHAS. H. ALLEN

sugestões com relação a qualquer emenda que o senhor possa achar que o projeto necessite. Como nossa reunião foi adiada até a metade de fevereiro, provavelmente haverá tempo de receber sua resposta.

Com muitas lembranças amigas das quais a Sra. Allen compartilharia se aqui estivesse,

Sou

Seu sinceramente,

CHAS.H. ALLEN

LETTER 54

Nabuco to Allen
22 February 1885

Rio de Janeiro

Dear Mr. Allen,

I sent you some papers with news of my reception here. I claim to have been elected for the city of Pernambuco, but the Conservatives together with Pro Slavery Liberals are trying to turn me out of the House. It will give rise here to a decided movement against Parliament if they succeed. As I am a strong supporter of the Dantas Cabinet both to defeat him and to give a blow to the abolitionist cause our opponents are doing everything to annul my election, which was the first of its kind in Brazil quite an English or American election disputed in public meetings instead of the corrupt system of intimidating and buying votes in which Slavery puts its force. The public mind is very excited.

The unanimity of Abolitionist feeling in all large towns of Brazil is complete and we are making very rapidly the most peaceful emancipation the world ever saw in such large scale.

Do remember me to Mrs. Allen, whom I hope to see again in London, hoping to see you some day here where you could come in Anti-Slavery work and at the same time see the country.

Yours very truly,

JOAQUIM NABUCO

CARTA 54

Nabuco a Allen
22 de fevereiro de 1885

Rio de Janeiro

Prezado Sr. Allen,

Enviei-lhe alguns documentos com notícias da recepção que tive aqui. Afirmo ter sido eleito pela cidade de Pernambuco, mas os Conservadores em aliança com os Liberais pró-escravidão estão tentando me excluir da Câmara. Se conseguirem, surgirá aqui um forte movimento contra o Parlamento. Como sou um forte defensor do Gabinete Dantas, nossos oponentes estão fazendo tudo para anular minha eleição, tanto para derrotá-lo como para golpear a causa abolicionista. Minha eleição foi a primeira do tipo no Brasil, parecida com as eleições inglesas ou americanas, disputada em reuniões públicas e não em vez do sistema corrupto de intimidar eleitores e comprar votos, no qual a Escravidão baseia sua força. A opinião pública está muito agitada.

A unanimidade do sentimento abolicionista em todas as grandes cidades do Brasil é total e estamos realizando muito rapidamente a emancipação mais pacífica que o mundo já viu em escala tão ampla.

Não deixe de me recomendar à Sra. Allen, a quem espero ver uma vez mais em Londres, e na expectativa de vê-lo aqui um dia desses, para executar algum trabalho antiescravista e, ao mesmo tempo, para ver o país.

Seu muito verdadeiramente,

JOAQUIM NABUCO

I will send you this month a book I am printing with 12 or 13 of the 20 long speeches on Abolition which I delivered during my Recife (Pernambuco) campaign.* I was very ill when I went and the work cured me. My best regards to Mr. Sturge. JN.

---

* *Campanha abolicionista no Recife: eleições de 1884* (Rio de Janeiro: Leuzinger, 1885). 12 speeches are included. The most famous meetings were those held in the Teatro Santa Isabel with audiences of over 4000. The election (1 December 1884) was contested by Nabuco for the Liberals and Machado Portela for the Conservatives. Nabuco lost by a small margin, but because of disturbances, accusations of fraud and even some deaths the election was annulled. A second election was held on 9 January 1885. Claiming victory in the December election, the Conservatives abstained in January. Nabuco, therefore, won unopposed. The result, however, was later overturned in the Chamber of Deputies (see note to letter 55 below).

Eu lhe mandarei este mês um livro que estou publicando com 12 ou 13 dos 20 longos discursos sobre a Abolição que fiz durante minha campanha no Recife (Pernambuco).* Estava muito doente quando fui para lá e o trabalho me curou. Minhas recomendações ao Sr. Sturge. JN.

---

* *Campanha abolicionista no Recife: eleições de 1884* (Rio de Janeiro: Leuzinger, 1885). Inclui 12 conferências. Ficaram famosos os comícios realizados no teatro Santa Isabel para públicos de mais de 4 mil pessoas. A eleição foi realizada no dia 1º de dezembro de 1884, disputando-a Joaquim Nabuco pelos liberais e Machado Portela pelos conservadores. Nabuco perdeu por poucos votos, mas devido a tumultos, acusações de fraudes e até mortes, foi anulada. Nova votação foi realizada a 9 de janeiro de 1885. Alegando vitória na primeira eleição, os conservadores abstiveram-se. A decisão final foi dada pela Câmara dos Deputados (ver nota à carta 55).

LETTER 55

Nabuco to Allen
17 May 1885

Rio de Janeiro

Dear Mr. Allen,

After a long suspense my claim to represent the capital of Pernambuco, the city of Recife, was defeated in the House by a coalition of Conservatives and pro-slave liberals against the united forces of Liberals, Republicans and Abolitionists Conservatives.* The House has thus admitted to a seat a man whom the *majority* of the electorate had in a legal election repudiated. I send you a leading article of the newspaper *O Paiz* in which my exclusion from Parliament is severely discussed. In Recife the news produced a great shock as you will see by the *Rio News* and as a new election is to take place on the 7th June in one of the districts of the Province** the liberal candidates have withdrawn in my favour, so that I have again a chance, although a slight one – it being an agricultural district this time, of entering Parliament. The seven Liberal votes which added to the Conservative [which] rejected me were of men entirely dependent on the patronage of Slavery or of coffee-merchants here.

---

* On 12 May the Chamber of Deputies, elected in December, did not recognise Nabuco's election in Recife on 9 January and, by 51 votes to 48, awarded the seat to Machado Portela for his election, subsequently annulled, on 1 December 1884 (see note to letter 54).
** The new election was held in the fifth district of Pernambuco, which comprised the *municípios* of Nazaré and Bom Jardim. The election was called on the death of deputy Antônio Epaminondas de Melo.

CARTA 55

Nabuco a Allen
17 de maio de 1885

Rio de Janeiro

Prezado Sr. Allen,

Depois de um longo período de incerteza, minha pretensão de representar a capital de Pernambuco, a cidade de Recife, foi vencida na Câmara por uma coalizão de conservadores e liberais a favor da escravidão contra as forças unidas de liberais, republicanos e conservadores abolicionistas.* Com isso, a Câmara admitiu para um de seus assentos um homem que a maioria do eleitorado tinha repudiado em uma eleição legal. Envio-lhe um editorial do jornal *O Paiz* no qual minha exclusão do Parlamento é discutida com seriedade. Em Recife as notícias produziram um grande choque como o senhor verá pelo *Rio News*. Como haverá nova eleição dia 7 de junho em um dos distritos da Província,** os candidatos liberais se retiraram a meu favor de modo que tenho nova oportunidade, embora pequena – já que dessa feita trata-se de um distrito agrícola – de entrar no Parlamento. Os sete votos liberais que se uniram aos conservadores para me rejeitar foram de homens totalmente dependentes do patrocínio da escravidão ou dos comerciantes de café locais. O novo ministério

---

* A 12 de maio de 1885, a Câmara dos Deputados, eleita em dezembro, não reconheceu a eleição de Nabuco de 9 de janeiro e deu vitória, por 51 votos a 48, a Machado Portela pela eleição de primeiro de dezembro de 1884 (ver notas à carta 54).
** A nova eleição foi realizada no 5º distrito de Pernambuco, que abrangia os municípios de Nazaré e Bom Jardim. Foi convocada por motivo da morte do deputado Antônio Epaminondas de Melo.

The new Ministry*** comes to power distrusting us and distrusted by us Abolitionists, while it has promise of support from Conservatives and pro-slavery Liberals. But it has already introduced the same bill nearly for which Senhor Dantas was overthrown, which shows the strength of the movement against Slavery. The Cabinet think their bill will put an end to Slavery by purchase in seven or eight years. We will fight the indemnity principle, but will end, I believe, by voting the funds, however unfair and unjust the principle of making us, and poor people, and the old slaves themselves, besides all those who have spontaneously liberated their slaves, pay taxes for the redemption of other people's slaves.

If I am elected on the 7th I will telegraph to the Brazilian Legation – so that you may know when you receive this what my fate has been.

I long to see myself again in London, but both by the article of the *O Paiz* and by such a behaviour as that of the Liberal candidates to give up their place in my interest you will see how difficult it is for me to leave my country.

Yours sincerely

JOAQUIM NABUCO

*** On 4 May the new Chamber had supported a vote of no confidence in the Dantas cabinet by 52 votes to 50. Dantas, defeated gain, resigned. In his place the Emperor called on another Liberal, José Antônio Saraiva, who took office on 6 May. To overcome resistance to the Dantas bill in the Chamber, Saraiva introduced an indemnification clause, which disappointed and angered the abolitionists. Under the bill, which soon after became law, slaves aged 60 and over were freed but were obliged to work three more years for their former masters, who at the same time received indemnification for the loss of their slaves. Slaves under 60 who were freed through an emancipation fund had to work another five years for their former owners. Nabuco criticised the changes to the bill in a pamphlet entitled *O erro do Imperador*.

[Saraiva]*** chega ao poder desconfiando dos abolicionistas e sem a confiança deles. Embora tenha a promessa do apoio dos conservadores e liberais a favor da escravidão, já introduziu praticamente o mesmo projeto pelo qual o Senhor Dantas foi deposto, o que demonstra a força do movimento contra a escravidão. O gabinete acha que o projeto de lei deles vai pôr um fim à escravidão, por compra, em sete ou oito anos. Lutaremos contra o princípio de indenização, mas no final creio que acabaremos votando pelos fundos, por mais parcial e injusto que seja o princípio que faz com que nós, as pessoas pobres, os antigos escravos e todos aqueles que espontaneamente libertaram seus escravos, tenham que pagar impostos para a redenção dos escravos de outras pessoas.

Se for eleito dia 7, mandarei um telegrama para a Legação Brasileira para que o senhor saiba, ao recebê-lo, qual foi meu destino.

Estou ansioso por me ver de volta a Londres, mas em virtude do artigo de *O Paiz* e por atitudes como as dos candidatos liberais que abriram mão de seu lugar em meu benefício, o senhor compreenderá como é difícil para mim deixar meu país.

Seu sinceramente,

JOAQUIM NABUCO.

*** Em 4 de maio, a Câmara recém-eleita votou nova moção de desconfiança, cujo resultado foi de 52 votos a 50. Novamente derrotado, Dantas pediu exoneração. Para o substituir, o Imperador chamou outro liberal, José Antônio Saraiva, que assumiu a 6 de maio de 1885. Para vencer a resistência da Câmara, Saraiva introduziu no projeto de Dantas cláusulas de indenização, o que enfureceu os abolicionistas. Pelo projeto, logo depois transformado em lei, os escravos de 60 anos tinham, a título de indenização, que trabalhar mais três anos para o ex-senhor. Os de menos de 60 anos que fossem libertados pelo fundo de emancipação teriam que trabalhar mais cinco anos. Nabuco criticou a mudança em um panfleto intitulado *O erro do Imperador*.

LETTER 56

ALLEN TO NABUCO
8 JUNE 1885

55 New Broad Street

My dear Sir

I see that the Rio Mail leaves tomorrow, and with it goes my friend Mr. Lamoureux the Editor of the *Rio News**, whose acquaintance I have had the great pleasure to make during his short visit to this City. That Gentleman gave me the sad news a few days since that your election to the Chamber of Deputies had been declared invalid by a majority of only three! This is another blow to the cause of Abolition in Brazil, but I trust it will only be temporary and that you will yet obtain the seat for which you are so eminently qualified. I sent the account of this disaster to *The Times*, in which it appeared on Friday 2nd inst.** Mr Lamoureux has written me a valuable and interesting letter on the state of the law in Brazil as regards setting slaves free at the age of 60 years*** and I regret to find that there is no such law in force; only a proposition by the late Minister

---

* Andrew Jackson Lamoureux, a graduate of Cornell University, had gone to Brazil in 1877 where he became proprietor and editor of the *Rio News* (until 1901).
** In fact the Allen letter was dated 4 June, published 5 June:
Sir, I very much regret to learn that a telegram just received from Brazil states that the anti-slavery Deputy, Senhor Joaquim Nabuco, who claimed the contested seat for Pernambuco, has been rejected by the Chamber of Deputies by three votes......I regret also to learn that the new project for emancipation extends the age of the negro to be set free to 65 years instead of 60, thus prolonging the agony. I am, sir, yours faithfully, Charles H. Allen.
*** Letter not found.

CARTA 56

Allen a Nabuco
8 de junho de 1885

55 New Broad Street

Prezado Senhor,

Vejo que o correio para o Rio sai amanhã e com ele vai meu amigo Sr. Lamoureux,* o editor do *Rio News*, que tive o grande prazer de conhecer durante a breve visita que fez a esta cidade. Pouco depois esse cavaleiro deu-me a triste notícia que sua eleição para a Câmara de Deputados tinha sido declarada inválida por uma maioria de apenas três deputados! Isso é outro golpe para a causa da abolição no Brasil, mas tenho confiança de que seja coisa temporária e de que o senhor obterá o assento para o qual é tão eminentemente qualificado. Mandei o relato desse desastre para o *Times*, onde foi publicado dia 2 próximo passado, sexta-feira.** O Sr. Lamoureux escreveu-me uma carta valiosa e interessante sobre a situação legal no Brasil com respeito à libertação de escravos com 60 anos de idade,*** e

---

* Andrew Jackson Lamoureux, formado pela Universidade de Cornell, veio para o Brasil em 1877 e se tornou proprietário e editor do jornal *The Rio News*, posição que ocupou até 1901.
** Na verdade, a carta de Allen ao *Times*, datada de 4 de junho, foi publicada no dia 5 e dizia o seguinte:
Senhor, lamento muito ficar sabendo que telegrama que acaba de chegar do Brasil informa que o deputado antiescravista Joaquim Nabuco, que reivindicava a vaga disputada em Pernambuco, foi rejeitado pela Câmara dos Deputados por três votos. [...] Lamento ainda tomar conhecimento de que o novo projeto de emancipação amplia a idade do negro a ser libertado para 65 anos em vez de 60, assim prolongando sua agonia. Sou, Senhor, seu fielmente, Charles H. Allen.
*** Carta não localizada.

[Dantas], which is probably about to be superseded by a proposal to extend the age to 65 *with compensation* to the slave owners! This is simply monstrous as now after working the poor wretches nearer to death, these men are to be paid for giving freedom to their worn out slaves with one foot already in the grave!

I hope the planters may be defeated though I fear they have it all their own way just now.
The day of retribution will however come, and probably sooner than they expect.

We are very busy just now with the Soudan question as you will probably see next mail, for we hope to hold a public meeting soon at the Mansion House to discuss this subject.

The Government are inclined to leave the Soudan to relapse into barbarism, the slave dealers will have it all their own way for a while. This Egyptian business **** has been a bad one, and we have done nothing but muddle it over since we went to the country. The desertion of Gordon for so many months until the country insisted upon a relief expedition being sent – which of course was <u>too late</u> – will form a black page in our history.

To me Gordon's death is a personal and quite irretrievable loss, as I knew him so intimately and he was so closely allied with our work.

I shall be glad to hear from you when you have time to write and meanwhile I beg to offer you the sincere condolences of all our Committee on your defeat – so disastrous to the best interests of Brazil.

**** See note to letter 49 above.

lamentei descobrir que não há nenhuma lei sobre isso; há apenas uma proposta do antigo ministro [Dantas], proposta essa que provavelmente está a ponto de ser substituída por outra que ampliará a idade para 65 anos e *com compensação* para o dono dos escravos! Isso é simplesmente monstruoso já que agora, depois de haver forçado os pobres infelizes a trabalharem quase até morrer, esses homens vão ser pagos por dar liberdade a seus escravos desgastados, já com um pé no túmulo!

Espero que os fazendeiros percam embora eu tema que no momento eles tenham tudo exatamente como querem. O dia da retribuição virá, no entanto, e provavelmente mais cedo do que eles esperam.

Estamos muito ocupados no momento com a questão do Sudão, como verá provavelmente no próximo correio, pois esperamos realizar um encontro público em breve na Mansion House para discutir o assunto.

O governo está inclinado a deixar que o Sudão recaia no barbarismo, os traficantes de escravos terão tudo como querem por algum tempo. Esse negócio no Egito**** foi péssimo e nada fizemos a não ser embaralhar as coisas desde que lá chegamos. O abandono de Gordon durante tantos meses até que o país insistisse em que uma expedição de resgate fosse enviada – tarde demais, é claro – marcará uma página negra em nossa história.

Para mim, a morte de Gordon é uma perda pessoal e irreparável, pois era um amigo íntimo e um aliado muito próximo em nosso trabalho.

**** Ver nota à carta 49.

Believe me
Yours very sincerely

CHAS. H. ALLEN

Ficarei muito contente de ter notícias suas quando tiver tempo para escrever e, enquanto isso, peço-lhe que transmita as condolências sinceras de todo nosso Comitê por sua derrota – tão desastrosa para os melhores interesses do Brasil.

Creia-me
Seu muito sinceramente,

CHAS. H. ALLEN

LETTER 57

Allen to Nabuco
22 June 1885

55 New Broad Street

My dear Sir

Your letter of 17th May [letter 55] was extremely interesting. I had already heard from M. Lamoureux of your rejection by the Chamber owing to a pro slavery combination. A short time afterwards I was delighted to hear from Senhor Rodriguez* that you had been elected by another constituency and this notice I inserted in *The Times*.**

Shortly afterwards, 19th inst., a leader appeared in which my first letter was referred to.*** This contained an account of your rejec-

---

* José Carlos Rodrigues (1844-1923), Brazilian journalist, who lived in the United States, where he published the newspaper *O Novo Mundo* (1870-79), before moving to London in 1882. In 1890, with a number of associates, he bought the *Jornal do Commercio* from the conde de Villeneuve for eight million francs (3,200 contos de réis) and edited it for 25 years.

** Letter dated June 11, published June 12:

Sir,....... The election of this well-known Abolitionist deputy so soon after his rejection by an organised opposition of slaveholders in the Chamber has a very important bearing upon the agitation now going on throughout Brazil in favour of emancipation. The institution of slavery dies hard, and we shall probably yet see some severe struggles before it receives its final deathblow in Brazil. Publicity given to the movement in the columns of *The Times* always does much to assist the efforts of the Abolitionists, the planters being peculiarly sensitive to the criticism of the English people. I am, Sir, yours faithfully, Charles H. Allen.

*** *The Times* editorial of 19 June welcomed the fact that the Saraiva government was following in the steps of its predecessor, in making 'a comprehensive attempt for the

CARTA 57

Allen a Nabuco
22 de junho de 1885

55 New Broad Street

Meu caro Senhor,

Sua carta de 17 de maio [carta 55] foi extremamente interessante. Já sabia por Monsieur Lamoureux de sua rejeição pela Câmara devido a uma combinação do grupo pró-escravidão. Pouco tempo depois tive o enorme prazer de saber pelo Senhor Rodriguez * que o senhor tinha sido eleito por outro distrito eleitoral e essa notícia eu inseri no *Times*.**

Pouco tempo depois, no dia 19 p.p., apareceu um editorial que fazia referência à minha primeira carta.*** Esse editorial continha

---

*José Carlos Rodrigues (1844-1923), jornalista brasileiro, morou nos Estados Unidos onde publicou o jornal *O Novo Mundo* (1870-1879). Mudou-se para Londres em 1882. Em 1890 comprou, com vários sócios, do conde de Villeneuve, por oito milhões de francos (3.200 contos de réis) o *Jornal do Commércio*, que dirigiu por 25 anos.
**Carta de 11 de junho, publicada a 12:
  Senhor, [...] A eleição desse conhecido deputado abolicionista logo depois de sua rejeição por uma oposição organizada de senhores de escravos na Câmara tem grande importância para a agitação que atinge todo o país a favor da emancipação. A instituição da escravidão custa a morrer e provavelmente veremos ainda algumas duras batalhas antes que ela receba o golpe de morte no Brasil. A publicidade conferida ao movimento nas colunas do *Times* é sempre de grande ajuda para os abolicionistas, uma vez que os fazendeiros são especialmente sensíveis às críticas do povo inglês. Sou, Senhor, seu fielmente, Charles H. Allen.
*** O editorial do *Times* de 19 de junho saudava o fato de o gabinete Saraiva ter seguido os passos de seu antecessor ao fazer uma tentativa ampla com a finalidade explícita de acabar com a escravidão no Brasil. Mas a derrota do projeto de Dantas para emancipar

tion: a copy of that issue of *The Times* is forwarded you by this Mail, also *Times* for today containing extract of your letter to me.**** The Abolitionists in Brazil will see that they have the support of the British public, and of this Society in their endeavour to oppose the nefarious system of buying the old worn out slaves from the planters by money raised from the general public. Surely when slaves have worked up to the age of 65 they have earned their freedom without calling upon the national purse. It would be much more just to compel the planters to maintain their worn out slaves for the rest of their lives. We congratulate you heartily on your election, and feel sure

---

declared purpose of getting rid of slavery in Brazil'. But the defeat of Dantas's bill for the emancipation of slaves over 60 in the Chamber of Deputies and the result of the election that followed was proof that 'the country is not in favour of abolition, as the term is understood in Brazil, but that it prefers some measure less entirely at variance with the slaveholders' interests'. The bill for the gradual extinction of slavery in Brazil by freeing slaves over 65 with indemnification for their owners introduced by the Saraiva government [and explained in detail in a letter from A de Souza Correa, Secretary, Brazilian Legation, London published at the same time] 'will be closely scrutinised both there and in this country'. Theoretically, even if the bill passed (and it was sure to be contested by the slaveowning interest) slavery need not end until 1935 when the youngest slave in Brazil (aged 15) reached 65. But by also increasing, through new taxes and loans, the Emancipation Fund by which slaveowners freeing slaves were indemnified, the government, Souza Correa argued, hoped to end slavery by 1892. *The Times* remained sceptical, however. Moreover, even when there were no more slaves in Brazil 'there will be plenty of persons whom a Louisiana planter would have described as held in involuntary service'. But, the *Times* concluded, 'it is useless to complain that a defeat of the abolitionist party is not followed by a bill which an abolitionist could approve, or that the Parliamentary triumph of the slaveholders does not promise the extinction of slavery in reality as well as in name. The title of the bill is fair-sounding enough, but it will mislead nobody who will be at the pains of reading the contents'.
**** Allen letter dated 19 June, published 22 June:
> Sir, In confirmation of the views so ably stated in the editorial columns of *The Times* of this day as to the hollow nature of the proposed scheme for purchasing the freedom of slaves in Brazil, I shall be glad if you will allow me to publish a few lines from a letter [from Nabuco] lately received by me (letter 55) .....His [Nabuco's] views are identical with those contained in your editorial, and are of special value, coming as they do from an experienced Abolitionist. I am, Sir, yours faithfully, Charles H. Allen.

um relato da rejeição: cópia desse número do *Times* está sendo encaminhada ao senhor por este correio, e também cópia do *Times* de hoje contendo um fragmento de sua carta para mim.**** Os abolicionistas brasileiros verão que contam com o apoio do público britânico e desta Sociedade em seus esforços para se oporem ao sistema nefasto de comprar dos fazendeiros velhos escravos desgastados com dinheiro tirado da população em geral. Não há dúvida de que escravos que já trabalharam até aos 65 anos já ganharam sua liberdade sem que seja preciso apelar para a bolsa nacional. Seria muito mais justo obrigar os fazendeiros a manterem seus escravos desgastados pelo resto de suas vidas. Nós o felicitamos calorosamente por sua eleição

---

os escravos de 60 anos ou mais na Câmara dos Deputados e o resultado das eleições que se seguiram eram prova de que "o país não está a favor da abolição, como a palavra é entendida no Brasil, mas prefere alguma medida menos radicalmente discrepante dos interesses dos proprietários de escravos". O projeto para a extinção gradual da escravidão no Brasil pela libertação dos escravos maiores de 65 anos com indenização para seus proprietários apresentado por Saraiva [e explicado em detalhe em carta de A. de Souza Correa, secretário da Legação Brasileira em Londres, publicada simultaneamente] "será cuidadosamente examinado tanto lá como neste país." Teoricamente, mesmo que o projeto seja aprovado (e certamente será combatido pelos interesses dos proprietários) a escravidão não terminaria no Brasil até 1935 quando os escravos mais jovens (de 15 anos) atingiriam os 65. Mas, ao aumentar, ao mesmo tempo, por meio de novos impostos e empréstimos, o Fundo de Emancipação que indeniza os proprietários que libertam seus escravos, o governo, argumentou Souza Correa, esperava acabar com a escravidão em 1892. Mas o *Times* permanecia cético. Além disso, mesmo quando não houvesse mais escravos no Brasil, "haveria muitas pessoas que um fazendeiro da Luisiana descreveria como sendo mantidas em trabalho involuntário". Mas, concluiu o *Times*, "é inútil queixar-se de que uma derrota do partido abolicionista não seja seguida de um projeto que poderia ser aprovado por um abolicionista, ou de que o triunfo parlamentar dos proprietários de escravos não prometa a extinção da escravidão tanto na realidade quanto nominalmente. "O título do projeto soa bastante bem, mas não enganará ninguém que se der ao trabalho de ler seu conteúdo".
**** Carta de Allen ao *Times*, datada de 19 de junho, publicada no dia 22:
   Senhor, confirmando a opinião tão competentemente exposta em editorial do Times de hoje sobre a enganosa natureza do esquema proposto para a compra da liberdade dos escravos no Brasil, gostaria que me permitisse publicar algumas linhas de uma carta que acabo de receber [de Nabuco, 17 de maio, trecho que começa "O novo ministério chega ao poder..." até "redenção dos escravos de outras pessoas". [carta 56]. Suas [de Nabuco] idéias são idênticas às que foram expressas no editorial e têm valor especial vindas como vêm de um abolicionista experiente. Sou, Senhor, seu fielmente, Charles H. Allen.

that you will lead the crusade against this unjust Bill with your usual eloquence and vigour.

Wishing you all success
I am
Yours sincerely

CHAS. H. ALLEN

e temos certeza de que estará à frente da cruzada contra esse projeto de lei injusto com a eloqüência e o vigor que lhe são comuns.

Desejando-lhe todo o êxito,
Sou
Seu sinceramente,

CHAS.H.ALLEN
Secretário

LETTER 58

Nabuco to Allen
23 June [1885]

Pernambuco

Dear Mr. Allen,

I send you cuttings of the newspapers here and in Rio about my election and the reception I had here. Never was such a scene seen before. More than 50.000 people took part in it and it was a general holiday, all the city being in flags, music, flowers and illuminations in the evening. This shows the strength the abolitionist movement has acquired, it is a national resurrection or still better a national birth.

Yours devotedly,

J. NABUCO

CARTA 58

Nabuco a Allen
23 de junho [1885]

Pernambuco

Prezado Sr. Allen,

Envio-lhe recortes dos jornais locais e do Rio sobre minha eleição e a recepção que tive aqui. Nunca antes se viu cena igual. Mais de 50 mil pessoas dela participaram e foi feriado geral, com a cidade cheia de bandeiras, música, flores e iluminação à noite. Isso demonstra a força que o movimento abolicionista adquiriu. É uma ressurreição nacional ou, melhor ainda, um nascimento nacional.

Seu devotadamente,

J.NABUCO

LETTER 59

Nabuco to Allen
6 August 1885

Rio de Janeiro

Dear Mr. Allen,

I have to thank you for your communication to the *Times*. We have formed in the Chamber of Deputies a Parliamentary Abolitionist Group, the Statutes of which I enclose. Until the end of this Legislature the fight over Slavery will be a hard one. The Government are carrying their bill through.* The two old parties both formed chiefly of slave-holders and representatives of the political power of Slavery are supporting the Cabinet of Senhor Saraiva in fear of a more advanced one and voting his bill to avoid the introduction of a really honest and straightforward measure. We of course are opposing that shameful Act through which Slavery will be perpetuated in the National Debt, threatening the nation with bankruptcy. I said the other day in the House that it had converted

---

* With the introduction of modifications to the Dantas bill (see letter 55) Saraiva secured the support of the Conservative minority in the Chamber and the bill was approved on 13 August. But, lacking confidence in his ability to deliver the same result in the Senate, dominated by the Conservatives, Saraiva then resigned. After various Liberals refused to form a government, the Emperor invited the Barão de Cotegipe, the leader of the Conservatives, to become president of the Council of Ministers, after he had guaranteed that the bill would be approved in the Senate. Cotegipe took office on 20 August and immediately fulfilled his promise. The Saraiva-Cotegipe law, more popularly known as the Law of Sexagenarians, became law on 28 September 1885. In the meantime, the Liberals had won a vote of no confidence in the new government (by 63 votes to 49 on 24 August) and on 26 October Cotegipe requested the dissolution of the Chamber, with elections to be leld on 15 January 1886.

CARTA 59

Nabuco a Allen
6 de agosto de 1885

Rio de Janeiro

Estimado Sr. Allen,

Tenho de lhe agradecer por sua comunicação ao *Times*. Formamos, na Câmara dos Deputados, um Grupo Parlamentar Abolicionista cujos estatutos lhe envio em anexo. Até o fim desta legislatura a luta contra a escravidão será árdua. O governo está conseguindo levar adiante seu projeto.* Os dois partidos antigos, constituídos, principalmente, de donos de escravos e representantes do poder político da escravidão, estão apoiando o Gabinete do Senhor Saraiva, temerosos de um gabinete mais progressista e votando a favor de seu projeto para evitar a introdução de alguma medida verdadeiramente honesta e direta. Nós, é claro, estamos nos opondo àquele ato vergonhoso pelo qual a escravidão será perpetuada na dívida nacional, ameaçando a nação com a bancarrota. Outro dia disse na Câmara que ela tinha se convertido em um mercado de escravos do Marro-

---

* Com as modificações introduzidas, Saraiva conseguiu o apoio da minoria conservadora para aprovar o novo projeto na Câmara a 13 de agosto de 1885. Mas, sem confiança em sua capacidade de conseguir o mesmo resultado no Senado, dominado pelos conservadores, pediu demissão. Depois da recusa de vários liberais em aceitar a presidência do Conselho, o Imperador chamou Cotegipe, chefe conservador, que lhe garantiu a aprovação do projeto no Senado. Cotegipe assumiu o governo em 20 de agosto de 1885 e cumpriu sua promessa. O projeto tornou-se lei em 28 de setembro de 1885, sendo conhecida como Lei Saraiva-Cotegipe, ou, mais popularmente, Lei dos Sexagenários. Tendo a Câmara liberal aprovado voto de desconfiança ao novo governo (por 63x49 votos em 24 de agosto), Cotegipe a dissolveu em 26 de outubro convocando eleições para nova legislatura que deveria reunir-se a 3 de maio de 1886.

itself into a Marrocos Slave Market. They voted a tablet of prices for slaves fixing the price of £90 for the slaves under 30 years of ages, £80 for slaves between 30 and 40 years, £60 for slaves between 40 and 50, £40 for slaves between 50 and 55 and £20 for slaves from 55 to 60. Slaves of 60, 61, 62 years will be nominally free bound to work three years still for their masters, slaves of 63 bound to work two years, slaves of 64 bound for one year and slaves of 65 upwards actually freed. The prices above are scandalous, and the scandal is greater because the bill alters the present law which enables a slave to redeem himself through his acquired *peculium* subject to arbitration. By the new bill the evaluation is abolished and the slave will have to pay for his freedom the whole of the price fixed for slaves of his age, without any regard to his personal conditions. But what makes those prices scandalous is that they amount to the double and in many provinces to three times more, of the current prices. So that the Government raise so very high the value of the slaves that it will be impossible for any province to do hereafter what Ceará and Amazonas did. I mean to free themselves through the falling off in slave's values as the slaves have now a price which will prevent people from giving them up and will make every slave master wait for his turn to have his slaves bought off by the State at a higher rate than he could get in the market. The Government have thus found means to make the slave market recover, to restore their old life to transactions over slaves and to insure slave property at the expense of the taxpayers, abolitionists, non slave-holders, foreigners, poor people, people who already liberated their own slaves and lastly and most shameful freedmen and slaves.

It is altogether an attempt of Slavery, condemned as it was by the national voice, to save itself from utter failure at the sacrifice of national ruin.

cos. Eles votaram uma tabela de preços para escravos estabelecendo o valor de 90 libras para escravos com menos de 30 anos, 80 libras para escravos entre 30 e 40 anos, 60 libras para escravos entre 40 e 50, 40 libras para escravos entre 50 e 55 e 20 libras para escravos entre 55 e 60. Escravos de 60, 61 e 62 anos serão nominalmente livres, mas obrigados a trabalhar ainda três anos para seus senhores, escravos de 63 obrigados a trabalhar dois anos, escravos de 64 obrigados a trabalhar um ano e escravos de 65 anos e acima verdadeiramente libertos. Os preços acima são escandalosos e o escândalo ainda é maior porque o projeto altera a lei atual que permite ao escravo alforriar-se por meio do *peculium* que adquiriu, sujeito a arbitragem. Pelo novo projeto de lei a avaliação fica abolida e o escravo terá de pagar por sua liberdade o preço total estabelecido para escravos de sua idade, sem qualquer consideração por suas condições pessoais. Mas o que torna esses preços escandalosos é que eles representam duas vezes mais – e em muitas províncias até três vezes mais – que os preços correntes. O motivo para isso é fazer com que o governo aumente tanto o valor dos escravos que será impossível que qualquer província possa fazer daqui em diante o que o Ceará e o Amazonas fizeram. Ou seja, fazer uma abolição por meio da queda nos valores dos escravos. Hoje os escravos têm um preço que irá evitar que as pessoas desistam deles e fará com que todos os senhores de escravos esperem sua vez para que seus escravos sejam comprados pelo Estado a um preço mais alto que aquele que ele obteria no mercado. Com isso, o governo descobriu meios de fazer que o mercado de escravos se recupere, restaurando a vida antiga de transações de escravos e garantindo a propriedade do escravo em detrimento dos contribuintes, dos abolicionistas, daqueles que não possuem escravos, de estrangeiros, dos pobres, de pessoas que já libertaram seus próprios escravos e finalmente, para maior vergonha, dos escravos já libertados e dos próprios escravos.

É uma tentativa da escravidão, condenada como foi pela voz do povo, de se salvar de um fracasso total à custa da ruína nacional.

The political oligarchy which govern this country could not resist the cry for abolition, but they contrived to replace the abolition bill by one for the liquidation of slavery on the best possible terms for persons interested in it. After having raised the price of slave property they introduced as the two abolition factors in their scheme — 1st. a depreciation of value of so much a year, starting from 2% and ending by 12%, combined to leave the slave at the end of thirteen years without a value and therefore free, and 2nd additional tax of 5% on the whole of the national taxation (exports only excluded to spare the slave-owner alone) to be divided in three equal parts. With one the Government will buy slaves below 60 years of age to free them at once; with another the Government will pay the interests of a 5% issue of bonds to buy off for half their declared value the whole of the slaves employed in plantations whose owners will agree to receive half their value and five years of apprenticeship to declare them free and only employ free labour in their estates; with the third part of the Government will subsidize colonization for the agricultural establishments now cultivated by the slaves. It is altogether a futile and absurd scheme for helping the planters to get rid of their slaves at a *minimum* of loss, a scheme which will impose great sacrifices to the taxpayers without insuring any actual good to the agricultural industries of the country. But planters accept it as the best thing they could get and hoping in their renewed contract with the State to hold slaves for thirteen years longer to pay off their slave debt at the cost of the slave labour. The bill provides only for the *nominal* slaves, as the *ingenuous* [sic, *ingênuos*], who are slaves too, being bound up to serve the masters of their mother until they are 21 years old (and therefore as slaves the real slaves as nobody is to be a slave in Brazil for more than 21 years, thank God, the nation would not allow it) are altogether forgotten and left outside the beneficent sphere of this heavenly born Abolition Act.

A oligarquia política que governa este país não pôde resistir aos brados pela abolição e deu um jeito de substituir o projeto de lei da abolição por um que elimina a escravidão nos melhores termos possíveis para as pessoas nela interessadas. Após terem aumentado o preço da propriedade escrava introduziram, em seu esquema, como dois fatores da abolição: 1º – uma depreciação do valor de tanto por ano, começando em 2% e terminando em 12%, um arranjo que, no final de 13 anos, deixa o escravo sem qualquer valor e, portanto, livre; e 2º – um imposto adicional de 5% sobre todos os impostos nacionais (só excluindo as exportações para poupar apenas os proprietários de escravos) a ser dividido em três partes iguais. Com uma, o governo comprará escravos com menos de 60 anos de idade para libertá-los imediatamente; com outra, o governo pagará os juros de uma emissão de títulos para comprar por metade de seu valor declarado todos os escravos empregados nas plantações cujos donos concordarem em receber metade de seu valor e cinco anos de aprendizado para declará-los livres e só empregar mão de obra livre em suas propriedades; com a terceira parte, o governo subsidiará a colonização dos estabelecimentos agrícolas que agora são cultivados por escravos. É um esquema totalmente inútil e absurdo que vai ajudar os fazendeiros a se livrarem de seus escravos com uma perda mínima, um esquema que imporá grandes sacrifícios aos contribuintes sem garantir qualquer benefício verdadeiro à indústria agrícola do país. Mas os fazendeiros o aceitam, achando que é a melhor coisa que poderiam obter e na expectativa de renovar seu contrato com o Estado para manter seus escravos por mais 13 anos a fim de, com isso, pagar sua dívida de escravos à custa do próprio trabalho escravo. O projeto só cobre os escravos *nominais*, mas os *ingênuos*, que também são escravos, pois são obrigados a servir os senhores de suas mães até que eles próprios tenham 21 anos (e, portanto, tão escravos como os escravos verdadeiros pois ninguém pode ser escravo no Brasil por mais de 21 anos, graças a Deus, a nação não permitiria isso) foram totalmente esquecidos e deixados fora da esfera beneficente desse Ato Abolicionista caído do céu.

The Act besides imposes a fine of £100 on those who will help a slave to run away — an outrageous measure as slaves who run away often run away from fear of dying under the lash and no man of honour could avoid helping the poor wretch; and states than no runaway slave can be freed, which means that to recover his freedom he must first go back to the lash or to what is death to him.

I have said enough to justify our opposition to a bill which has no other aim but to delude the world and the country, which is very popular among slave-holders and their creditors, but which will be ruinous to the country and to the poor people, called upon to save from utter bankruptcy the mortgaged long ago and exhausted Slavery of this county. We are going to increase our debt and our taxation when the budget has a large *deficit*, which each year bequeaths to its follower, and when our currency is depreciated of 40%, a state of discredit to which our finance Ministers got so accustomed that they consider mere and ridiculous declamation anything said on that point. Slavery led us to ruin in every way. Its exclusive, intolerant, shut up spirit was for a long time the basis of a policy internally favourable in every point to backwardness and routine and externally to prestige and war. After the Paraguayan war it changed its views and begun to press for material improvements, crying for railroads and the rest. The country on account of its immense coffee crop was said to be the richest in the world and the future was taxed with successive loans without any sense of what, in a vast and young country, exposed to all sorts of unforeseen expenditure, like the Ceará drought for instance, and eager to imitate every European Progress and possess each new material, moral, intellectual or social improvements of civilization, ought to be the proportions between the vital and the dead parts of the national budget. Now the harm is done. Our debt and war budget have grown tremendously and the weight is still to be increased as long as the winding up of slavery lasts.

O Ato, além disso, impõe multa de 100 libras àqueles que ajudarem um escravo a fugir – uma medida ultrajante já que os escravos que fogem muitas vezes o fazem por medo de morrer sob o chicote e nenhum homem de honra poderia deixar de ajudar o pobre infeliz; e declara que nenhum escravo que fugiu pode ser libertado, o que significa que para recobrar sua liberdade ele deve primeiro voltar para o chicote ou para aquilo que, para ele, significa a morte.

Já disse o bastante para justificar nossa oposição a esse projeto de lei que não tem qualquer outro objetivo a não ser iludir o mundo e o país, que é muito popular entre os senhores de escravos e seus credores, mas que será desastroso para o país e para a população pobre, que são chamados a salvar da falência total a escravidão deste país, há muito hipotecada e exaurida. Vamos aumentar nossa dívida e nossos impostos quando o orçamento tem um déficit enorme que a cada ano é transferido para o ano seguinte, e quando nossa moeda teve uma desvalorização de 40%, uma situação de descrédito à qual nossos ministros de finanças se habituaram de tal forma que chegam a considerar que qualquer coisa dita sobre isso é apenas uma retórica ridícula. A escravidão levou-nos levou à ruína em todos os sentidos. Seu caráter pouco transparente, exclusivo e intolerante, foi, durante muito tempo, a base de uma política internamente favorável em todos os pontos ao atraso e à rotina e externamente ao prestígio e à guerra. Após a Guerra do Paraguai, ela mudou de opinião e começou a pressionar por melhorias materiais, bradando por estradas e outras coisas mais. Em virtude de imensas safras de café, dizia-se que o país era o mais rico do mundo e, com isso, sobrecarregou-se o futuro com empréstimos sucessivos sem qualquer sentido do que – em um país vasto e jovem, exposto a todos os tipos de gastos imprevistos, como a seca cearense, por exemplo, e ansioso por imitar todos os avanços europeus e possuir todas as melhorias materiais, morais, intelectuais ou sociais da civilização – deveria ser as proporções entre as partes vitais e as partes mortas do orçamento nacional. Agora o

Either in national finances or in agricultural prosperity; towards the soil it found; and finds virgin as it spreads, as well as towards the people it employs; with regard to our institutions from the throne to the electorate, in everything Slavery means failure and decomposition, weakness and atrophy. Only a new spirit totally opposed in agriculture and trade, in politics and education; can undo in centuries of freedom and justice the harm done in centuries of oppression and rapine. And unfortunately the Government believe without it we are lost. No wonder we Liberals do not follow blindly the Cabinet in this attempt to make the death of Slavery and its burying so soft that no one be aware of it – neither the master nor the slave, the country nor the world.

Good bye – dear Mr. Allen, I have long enough occupied your attention.

Yours very truly

JOAQUIM NABUCO

dano já foi causado. Nossa dívida e orçamento militar aumentaram tremendamente e seu peso ainda continuará aumentando enquanto durar o processo de finalização da escravidão.

Em tudo a escravidão significa fracasso e decomposição, fragilidade e atrofia: seja nas finanças nacionais ou na prosperidade agrícola; no solo em que se baseia; no território virgem por onde se espalha; nas pessoas que emprega; e até com relação a nossas instituições, do trono ao eleitorado. Somente um novo espírito que a ela se oponha na agricultura e no comércio, na política e na educação, poderá desfazer, durante séculos de liberdade e de justiça, o mal que foi feito em séculos de opressão e rapina. E infelizmente o governo crê que sem ela estamos perdidos. Não é de admirar que nós liberais não seguimos cegamente o gabinete nessa tentativa de fazer com que a morte e o enterro da escravidão sejam tão suaves que ninguém vai sequer se dar conta deles – nem o senhor de escravos nem o escravo, nem o país nem o mundo.

Adeus, prezado Sr. Allen, já ocupei demais sua atenção.

Seu muito verdadeiramente,

JOAQUIM NABUCO

LETTER 60

ALLEN TO NABUCO
14 AUGUST 1885

55 New Broad Street

Dear Senhor Nabuco,

As you may well imagine we have all followed with great interest the important news from Brazil respecting your election to the Chamber of Deputies. Our sympathies are will you in every way and I now have the pleasure to forward you Copy of a Resolution passed at the last meeting of our Committee [7 August]. I hope you will be able successfully to resist the proposed loan for buying up worn out slaves. This is a monstrous proposition intended to put money into the pockets of the slave holders, at the expense of the nation and ought to be resisted to the last. In our next *Reporter*, I hope we shall be able to publish a few facts taken from the *Rio News*, respecting your triumphant return. The present number is so taken up with the accounts of our late meetings that we had no room for anything else. Perhaps before our next appearance in October I shall have the pleasure of hearing from you again. Meanwhile I thank you very much for the illustrated newspapers and for the pocket handkerchief containing so good a likeness of yourself, which is now hanging in the office.

Mr. Sturge continues in good health and is as full of antislavery energy as every.

CARTA 60

Allen a Nabuco
14 de agosto de 1885

55 New Broad Street

Prezado Senhor Nabuco,

Como o senhor bem pode imaginar todos nós acompanhamos com grande interesse as importantes notícias do Brasil com respeito à sua eleição para a Câmara de Deputados. Estamos plenamente solidários com o senhor e tenho o prazer de lhe enviar uma cópia da Resolução que foi aprovada na última reunião de nosso Comitê [7 de agosto]. Espero que seja capaz de resistir com sucesso ao empréstimo que foi proposto para a compra de escravos desgastados. É uma proposta monstruosa cujo objetivo é colocar dinheiro nos bolsos dos donos de escravos à custa da nação e deve ser combatida até o último momento. Em nosso próximo *Reporter*, esperamos poder publicar alguns fatos tirados do *Rio News* relativos à sua volta triunfante. O número atual está tão cheio da contabilidade de nossas reuniões passadas que não tivemos espaço para mais nada. Talvez eu tenha o prazer de receber notícias suas antes de nossa próxima publicação em outubro. Nesse ínterim, muito obrigado pelos jornais ilustrados e pelo lenço com um retrato seu muito fiel que agora está pendurado no escritório.

O Senhor Sturge continua bem de saúde e, como sempre, cheio de energia contra a escravidão.

Our Parliament has just risen and there will not be very much for us to do publicly at present. The elections in November will be an exciting time and I should think would result in a Liberal majority* notwithstanding Lord Randolph Churchill's confident predictions to the contrary.**

Believe me
Yours very sincerely

CHAS. H. ALLEN

Mrs Allen joins me in kind regards and hearty congratulations.

Enclosure:
Committee of Anti-Slavery Society *resolved*:

That this Committee has learned that with sincere pleasure and satisfaction of the triumphant return of *Senhor Joaquim Nabuco* as a Member of the Brazilian Parliament, and hereby offers to him its hearty congratulation after obtaining after so much labour against an organized opposition, a victory which cannot fail to advance the cause of freedom in Brazil, and to revive the drooping spirits of those staunch Abolitionists who have so long fought against the overwhelming forces of a Planter's coalition.

---

* The Liberal Prime Minister Gladstone had resigned in July (in part because of his perceived mishandling of the Sudan question and the death of Gordon in Khartoum – see note to letter 49). The Liberals did indeed win the election in November 1885 but because of gains by the Irish Nationalists they failed to secure an overall majority. Gladstone's third administration (1886) lasted only a few months.
** Lord Randolph Churchill (1849-95), the third son of the seventh Duke of Marlborough and father of Winston Churchill, was a progressive Conservative MP. He served as Chancellor of the Exchequer (1886-1892).

Nosso Parlamento acaba de entrar em recesso e não haverá muita coisa a fazer publicamente no momento. O período das eleições em novembro será muito estimulante e, acredito, o resultado será uma maioria liberal* apesar das predições confiantes em contrário de Lord Randolph Churchill.**

Creia-me
Seu muito sinceramente
                                  CHAS. H. ALLEN

A Sra. Allen junta-se a mim para lhe mandar lembranças e lhe desejar calorosas felicitações.

Cópia da Resolução aprovada em reunião do Comitê da Anti-Slavery Society realizada neste dia 7 de agosto de 1885:

Foi decidido que:
Este Comitê recebeu, com sincero prazer e satisfação, a notícia do retorno triunfante do Senhor Joaquim Nabuco como membro do Parlamento brasileiro e por meio desta oferece-lhe suas mais calorosas felicitações por ter obtido, após tanto trabalho contra uma oposição organizada, uma vitória que não pode deixar de fazer avançar a causa da liberdade no Brasil e de reviver os espíritos abatidos daqueles abolicionistas dedicados que por tanto tempo vêm lutando contra as forças esmagadoras de uma coalizão de fazendeiros.

---

* O primeiro-ministro liberal, Gladstone, tinha renunciado em julho (em parte por ter obviamente mal administrado a questão do Sudão e pela morte de Gordon em Cartum – ver nota à carta 50). Os liberais de fato conseguiram maior número de cadeiras nas eleições de novembro de 1885, mas, por causa dos votos dos nacionalistas irlandeses, não garantiram maioria no plenário. O terceiro gabinete de Gladstone (1886) durou apenas alguns meses.
** Lord Randolph Churchill (1849-1895), terceiro filho do sétimo duque de Malborough e pai de Winston Churchill, era um deputado conservador progressista. Foi ministro da Fazenda de 1886 a 1892.

LETTER 61

ALLEN TO NABUCO
6 OCTOBER 1885

55 New Broad Street

My dear Senhor

Your interesting letter of 6th August [letter 58] came duly to hand and you will see by the enclosed cutting from *The Times* of 2nd inst. that I have made use of it to answer the letter of Dr. E. F. França which appeared in The Times of 21st Sept.* That letter was full of fallacies. You did not mark your letters 'private and confidential', and my sending them to the *Times* was approved by you in your last.

---

* The letter of Ernesto Ferreira França, Advocate to the Council of State, dated 22 August, was published on 21 September. In defending the Saraiva bill, which had been approved in the Chamber on 13 August, França argued that 'the judicious and far-seeing statesman' Nabuco had himself never proposed any plan of immediate abolition and had never made liberation without indemnity part of his programme. The Dantas and Saraiva emancipation bills were similar except as regards the principle of indemnification: 'the cabinet of Senhor Dantas conceded indemnification as a favour, and that of Senhor Saraiva as a right'. 'By the end of the present year', Franca predicted, 'all the slaves of Brazil will be converted into servants, an interim civil condition that of itself will cease to exist within a few years, even before the end of the century'. He added; 'Indemnification, in the present instance, is not a payment for a property, but a compensation for rights acquired and which were bound up in the economic system of the country, in which all are interested'. In his answer to França dated 30 September, published in the *Times* on 2 October, to which he attached Nabuco's letter of 6 August, Allen insisted that Nabuco distinctly repudiated all approval of the Indemnification Bill: 'his disapproval of taxing the whole country to buy the slaves from the planters could scarcely be more strongly expressed'. And in this Nabuco had the full support of the Anti-Slavery Society which had never adopted the principle that indemnification was a right. Nabuco's letter of 6 August and Allen's of 30 September were reprinted in the *Anti-Slavery Reporter* October 1885, with commentary.

CARTA 61

Allen a Nabuco
6 de outubro de 1885

55 New Broad Street

Meu caro Senhor,

Recebi devidamente sua interessante carta de 6 de agosto [carta 59] e verá pelo recorte do *Times* do dia 2 p.p. em anexo que fiz uso dela para responder à do Dr. E.F. França que foi publicada no mesmo jornal dia 21 de setembro.* A carta dele estava repleta de falácias. O senhor não classificou suas cartas como "particular e confidencial" e aprovou o envio delas para o *Times* na última que me enviou. O senhor certamente não aprova o projeto de lei de Indenização, e nós

---

* A carta de Ernesto Ferreira França, advogado do Conselho de Estado, de 22 de agosto, foi publicada no *Times* em 21 de setembro. Defendendo o projeto Saraiva, França argumentou que "o judicioso e clarividente estadista" Nabuco nunca propusera ele próprio qualquer plano de abolição imediata e nunca incluíra a libertação sem indenização em seu programa. Os projetos de emancipação de Dantas e Saraiva eram parecidos, exceto no que dizia respeito ao princípio da indenização: "o gabinete de Dantas concedia a indenização como favor, o de Saraiva, como direito". "Ao final deste ano, França predisse, "todos os escravos do Brasil terão sido convertidos em servos, uma condição civil temporária que deixará de existir por si mesma dentro de poucos anos, mesmo antes do fim do século". Acrescentou: "Indenização, no presente caso, não é o pagamento de propriedade, mas a compensação por direitos adquiridos vinculados ao sistema econômico do país, no qual todos estão interessados". Em sua resposta a França, datada de 30 de setembro, publicada em 2 de outubro, à qual anexou a carta de Nabuco de 6 de agosto, Allen insistiu em que Nabuco claramente repudiava qualquer aprovação do Projeto de Indenização: "sua desaprovação do plano de taxar o país inteiro para comprar escravos dos senhores não poderia ser expressa de maneira mais enérgica". Nesse ponto Nabuco tinha o pleno apoio da Anti-Slavery Society que jamais adotara o princípio de que a indenização era um direito. A carta de Nabuco de 6 de agosto e a de Allen de 30 de setembro foram republicadas no *Anti-Slavery Reporter* de outubro de 1885, com comentários.

You certainly do not approve the Bill of Indemnification, nor do we. This Society did not at all approve of the vote of Twenty Millions given to the West Indian planters. Mr. Buxton accepted it at the last moment to get an Abolition Bill passed, but it was not his original motion. He wanted a *loan* of 10 Millions to the planters, but the House was suddenly surprised by the Minister into carrying a *gift* of 20 millions, and the Abolitionists had to make the best of it.

This Society has always regarded it as a mistake for the money mostly went to pay off mortgages on encumbered estates and this put money into the pockets of those who had advanced to needy planters.

Dr. França would appear from his letter to know more about what the annals of the Society show than we do ourselves! I hope you will approve of my sending your last letter to *The Times*. I shall always consider I may publish anything you are good enough to send me unless it is marked 'Private'.

Please let us know exactly how the matter now stands, as the telegrams are confusing. Is the Bill now actual law? It would seem that you are to have a fresh election, therefore I imagine the Indemnification Bill may have fallen through at the last. You have our best wishes for your re-election on an Abolitionist platform. Mrs. Allen joins me in kind regards to yourself. We are in the throes of house-moving having migrated from Highgate to 13 Well Walk – Hampstead N. W. where we hope to welcome you some day. Will all best wishes believe me

    Yours sincerely and truly

                                        CHAS. H. ALLEN

tampouco. Esta Sociedade foi totalmente contrária à aprovação de 20 milhões de libras para os fazendeiros das Índias Ocidentais. O Sr. Buxton aceitou-a no último momento para conseguir a aprovação de um projeto de lei de abolição, mas não foi essa sua proposta original. Ele queria um *empréstimo* de 10 milhões para os fazendeiros, mas a Câmara se viu de repente surpreendida pelo ministro e levada a votar um *presente* de 20 milhões e os abolicionistas tiveram que salvar o que foi possível.

Esta Sociedade sempre considerou a votação um erro, pois a maior parte do dinheiro foi usada para liquidar as hipotecas que oneravam as propriedades e foi parar no bolso daqueles que tinham adiantado dinheiro aos fazendeiros em apuros.

Por sua carta, o Dr. França parece saber mais sobre o que mostram os anais da Sociedade do que nós mesmos! Espero que aprove o envio de sua última carta para o *Times*. Entenderei sempre que posso publicar qualquer coisa que tem a gentileza de me enviar a não ser que esteja marcado "particular".

Por favor, diga-nos exatamente qual é o estado atual da questão, pois os telegramas são confusos. O projeto de lei já é lei? Parece que terão nova eleição, portanto imagino que o projeto de lei da Indenização pode ter caído ao final. Nossos melhores votos para sua reeleição na plataforma abolicionista. A Sra. Allen junta-se a mim para lhe enviar amáveis lembranças. Estamos numa batalha de mudança, tendo migrado de Highgate para Well Walk, 13, Hampstead N.W., onde esperamos dar-lhe as boas vindas algum dia. Com meus melhores votos,
Creia-me
Seu sinceramente e verdadeiramente
CHAS.H.ALLEN

LETTER 62
(fragment only)

Allen to Nabuco
[January 1886]

[Ilegible] …. As the mail leaves tomorrow I take the opportunity of heartily wishing you a happy new year on behalf of the Committee and myself, to which Mr. Teall* desires to add his best wishes.

We have been rather at a loss to understand the exact position of the antislavery question in Brazil, not having had the pleasure of hearing from you for some months. As far as we can understand it we fear that the Saraiva Bill has become law**, and that the whole nation is to be taxed to buy up the slaves from the planters at very exorbitant prices. We believe also that Parliament has been dissolved, and that probably you are at this moment in the throes of electioneering business. If so you have your best wishes for your success.

Before this reaches you I trust we may receive one of your interesting and valuable letters.

I have just returned from a visit to Morocco where in company with Mr. Crawford, ex Consul in Cuba, and one of our Committee I have been spending 5 or six weeks making inquiries as to the slave trade in that country and the various acts of oppression to which the people are constantly subjected. As we shall publish the information

---

* J. Estoe Teall, Charles Allen's assistant for twenty years from 1877 until his death, aged 41, in 1897.
** See letter 59.

CARTA 62
(fragmento apenas)

Allen a Nabuco
[Janeiro de 1886]

[ilegível] ....Como o correio sai amanhã, aproveito a oportunidade para lhe desejar um feliz Ano Novo em nome do Comitê e em meu próprio a que o Sr. Teall* deseja acrescentar seus melhores votos.

Andamos meio perdidos para entender a situação exata da questão antiescravista no Brasil, não tendo tido o prazer de receber notícias suas por alguns meses. Pelo que entendemos, tememos que o projeto de lei Saraiva se tenha tornado lei** e que a nação inteira vá ser tributada para comprar os escravos dos fazendeiros a preços exorbitantes. Acreditamos também que o Parlamento tenha sido dissolvido e que provavelmente o senhor neste momento está envolvido na luta eleitoral. Se for assim, nossos melhores votos de êxito.

Antes de esta carta o alcançar, espero receber uma de suas interessantes e valiosas cartas.
Acabo de voltar de uma visita ao Marrocos onde, na companhia do Sr. Crawford, ex-cônsul em Cuba e um dos membros de nosso Comitê, passei cinco ou seis semanas investigando a situação do comércio de escravos naquele país e os vários atos de opressão a que o povo está sendo constantemente submetido. Como vamos publicar

---
* J. Estoe Teall, assistente de Charles Allen durante 20 anos, de 1877 até sua morte aos 41 anos, em 1897.
** Ver nota à carta 61.

we have received I need not repeat it here. When Parliament meets we hope to be able to get some public notice of the condition of Morocco.

I am glad to inform you that our valued Chairman, Mr. Sturge, appears to be in remarkably good health, which we trust may long continue.

With kind regards in which Mrs. Allen cordially unites

I am,
Yours very truly
CHAS. H. ALLEN

a informação que recebemos, não preciso repeti-la aqui. Quando o Parlamento se reunir esperamos poder atrair alguma atenção do público para a condição do Marrocos.

Tenho o prazer de lhe informar que nosso estimado Presidente, o Sr. Sturge, parece estar em um excelente estado de saúde, situação que esperamos continue por muito tempo.

Com saudações cordiais compartilhadas pela Sra. Allen, Sou Seu muito verdadeiramente,

CHAS. H. ALLEN

LETTER 63

Nabuco to Allen
23 January 1886

Pernambuco

Dear Mr. Allen,

The election took place on the 15th. inst. and I was defeated in this city. The majority of the Conservative candidate over me is wholly due to the pressure of the Government on the public *employees*, who form a large portion of the small electorate of this town, and to the promises of employment profusely distributed among the poor classes of our people. (While the large slave-owners made every dependent of them vote as one man against me the negroes, who are numerous, were not all faithful to our cause and voted largely for the slavery flag. I went to more than one black elector and asked for his vote — I cannot, Sir, I promised to vote with the Conservatives. I am engaged — Engaged! That poor man did not know in his ignorance of social solidarity that he was engaged to vote for me two centuries ago when his ancestors were brought here enslaved from Africa and that his own colour ridiculed his 'previous engagement' excuse!

Brazil being so extensively a composite nation nobody more than I am glad to see that there is no possible way to trace here the colour line as a political boundary, so distinct as it is in the United States. Even the slavery question did not create a race feeling, altogether absent from our whole history and thence from our present national constitution. But at the same time this uncon-

CARTA 63

Nabuco a Allen
23 de janeiro de 1886

Pernambuco

Estimado Sr. Allen,

As eleições ocorreram dia 15 p.p. e fui derrotado nesta cidade. A maioria que o candidato conservador obteve sobre mim foi inteiramente devida à pressão que o governo exerceu sobre os *funcionários públicos* que formam uma grande parte do pequeno eleitorado desta cidade e também às promessas de emprego que foram profusamente distribuídas entre as classes mais pobres de nossa população. Enquanto que os grandes senhores de escravos fizeram com que todos os seus dependentes votassem contra mim, os negros, que são numerosos, não foram leais à nossa causa e votaram principalmente a favor da bandeira escravista. Procurei mais de um eleitor negro e pedi seu voto – "Não posso, senhor, prometi votar nos conservadores. Estou comprometido." Comprometido! Aquele pobre homem não sabe, em sua ignorância da solidariedade social, que ele já estava comprometido a votar em mim há dois séculos, quando seus antepassados foram trazidos para cá escravizados, da África, e que sua própria cor faz com que essa desculpa de "um compromisso prévio" seja ridícula.

Sendo o Brasil uma nação tão extensamente miscigenada, ninguém está mais contente do que eu ao ver que não há meios possíveis de traçar a linha da cor como fronteira política tão claramente como ocorre nos Estados Unidos. Até mesmo a questão da escravidão não

cern of the negroes in Brazil in the question of abolition, this way as soon as they cease to be slaves and jump at once to the dignity of citizens and electors of throwing off any blood tie whatever with their own enslaved race, is a sign more of how deeply the humiliation of slavery penetrated the mind and heart of the slave people and of the difficulty of the abolitionist movement had to fight against in Brazil. Here, in fact, instead of a solid negro vote, as in North America for the party that rose the cry of abolition, as a debt of gratitude of a whole race towards their liberators, we could see the negroes with worthy exceptions; following the party banner of their old masters as a remnant of the slave soul still alive in them.

Now that I have said this about my election let me give you an idea of the political situation in Brazil and its future prospects. The Conservatives have elected an almost unanimous Parliament. The very few Liberals who could break that actual unanimity are in their majority men who helped the Conservatives to power and whom they in turn treated as auxiliaries and very useful ones. Those disguised Conservatives in contrast with the true Liberals will give a semblance of division to the party in Parliament.

But the new Conservative victory is a sad news to Brazil. We during more than forty years had no real elections. The Emperor had only to call to power to chief of a party or section of party and that new minister would at once have a Chamber of Deputies of his own. In Portugal, in Spain, in Italy, and throughout Latin America, in different scale, though, this is still the existing electoral system. Parliament is an extension of the Government of the day. Lately we had a change in Brazil. The Liberal party reformed our old system of indirect election into the direct system and its principal statesman Senhor Saraiva pledged himself as prime-mi-

gerou um sentimento racial, que esteve ausente em toda nossa história e, portanto, de nossa atual constituição nacional. Mas, ao mesmo tempo, esse desinteresse dos negros no Brasil com relação à questão da abolição – que faz com que, tão logo deixem de ser escravos e alcancem rapidamente a dignidade de cidadãos e de eleitores, queiram se livrar de qualquer laço de sangue com sua própria raça escravizada – é mais um sinal de quão profundamente a humilhação da escravidão penetrou a mente e o coração da população escrava e das dificuldades que o movimento abolicionista teve que enfrentar no Brasil. Aqui, com efeito, em vez de um sólido voto negro, como na América do Norte foi o voto para o partido que levantou o brado da abolição, como uma dívida de gratidão de uma raça inteira para com seus libertadores, podemos ver que os negros – com ilustres exceções – seguem a bandeira partidária de seus antigos senhores graças a um vestígio da alma escrava ainda viva em seu seio.

Tendo dito isso sobre minha eleição, deixe que lhe dê uma idéia da situação política no Brasil e de suas perspectivas futuras. Os conservadores elegeram um Parlamento quase unânime. Os poucos liberais que podem romper a atual unanimidade são, em sua maior parte, homens que ajudaram os conservadores a tomar o poder e a quem eles, por sua vez, trataram como auxiliares, – aliás, muito úteis. Esses conservadores disfarçados, em contraste com os liberais verdadeiros, darão ao partido uma aparência de divisão no Parlamento.

A nova vitória conservadora, porém, é uma notícia triste para o Brasil. Não tivemos eleições verdadeiras por mais de 40 anos. O Imperador só precisava chamar ao poder o presidente de um partido ou de uma seção de um partido e aquele novo ministro rapidamente tinha uma Câmara de Deputados própria. Em Portugal, na Espanha, na Itália e em toda a América Latina, embora em uma escala diferente, esse ainda é o sistema eleitoral vigente. O Parlamento é uma ex-

nister to have really free elections in the country. In fact the two first elections under the new Reform Act* were perfectly free, the opposition being more protected than the party in power; electing one time a large number of deputies and another defeating the government. Although a free grant, and freedom as the great German poet said, is only worthy when it is a conquest, the country was proud of its new independence in voting down the government in power and that feeling if it were encouraged could produce a sort of real self-reliance in the people and enable it to rule itself. Now the dream is over, the Conservatives could not resist the temptation, Senhor Cotegipe is not made of the same disinterested stuff as Senhor Saraiva, and we go back to the old system of each Government electing their own Parliament, fit to carry on their policy, that is to maintain them in power as long as it pleases the Emperor.

The short life of electoral freedom in Brazil and the spirit of political revenge now running wild through the country in the heart of both parties are facts which place us before very serious contingencies. The future is dark indeed. The discredit of the direct election means the fall of the last barrier between the dynasty and the republic. Wishing for earnest reforms which they have now no means to obtain from the electors, the Liberals are being strongly led in two different directions: the ones feel it is useless to fight against the present order of things and still more useless to hope in the existing institutions, while the others have faith in meeting mid-way the Republicans and in the end of the

---

* The Lei Saraiva, 9 January 1881, had introduced the direct vote in legislative elections. With the intention of reducing the influence of government in elections, it also abolished voting by illiterates, except for those who had already registered to vote. Saraiva, president of the Council of Ministers, maintained a position of neutrality in the first elections for the Chamber of Deputies held under the new law, facilitating greater representation of the opposition.

tensão do governo do dia. Recentemente, tivemos uma mudança no Brasil. O Partido Liberal reformou nosso sistema antigo de eleições indiretas tornando-o um sistema direto; e seu estadista principal, o Senhor Saraiva, como primeiro-ministro, comprometeu-se a ter eleições realmente livres. Com efeito, as duas primeiras eleições sob a nova Lei de Reforma* foram perfeitamente livres e a oposição foi mais protegida que o partido no poder, da primeira vez elegendo um grande número de deputados e da segunda derrotando o governo. Embora uma concessão de liberdade, e a própria liberdade, como disse o grande poeta alemão, só valha a pena quando é uma conquista, o país orgulhou-se de sua nova independência para votar contra o governo no poder e esse sentimento, se fosse estimulado, poderia produzir uma espécie de autoconfiança no povo e torná-lo capaz de governar a si próprio. Agora o sonho acabou: os conservadores não conseguiram resistir à tentação, o Senhor Cotegipe não é feito do mesmo material desinteressado que o Senhor Saraiva, e estamos de volta ao velho sistema em que cada governo elege seu próprio Parlamento, adequado para levar a cabo suas políticas, ou seja, mantê-los no poder enquanto isso agradar ao Imperador.

A vida breve da liberdade eleitoral no Brasil e o espírito de vingança política que agora corre solto por todo o país no coração de ambos os partidos são fatos que nos colocam diante de contingências muito graves. O futuro é, de fato, negro. O descrédito da eleição direta significa a queda da última barreira entre a dinastia e a república. Desejando reformas profundas que agora eles já não têm meios de obter dos eleitores, os liberais estão sendo fortemente levados em duas direções diferentes: uns acham que é inútil lutar contra a

---

* Lei Saraiva, de 9 de janeiro de 1881, que introduziu a eleição direta para os cargos legislativos. Pretendendo reduzir a influência do governo nas eleições, eliminou o voto dos analfabetos, exceto para os votantes já registrados. Saraiva, presidente do Conselho de Ministros, manteve-se neutro na primeira experiência da lei, possibilitando maior representação da oposição.

present reign preparing for its succession the advent of a new social form.

A feeling is very strong among the Abolitionists that the Emperor encouraged our movement to the point of forming an abolitionist government and then gave away to a pro-slavery coalition and allowed the slave-owners so to say to pocket in the national aspiration by converting their slaves in state debt for three to six times over their actual value. The late change of parties, due exclusively to his own inspiration, brought about in the country a reaction against the liberating movement, the Conservative government was freely allowed by him to form an unanimous Chamber using all means of corrupting and intimidating the voters, pledging our future budget to the voracious hunger of a rising party of place-seekers, and in the midst of all this confusion the poor slave was made to pay for the movement started in his favour without even his consent. This feeling is now stranging very fast from the monarchy the sympathy and the good will of all earnest Abolitionists and, of course, the Republic is the gainer by what I call the error and I hope history in possession of all facts and documents will not call the crime of the Emperor. To superficial observers the Conservative victory may appear final and conclusive, but if they go deep in the causes of it they will see that it resulted entirely from the rottenness of slavery and from its deadly effect on the national character, and as both the throne and the institutions are raised on the Slavery foundation exclusively the future of the whole fabric is a matter of serious doubt and concern for those who like myself always thought that the way for the monarchy to root itself firmly in the heart of the nation was to put itself at the head of the liberation of this country from the treble slavery monopoly – of land, of labour, of capital, even if the Emperor who knows that his will is the only real power in Brazil and that he is practically as powerful under our parliamentary form of government as Augustus was under the forms of the Consular Republic

presente ordem de coisas e ainda mais inútil ter esperança nas instituições vigentes, enquanto que outros acreditam que vale a pena encontrar os republicanos a meio caminho e preparar uma nova forma social para suceder ao reinado atual quando este chegar ao fim.

Há um sentimento muito forte entre os abolicionistas de que o Imperador estimulou nosso movimento a ponto de formar um governo abolicionista e depois cedeu diante da coalizão pró-escravidão e permitiu aos senhores de escravos – por assim dizer – apossarem-se da aspiração nacional convertendo seus escravos em uma dívida estatal de três a seis vezes seu valor real. A recente mudança de partidos, em virtude exclusivamente de sua própria inspiração, gerou no país uma reação contra o movimento libertador e, ao governo conservador, permitiu formar livremente uma Câmara unânime usando todos os meios de corrupção e intimidação dos eleitores, hipotecando nosso orçamento futuro à fome voraz de um partido que busca postos para seus membros e, no meio de toda essa confusão, o pobre escravo acabou tendo que pagar pelo movimento que começou em seu favor sem seu consentimento. Esse sentimento agora está alienando muito rapidamente da monarquia a simpatia e a boa vontade de todos os abolicionistas honestos e, é claro, a República é quem ganha com aquilo que chamo de erro e espero que a história, na posse de todos os fatos e documentos, não venha a dizer que foi um crime do Imperador. Para observadores superficiais a vitória conservadora pode parecer final e conclusiva, mas se eles se aprofundarem no exame de suas causas verão que ela resultou inteiramente da podridão da escravidão e de seu efeito mortal sobre o caráter nacional; e, como tanto o trono quanto as instituições se ergueram exclusivamente sobre a base da escravidão, o futuro de todo o tecido da nação é uma questão de dúvida e preocupação sérias para aqueles que, como eu, sempre acharam que para que a monarquia pudesse se enraizar firmemente no coração da nação precisaria se colocar à frente da libertação do país desse monopólio tríplice da escravidão – da terra, da mão de obra, do capital, mesmo que o Im-

— were to assume the rôle of a civilizing despot instead of ruling without any heartrending for more than forty five years over a large slave market and a nation's paralytic bed.

Believe me always, dear Mr. Allen,
Sincerely yours,

JOAQUIM NABUCO

P.S. We formed yesterday here a liberal political association called Abolitionist and Federal Union of Pernambuco, with four hundred members to begin, all electors of this city. We mean to carry on our agitation although the glacial cold of the high regions has frozen some former enthusiasms of so-called abolitionists the strength of the abolitionist movement can be revived and we hope to make a dead letter of the new Act for purchase of slaves by the State above their price and for renewing the Slavery legal for another fourteen years.

J. N.

I leave tomorrow for Rio.

perador – que sabe que sua vontade é o único poder real no Brasil e que ele é praticamente tão poderoso sob nosso parlamentarismo quanto Augusto o era sob as formas da República Consular – tivesse que assumir o papel de um déspota civilizador em vez de governar sem qualquer compaixão por mais de 45 anos um grande mercado de escravos e o leito paralítico de uma nação.

Creia-me sempre,
Prezado Sr. Allen,

Sinceramente seu,
JOAQUIM NABUCO

P.S. Formamos aqui ontem uma associação política liberal chamada União Abolicionista e Federal de Pernambuco, com 400 membros para iniciar, todos eleitores desta cidade. Pretendemos continuar nossa agitação. Embora o frio glacial das altas regiões tenha congelado o entusiasmo anterior de alguns pretensos abolicionistas a força do movimento abolicionista pode ser restaurada e esperamos tornar letra morta a nova lei que estabelece a compra de escravos pelo Estado acima de seu preço e renova a legalidade da escravidão por mais 14 anos.

JN.

Viajo amanhã para o Rio.

LETTER 64

Allen to Nabuco
16 April 1886

55 New Broad Street

My dear Senhor,

Our last letters appear to have crossed; but you would see from a copy of *The Times* which I forwarded you, that I was able to publish a considerable portion of your valuable letter of the 23rd January [letter 63] in *The Times* of 18th February.* Since that date I have not had the pleasure of hearing from you, but we have received through the Under Secretary of State for Foreign Affairs [James Bryce – see letter 53], a copy of the Saraiva Act, respecting which we had a question asked in the House of Commons [by Sir J W Pease, 8 March]. That Act, so far as we can understand it, does not appear to be at all favourable to the slaves – indeed Mr Bryce said that it was less liberal than the Government had hoped it would be.

We are every anxious to obtain a copy of the Regulations for carrying out the Act, as without that the Act is comparatively unintelligible. Would it be possible for you to assist us in obtaining a copy? Also, the Committee will be extremely obliged if you would kindly forward them one.

Naturally, we were all very much disappointed to find that you were unsuccessful in your last contest. The blow that the Antislavery

---

* Allen's letter dated 15 February. An edited version of Nabuco's letter of 23 January was also published in the *Anti-Slavery Reporter* March-April 1886

CARTA 64

Allen a Nabuco
16 de abril de 1886

55 New Broad Street

Prezado Senhor,

Parece-me que nossas últimas cartas se cruzaram; mas deve ter visto pela cópia do *Times* que lhe enviei que pude publicar uma parte considerável de sua valiosa carta de 23 de janeiro [carta 63] no *Times* de 18 de fevereiro.* Desde aquela data, não tive o prazer de receber notícias suas, mas recebemos por meio do subsecretário de Relações Exteriores [James Bryce, veja nota à carta 53], uma cópia da Lei Saraiva sobre a qual foi feita uma pergunta na *House of Commons*. Essa lei, até o ponto em que é possível entendê-la, não parece ser nada favorável aos escravos – na verdade, segundo o Sr. Bryce, é menos liberal do que o governo esperava.

Estamos muito ansiosos para obter uma cópia do regulamento para a execução da Lei, já que, sem isso, ela é comparativamente ininteligível. Seria possível ajudar-nos na obtenção de uma cópia? O Comitê também ficará extremamente grato se o senhor gentilmente lhes remeter uma cópia.

Naturalmente, ficamos todos muito desapontados ao saber que não teve êxito nas últimas eleições. O golpe que a causa contra a

---

* Carta de Allen de 15 de fevereiro. Versão resumida da carta de Nabuco do dia 23 de janeiro foi também publicada no *Anti-Slavery Reporter* de março-abril de 1886.

cause has received at the last Brazilian election is a very serious one. *We* had a great disappointment also in the rejection of our good President Mr. Arthur Pease by the enlarged constituency.

Owing to the Irish business** our Parliament appears to be at present unapproachable for any other work, and we naturally have to keep quiet.

By this post I forward you copy of our Morocco Pamphlet, which I hope may interest you.

With kind regards in which we all join, not omitting Mrs. Allen and Mr. Teall.

I am, yours sincerely

CHAS. H. ALLEN

** The Irish question was one of the dominant issues in British politics in the late 19th and early 20th centuries. Gladstone's short-lived Liberal government of February-August 1886, dependent on the support of the Irish Nationalists, introduced the first of four Home Rule bills. It divided the Liberal Party and was defeated in the House of Commons. The Conservatives won the elections called in July with the support of the Liberal Unionists opposed to Home Rule for Ireland. See note to letter 60.

escravidão recebeu na última eleição brasileira foi muito sério. *Nós também tivemos um grande desapontamento com a derrota de nosso bom presidente, Sr. Arthur Pease, no eleitorado ampliado.*

Devido à questão irlandesa,** no momento nosso Parlamento parece estar inacessível para qualquer outro trabalho e naturalmente temos que nos manter quietos.

Pelo correio, envio-lhe cópia de nosso Panfleto de Marrocos, que espero lhe possa interessar.

Com muitas lembranças de todos nós, sem esquecer a Sra. Allen e o Sr. Teall.

Sou, seu sinceramente,

CHAS. H. ALLEN

** A Questão Irlandesa foi um dos temas dominantes na política britânica do final do século XIX e início do século XX. O curto governo de Gladstone de fevereiro a agosto de 1886, dependente do apoio dos Nacionalistas Irlandeses, apresentou o primeiro de quatro projetos de autonomia (Home Rule). O projeto dividiu o Partido Liberal e foi derrotado na Câmara dos Comuns. Os conservadores ganharam as eleições realizadas em julho com o apoio dos Liberais Unionistas, opostos à autonomia para a Irlanda. Ver nota de rodapé na carta 60.

LETTER 65

Nabuco to Allen, Private
18 April 1886

Rio de Janeiro

Dear Mr. Allen,

I send you the enclosed letter for you to be kind enough to have it sent to the *Times*, and, if not accepted, to some other paper.

I am now writing a series of pamphlets*, of which I sent you already the first four. My friends are striving to raise the capital for a daily paper. I do not know if they will succeed. In case I despair of starting it, I may be forced to go back to England, to get my living there, as when the slave-owners, by *boycotting me*, reduced me to do in 1881. But at this moment, I am conscious that my leaving Brazil would be detrimental to the Liberal cause, not the Abolitionist only, and I will do the utmost to remain. Unfortunately the way to solve my individual problem together with the social problem is a very difficult one. If I were to start a paper I will ask you to be kind enough to send me occasionally some information.

Pray present my respects to Mrs. Allen and believe me
Yours very truly
JOAQUIM NABUCO

---

* Série para o Povo. Three pamphlets were published: *O erro do Imperador, O eclipse do abolicionismo*, and *Eleições liberais e eleições conservadoras,* all in 1886, by Leuzinger, Rio de Janeiro.

CARTA 65

Nabuco a Allen, particular
18 de abril de 1886

Rio de Janeiro

Estimado Sr. Allen,

Envio-lhe a carta em anexo para que o senhor faça a gentileza de a enviar ao *Times*, e, se não for aceita, a algum outro jornal.

No momento estou escrevendo uma série de panfletos* dos quais já lhe enviei os quatro primeiros. Meus amigos estão tentando levantar capital para fundar um jornal diário. Não sei se terão êxito. No caso de perder a esperança de o iniciar, é possível que seja obrigado a voltar para a Inglaterra para ganhar minha vida aí, como quando os proprietários de escravos, *boicotando-me*, me obrigaram a fazer em 1881. Mas, estou consciente do fato de que deixar o Brasil neste momento seria prejudicial para a causa liberal, não só a abolicionista, e farei o possível para permanecer aqui. Infelizmente, resolver meu problema individual e, ao mesmo tempo, o problema social, é muito difícil. Se conseguir começar um jornal eu lhe pediria que fizesse a gentileza de me enviar algumas informações de vez em quando.

Peço que transmita meus respeitos à Sra. Allen, e creia-me,
Seu muito verdadeiramente,

JOAQUIM NABUCO

---

* Série para o Povo. Foram publicados três panfletos: *O erro do Imperador, O eclipse do abolicionismo,* e *Eleições liberais e eleições conservadoras,* todos em 1886 pela editora Leuzinger do Rio de Janeiro.

To the Editor of
*the Times**

Sir,

I hope you will allow me some space in your columns to refer to two points on a recent article on W.L. Garrison**, by Mr. Goldwin Smith***, in *Macmillan's Magazine* [March 1886]. I would not so appeal to your kindness if those two points, besides their value with regard to the Abolitionist movement in the United States, did not concern the freedom of one million of living slaves in Brazil and the patriotism of the whole Party that fights for their freedom. Unfortunately, the Slavery question is not dead throughout the World, and as history repeats itself with the minutest fidelity in relation to it, the enemies of that institution having had and still having to fight everywhere against the same spirit, the same theories, and the same prejudices, practically result in strengthening the hands of the slave-owners in the present, chiefly when the blame comes from a man like Mr. Goldwin Smith, than whom nobody was ever more eloquent or indignant in denouncing slavery.

The two points in his article I find injurious to our work here are, the first, when he admits the right of slave-owners to compensation as any other holders of property; and the second, where he criticizes the Massachusetts Abolitionists for trying to raise public opinion in England. Now, as to the first, if compensation is a

---

* The letter was never published in the *Times*. It was later published in the *Anti-Slavery Reporter* August-September 1886.
** William Lloyd Garrison (1805-79), editor of *The Boston Liberator*, 1831-65, founder of the American Anti-Slavery Society in 1833.
*** Goldwin Smith (1823-1910), British – Canadian historian (Professor of Modern History, Oxford 1858-66, then Cornell). He had moved to Canada in 1871.

Ao Editor
*The Times**

Senhor,

Espero que V.Sa. me ceda algum espaço em suas colunas para comentar dois pontos a respeito de um artigo recente sobre W.L. Garrison,** escrito pelo Sr. Goldwin Smith*** e publicado no *Macmillan's Magazine*. Não teria apelado dessa forma para sua bondade se esses dois pontos, além de sua importância para o movimento abolicionista nos Estados Unidos, não estivessem também relacionados com a liberdade de um milhão de escravos vivos no Brasil e com o patriotismo de todo um partido que luta pela liberdade deles. Lamentavelmente, a questão da escravidão não está morta em todo o mundo e como a história se repete com a maior fidelidade em relação a ela – os inimigos dessa instituição tendo tido e ainda tendo que lutar em todas as partes contra o mesmo espírito, as mesmas teorias e os mesmos preconceitos – o artigo resulta na prática no fortalecimento do poder dos proprietários de escravos no presente, principalmente quando a crítica vem de um homem como o Sr. Goldwin Smith que, mais que nenhum outro, sempre foi eloqüente ou demonstrou sua indignação na denúncia da escravidão.

Os dois pontos no artigo que, a meu ver, prejudicam nosso trabalho aqui são, primeiro, quando ele admite o direito dos proprietários de escravos à compensação como qualquer outro proprietário; e, segundo, quando ele critica os abolicionistas de Massachusetts por terem tentado despertar a opinião pública da Inglaterra. Ora,

---

* A carta nunca foi publicada no *Times*. Foi, mais tarde, publicada no *Anti-Slavery Reporter* de agosto/setembro de 1886.
** William Lloyd Garrison (1805-79), editor de *The Boston Liberator*, 1831-65, fundador da American Anti-Slavery Society em 1833.
*** Goldwin Smith (1823-1910), historiador britânico-canadense (professor de História Moderna, Oxford 1858-66, depois em Cornell), mudou-se para o Canadá em 1871.

perfect right for the slave-owner, the State has no *right* to abolish Slavery unless it is prepared to pay the price of the slaves. If by abolishing Slavery without compensation, it violates the Ten Commandments, it has no right to abolish it. But suppose the State forms the conviction that Slavery is a crime. What side then to choose? Take a poor country like Brazil, which Slavery has ruined in her prospects, debased in her Government, humiliated in her people, devastated in her lands and crushed under a tremendous debt, that can only be paid by renewed loans. If we convince ourselves that slavery is a moral guilt and a national shame as well, and find ourselves at the same time unable to pay for its extinction without ruining our credit, robbing our creditors, and what is perhaps still worse, taxing to death the slave people themselves in order to save their masters, does Mr. Goldwin Smith mean to say that the Ten Commandments oblige us to go on lending our strong arm, our unwilling army, our magistrates and our Parliament, to hold on the slave market, to hunt up the run-away slaves, and to protect with our flag an institution we would consider nothing else but organized robbery, debauchery and assassination? I do not believe, Sir, that a nation is morally bound to ruin herself to acquire the right of stopping the practice of a crime, only because in her ignorance and servility to the dominant caste, she did not prevent it from carrying on that crime, as a trade. I leave aside all the points connected with the legality of slavery either in the United States, Spain or Brazil, as it would be only too easy to show that slavery, besides being a moral guilt, was everywhere a human blood smuggling. I simply ask – if any nation that allowed during a certain time an oppression to go on under the name of social institution, is morally held to pay with her whole ruin for its extinction, leaving, if she is unwilling to make the sacrifices, the victims of that oppression indefinitely in the hands of her would-be creditors until she can pay them her debt?

quanto ao primeiro, se a recompensa é um direito perfeito do proprietário de escravos, o Estado não tem nenhum *direito* de abolir a escravidão a não ser que esteja disposto a pagar o preço dos escravos. Se, ao abolir a escravidão sem compensação, ele viola os Dez Mandamentos, ele não tem direito de aboli-la. Mas suponhamos que o Estado tenha a convicção de que a escravidão é um crime. Que lado escolher então? Tomemos um país pobre como o Brasil, cujas perspectivas a Escravidão arruinou, cujo governo ela degradou, cujo povo ela humilhou, cujas terras ela devastou e esmagou sob uma dívida tremenda que só pode ser paga por meio de empréstimos renovados. Se nos convencermos de que a escravidão é uma culpa moral e também uma vergonha nacional, e nos vermos, ao mesmo tempo, incapazes de pagar por sua extinção sem arruinar nosso crédito ou roubar de nossos credores e, o que talvez seja ainda pior, tributar até a morte os próprios escravos a fim de salvar seus donos, será que o Sr. Goldwin Smith quer dizer que os Dez Mandamentos nos obrigam a continuar emprestando nosso braço forte, nosso exército – quer ele queira ou não – nossos magistrados e nosso Parlamento, para manter o mercado de escravos, para caçar escravos fugitivos e para proteger com nossa bandeira uma instituição que não achamos que seja outra coisa senão crime organizado, degradação e assassinato? Não posso crer, senhor, que uma nação esteja moralmente obrigada a se arruinar para adquirir o direito de fazer cessar a prática de um crime, apenas porque em sua ignorância e servilismo à casta dominante ela não evitou que essa casta realizasse esse crime como um comércio. Deixo de lado todos os pontos relacionados com a legalidade da escravidão nos Estados Unidos, na Espanha ou no Brasil, já que seria fácil demais demonstrar que a escravidão, além de ser uma culpa moral, foi, em todo o mundo, um contrabando de sangue humano. Simplesmente pergunto – se qualquer nação que permitiu durante um tempo determinado que uma opressão fosse realizada sob o nome de uma instituição social, está moralmente forçada a pagar com sua ruína total pela extinção dessa opressão, deixando, se ela não está disposta a fazer o sacrifício,

As to the second point, history well justified the Abolitionists in appealing to England. Did not Mr. Goldwin Smith himself take part in the powerful agitation, that the English Liberals, under the leadership of Mr. Cobden and Mr. Bright****, found necessary to raise in England to counteract the sympathy of some classes of your community with American Slavery? Did he not write a book full of the sparkles of his mind, to make England a moral ally of the Union? The American Abolitionists seem to have understood what a strong element in the battles of Slavery the English sympathies would necessarily be, and perhaps either if they had not, in time, looked for sympathizers among the leading forces of England, or if they had succeeded in conquering them all, many things might have been different for the worse, or the better, in the course of their great cause. But leaving North-America aside, is it not true that the political life of any country is a constant contribution to her own individuality of the mental and moral activity of the world, that ideas go round the Planet and civilization rises everywhere to the same level? To kill the spirit that keeps alive, say in Brazil, an institution like Slavery, dead in those countries whose progress, culture, enthusiasms and ideas do influence our social growth, as which are, so to say, the intellectual High Lands whose waters run down to us, we must bring as much as possible that doomed institution under the influence of foreign progress so as to contrast moral death within moral life abroad. As no greater service could ever have been done to the American Union than that which W.L. Garrison attempted to render to his country – of raising in England an unanimous sympathy with the work of the Abolitionists, so we, Brazilian Abolitionists, consider that no greater service could be done to Brazil than to have all the world condemning Slavery as piracy, since such a decree of the International Law would be

---

**** Richard Cobden (1804-65) and John Bright (1811-89), Radical Liberals.

as vítimas daquela opressão indefinidamente nas mãos de seus possíveis credores até que ela possa lhes pagar sua dívida?

Quanto ao segundo ponto, a história bem justificou o fato de os abolicionistas terem pedido ajuda à Inglaterra. O próprio Sr. Goldwin Smith não tomou parte na poderosa manifestação que os liberais ingleses, sob a liderança do Sr. Cobden e do Sr. Bright,**** acharam necessário organizar na Inglaterra para contrabalançar a simpatia de algumas classes de sua nação para com a escravidão americana? Não foi ele que escreveu um livro repleto dos lampejos de sua mente, para fazer com que a Inglaterra se tornasse uma aliada moral da União? Os abolicionistas americanos parecem ter compreendido que elemento forte nas batalhas da escravidão seriam necessariamente as simpatias inglesas e talvez se eles não tivessem, a tempo, procurado simpatizantes entre as forças principais da Inglaterra, ou se não tivessem conseguido conquistá-los, muitas coisas poderiam ter sido diferentes para pior, ou para melhor, no curso de sua grande causa. Mas, deixando de lado a América do Norte, não é verdade que a vida política de qualquer país é uma contribuição constante da atividade mental e moral do mundo a sua própria individualidade, que as idéias viajam pelo Planeta e a civilização se ergue em todas as partes ao mesmo nível? Para matar o espírito que mantém viva, digamos, no Brasil, uma instituição como a escravidão, já morta naqueles países cujo progresso, cultura, entusiasmos e idéias realmente influenciam nosso desenvolvimento social, e que são, por assim dizer, as regiões montanhosas cujas águas correm para nós, devemos pôr tanto quanto possível essa instituição condenada debaixo da influência do progresso estrangeiro para contrastar a morte moral interna com a vida moral no exterior. Como nenhum serviço maior poderia ter sido prestado à União Americana do que aquele que o W.L. Garrisson tentou prestar a seu país – de despertar na Inglaterra

---

**** Richard Cobden (1804-65) e John Bright (1811-89), Liberais Radicais.

echoed by her, to her own ransom and to her own freedom much sooner than our voice.

I might point out, too, that foreigners of all countries hold slaves here and by thus sharing the profits and the fate of slavery, they give it in the mind of our people, the sanction of their respective nationalities. The American Abolitionists were not mad to wish for foreign intervention of any kind, they only wished to cut the direct and indirect foreign feeders which swelled the slave interest and prestige, and, instead, to draw to their own side the moral influences abroad which have power on American ideas and warm or render active the national feelings. If this is want of patriotism as Mr. Goldwin Smith implies, then patriotism as such a narrow, backward and jealous feeling, has to be greatly improved before it becomes a tie of good will, freedom and justice to the different nations of the world.

I hope, Sir, you will excuse the length of this reply, written with all the respect I always felt for such a teacher of political morals as Mr. Goldwin Smith. But it was painful to me to have the two chief accusations made here against us – 1st that we are Communists, because we do not recognize the right of the slave-owner to compensation and say that slavery is simply an unjustifiable oppression for the sale of individual profit to which the State is not held to give any support, but on the contrary is bound to stop at once, and secondly, that we are no friends of our country because we ask for the sympathy of the world – thrust at us by the eloquent writer in whose pages we saw slavery denounced as the basest and the greatest crime of history. As for want of patriotism, let me add one last remark – which is the less patriotic: to denounce the crimes of slavery to the world as the best means of putting the ruling classes and the governing institutions on their trial and making them ashamed of the oppression

uma simpatia geral pelo trabalho dos abolicionistas, assim também nós, os abolicionistas brasileiros, consideramos que nenhum serviço maior poderia ser prestado ao Brasil que ter o mundo todo condenando a escravidão como pirataria, já que um decreto assim, de Direito Internacional, ecoaria pelo país em benefício de seu próprio resgate e de sua própria liberdade com mais rapidez que nossa voz.

Eu poderia salientar, também, que estrangeiros de todos os países mantêm escravos aqui e ao participarem, assim, dos lucros e do destino da escravidão, dão a ela, na mente de nosso povo, a sanção de suas nacionalidades respectivas. Os abolicionistas americanos não eram loucos a ponto de buscarem qualquer tipo de intervenção estrangeira, eles apenas queriam extirpar os alimentadores estrangeiros que faziam crescer o interesse e o prestígio escravista e, em vez disso, atrair para seu próprio lado as influências morais no exterior que têm poder sobre as idéias americanas e animam ou ativam os sentimentos nacionais. Se isso é falta de patriotismo como o Sr. Goldwin Smith sugere, o patriotismo como um sentimento tão estreito, atrasado e invejoso precisa ser muito aperfeiçoado antes que se transforme em um vínculo de boa vontade, liberdade e justiça com as várias nações do mundo.

Espero, senhor, que V.Sa. me perdoe a extensão desta resposta escrita com todo o respeito que sempre senti por um professor de moralidade política como o Sr. Goldwin Smith. Mas foi doloroso para mim ter essas duas acusações feitas contra nós – 1º que somos comunistas porque não reconhecemos o direito do proprietário de escravos à compensação e dizemos que a escravidão é simplesmente uma opressão injustificável para a venda do lucro individual ao qual o Estado não deve dar qualquer apoio e sim, ao contrário, é obrigado a fazer cessar imediatamente; e 2º que não somos amigos de nosso país porque pedimos a simpatia do mundo – estimulados pelo eloqüente escritor em cujas páginas vimos a escravidão ser denunciada como

in which they are accomplices, or in allowing foreigners to hold as their property, to flog and to debase, men who will be tomorrow, by virtue of the law, Brazilian citizens, Brazilian voters, and Brazilian soldiers?

I am, Sir,
Very obediently yours,

JOAQUIM NABUCO
Rio, 18 April 1886

o crime mais vil e maior da história. Quanto à falta de patriotismo, deixe-me acrescentar um último comentário – o que é menos patriótico: denunciar os crimes da escravidão ao mundo como o melhor meio de colocar as classes dominantes e as instituições no poder sob julgamento, fazendo-os envergonhar-se da opressão da qual são cúmplices ou permitir que estrangeiros mantenham como sua propriedade, para açoitar e degradar, homens que amanhã, em virtude da lei, serão cidadãos brasileiros, eleitores brasileiros e soldados brasileiros?

Sou, Senhor,
Seu muito obedientemente,

JOAQUIM NABUCO
Rio, 18 de abril de 1886.

LETTER 66

Allen to Nabuco
21 May 1886

55 New Broad Street

My dear Senhor Nabuco

Your interesting letter addressed to the Editor of *The Times* arrived in due course, together with your letter to me of the 18th April [letter 65]. I quite agree with your remarks upon Professor Goldwin Smith's paper – indeed his paper does not appear to contain many merits. With regard to the compensation of slave owners for their ill-gotten property I presume you have not forgotten the eloquent words of the late Lord Brougham* which we have more than once pointed in our *Reporter*. I enclose a copy of these as you may like to translate them into Portuguese and make use of them.

With regard to your letter I should very much like to be able to obtain its insertion in *The Times* or, failing that, one of the other

---

* Henry Brougham, 1st Lord Brougham (1778-1868), scientist, lawyer, Whig politician and abolitionist who, as Lord Chancellor in Lord Grey's government 1830-34, was responsible for the passage of the 1832 Reform Act and the Act of 1833 abolishing slavery throughout the British Empire. The eloquent words referred to were probably: 'Tell me not of rights, talk not of the property of the planter in his slaves. I deny the right. I acknowledge not the property. The principles, the feelings of our common nature, rise in rebellion against it....There is a law above all the enactments of human codes – the same throughout the world, the same in all times...It is the law written by the finger of God on the heart of man; and by that law, unchangeable and eternal...men shall reject with indignation the wild and guilty fantasy that man can hold property in man'.

CARTA 66

Allen a Nabuco
21 de maio de 1886

55 New Broad Street

Meu caro Senhor Nabuco,

Sua interessante carta dirigida ao editor do *Times* chegou finalmente, junto com sua carta para mim de 18 de abril [carta 65]. Concordo plenamente com seus comentários sobre o texto do Professor Goldwin Smith – realmente o documento não parece ter muitos méritos. Com respeito à compensação aos donos de escravos por sua propriedade mal adquirida suponho que não tenha esquecido as eloqüentes palavras do falecido Lord Brougham* que, mais de uma vez, nós citamos em nosso *Reporter*. Envio-lhe uma cópia delas, pois pode querer traduzi-las para o português e utilizá-las.

Com respeito a sua carta, gostaria muito de obter a inserção no *Times* ou, se isso não der certo, em um dos outros jornais, mas como

---

* Henry Brougham, 1º Lord Brougham (1778-1868), cientista, advogado, político Liberal e abolicionista que, como Lord Chancellor no governo de Lord Grey, 1830-34, foi responsável pela aprovação da Reforma Eleitoral de 1832 e da Lei de 1833 que aboliu a escravidão em todo o império britânico. As palavras eloqüentes mencionadas por Allen eram provavelmente as seguintes: "Não me fale de direitos, não me fale da propriedade dos fazendeiros sobre seus escravos. Nego esse direito. Não reconheço a propriedade. Os princípios, os sentimentos de nossa natureza comum rebelam-se contra isso. [...] Há uma lei acima de todos os dispositivos dos códigos humanos – a mesma no mundo inteiro, a mesma em todos os tempos [...] É a lei escrita pelo dedo de Deus no coração do homem; e por essa lei, imutável e eterna, [...] os homens devem rejeitar com indignação a fantasia selvagem e culpada de que o homem pode ter a propriedade do homem".

papers, but as you are fully aware the Irish coach now stops the way. Meanwhile we are having your letter put up in type with one or two *very slight* verbal alterations for the sake of euphony, though I must assure you that your English is very nearly as good as an Englishman's. In fact it is a great deal better than many of us can write.

When there is a little lull in the political world I will try whether any of the papers are open to the insertion of your letter. Meanwhile I send you copy of a Report on Morocco, in case the one forwarded you by last month's mail should have miscarried.

We are trying very hard to have the seat of the British Legation removed from the coast to the interior, as the first step towards opening the country to civilisation.

We have had a very long and wearisome winter in England; indeed few persons remember any more disagreeable and inclement season, as for some months the sun was almost invisible. We have had much harder frosts but when there is sunshine these are not so trying to health.

Mrs. Allen has not been at all well, but with the present change in the weather she is getting all right. Neither of us are so young as we used to be. Still we both hope to live to see the slaves set free in Brazil and to welcome you to England, crowned with victory.

Believe me
Yours very truly

CHAS. H. ALLEN

está plenamente ciente, a carruagem irlandesa agora atravanca o caminho. Enquanto isso, estamos datilografando sua carta, com uma ou duas alterações verbais *muito pequenas* para bem da eufonia, embora deva lhe garantir que seu inglês é quase tão bom quanto o de um inglês. Na verdade, é bem melhor do que o inglês que muitos de nós conseguem escrever.

Quando voltar a haver algum sossego no mundo político, tentarei ver se alguns dos diários estão interessados em publicar sua carta. Envio-lhe em anexo uma cópia do Relatório sobre o Marrocos para o caso de se ter perdido a que lhe enviei pelo correio do mês passado.

Estamos fazendo muito esforço para fazer com que a sede da Legação Britânica seja transferida do litoral para o interior como um primeiro passo na abertura do país à civilização.

Tivemos um inverno muito longo e exaustivo na Inglaterra; de fato, poucas pessoas se lembram de uma estação assim tão desagradável e inclemente, já que por alguns meses o sol ficou quase invisível. Já tivemos geadas muito mais fortes, mas quando o sol brilha elas não fazem tanto mal à saúde.

A Sra. Allen não tem estado muito bem, mas com a atual mudança no tempo está se recuperando. Nenhum de nós está tão jovem como antes. Ainda assim, nós dois esperamos viver para ver os escravos libertados no Brasil e para dar-lhe as boas vindas na Inglaterra, coroado com a vitória.

Creia-me
Seu muito verdadeiramente,

CHAS. H. ALLEN

LETTER 67

Nabuco to Allen
Monday [April 1887]

32 Grosvenor Gardens

Dear Mr. Allen,

I arrived yesterday in London and am staying with Baron de Penedo*. If I possibly can I will call on you today; if not to-morrow or the day after. I hope and trust that my present voyage to Europe and I hope too to the United States will be of some advantage to the cause of the slaves. Slavery is *reduced* in Brazil to a term of thirteen years, but that is not a reason to stop condemning it and asking for its immediate overthrow, on the contrary. Last year I was not in Parliament, but in the daily press, writing in the columns of *O Paiz* have done probably more for our cause than I could have done as a deputy. In fact it was through the press that we forced the Conservative Cabinet to pass the law abolishing flogging, which if we had judges and the laws with regard to slaves were a reality, would amount practically to the end of slavery, a little too in the fashion which you once suggested me, of doing with it as it was done in India. Since it is not *lawful* to flog slaves, I do not know how the masters could enforce their *rights* on them.

I wish you could send me a copy of the *Reporter* that contains my article on Mr. Goldwin Smith's opinions [August-September 1886].

---

* Francisco Inácio de Carvalho Moreira, barão de Penedo, Brazilian minister in London. See the Introduction on the relations between Nabuco and Penedo.

CARTA 67

Nabuco a Allen
Segunda feira [abril de 1887]

32 Grosvenor Gardens

Prezado Sr. Allen,

Cheguei a Londres ontem e estou hospedado na casa do barão de Penedo.* Se puder, irei lhe fazer uma visita hoje; se não, amanhã ou depois de amanhã. Espero e confio que minha atual viagem à Europa e, espero, também aos Estados Unidos, trará algum benefício para a causa dos escravos. A escravidão foi reduzida no Brasil a um prazo de 13 anos, mas isso não é motivo para deixar de condená-la e de exigir seu fim imediato, pelo contrário. Ano passado não estive no Parlamento, mas na imprensa diária. Escrevendo nas colunas de *O Paiz* provavelmente fiz mais por nossa causa do que poderia ter feito como deputado. Com efeito, foi graças à imprensa que obrigamos o Gabinete Conservador a aprovar a lei que abolia o açoite. Se tivéssemos juízes e se as leis referentes aos escravos fossem realidade, ela poderia significar na prática o fim da escravidão, um pouco também à maneira como me sugeriu uma vez, de acabar com ela como foi feito na Índia. Uma vez que não é *legal* açoitar escravos, não sei como os donos vão fazer cumprir seus *direitos* sobre eles.

Se fosse possível, gostaria que me enviasse uma cópia do *Reporter* que contém meu artigo sobre as opiniões do Sr. Goldwin Smith

---

* Francisco Inácio de Carvalho Moreira, barão de Penedo, ministro brasileiro em Londres. Ver introdução sobre as relações entre ele e Nabuco.

I received a letter of thanks from Mr. Garrison of New York, but did not see the article.

Hoping to see you soon and to be kindly remembered to Mrs. Allen, I remain

Very sincerely yours

JOAQUIM NABUCO

[agosto/setembro]. Recebi uma carta de agradecimento do Sr. Garrison de Nova York, mas não vi o artigo.

Na expectativa de vê-lo em breve e de que o senhor tenha a bondade de me recomendar à Sra. Allen, permaneço,

Muito sinceramente seu,

                                                        JOAQUIM NABUCO

LETTER 68

Allen to Nabuco
21 April 1887

13 Well Walk, Hampstead

My dear Senhor Nabuco

When I told Mrs. Allen you had been as good to bring her a parrot she was extremely pleased, and said she could not have received a more acceptable present. I therefore write a line to accept it on her behalf and to thank you from her.

You must let me send up for it.

We hope you will soon be able to fix a day to come and see us quietly in our new home. We are close to the Heath – at least within a minute's walk, and it is our own house, so we are settled in perhaps for the rest of our days.

Do you remember I once asked General Gordon to come and meet you at Highgate? Unfortunately he did not come. I am glad you saw the African Missionary* this afternoon.

Believe me yours very sincerely

CHAS. H. ALLEN

---

* Unidentified.

CARTA 68

Allen a Nabuco
21 de abril de 1887

13 Well Walk, Hampstead

Meu caro Senhor Nabuco,

Quando contei à Sra. Allen que tivera a gentileza de lhe trazer um papagaio, ela ficou muito contente e disse que não poderia ter recebido melhor presente. Estou, portanto, enviando-lhe essas linhas para aceitar e agradecer o presente em nome dela.

Tem que permitir que eu mande buscá-lo.

Esperamos que, em breve, possa marcar um dia para vir nos ver tranquilamente em nossa nova casa. Estamos perto do Heath, mais ou menos um minuto de caminhada e é nossa casa própria, portanto estamos nos instalando talvez pelo resto de nossos dias.

Lembra-se de que uma vez pedi ao general Gordon que viesse encontrá-lo em Highgate? Infelizmente, ele não veio. Fico feliz de saber que o senhor esteve com o Missionário Africano* hoje de tarde.
Creia-me seu muito sinceramente

CHAS.H.ALLEN

---

* Não identificado.

LETTER 69

ALLEN TO NABUCO
23 APRIL 1887

55 New Broad Street

My dear Senhor Nabuco

The enclosed has come from Ryde [Isle of Wight].* Can you help me to answer it? I fancy this must be the Company that was in Chancery** and to dispose of which Mr. Williams was sent out. I believe he is still there – but we do not know what became of the Negroes.

Did the Court of Chancery sell the slaves? And if so, what right had they as Englishmen to become slave-dealers? Any information at your leisure will be esteemed a favour by

Yours very truly

CHAS. H. ALLEN

---

* Unidentified.
** Court of Chancery see note to letter 32.

CARTA 69

Allen a Nabuco
23 DE ABRIL DE 1887

55 New Broad Street

Meu caro Senhor Nabuco,

O documento em anexo veio de Ryde [Ilha de Wight]*. Poderia ajudar-me a respondê-lo? Imagino que essa deve ser a companhia que estava em litígio num tribunal especial** e que foi para se descartar dela que o Sr. Williams foi enviado. Acho que ele ainda está lá – mas não sabemos o que aconteceu com os negros.

O Tribunal Especial vendeu os escravos? E se o fez, que direito tinham eles, como ingleses, de se tornarem comerciantes de escravos? Qualquer informação, quando tiver tempo, será considerada um favor por

Seu muito verdadeiramente,

CHAS. H. ALLEN

---

* Documento não localizado.
** Court of Chancery, ver nota à carta 32.

LETTER 70

Allen to Nabuco
13 June 1887

55 New Broad Street

My dear Senhor

The enclosed has come, from Mr. Stead*. Perhaps you would like to call on Thursday and then you could come on here afterwards and go home with me.

Nothing from Mr. Gladstone** yet but I wrote to him on Friday.

Yours very truly

CHAS. H. ALLEN

---

* Unidentified.
** William Ewart Gladstone, former Liberal Prime Minister, 1868-74, 1880-5, 1886 (and Prime Minister for a fourth time 1892-4).

CARTA 70

Allen a Nabuco
13 de junho de 1887

55 New Broad Street

Prezado Senhor,

O anexo veio do Sr. Stead.* Talvez queira ir lá na quinta-feira; depois poderia passar por aqui e ir para minha casa comigo.

Nada do Sr. Gladstone** por enquanto, mas lhe escrevi na sexta-feira.

Seu muito verdadeiramente,

CHAS.H. ALLEN

---

* Não identificado.
** William Ewart Gladstone, ex-primeiro-ministro liberal, 1868-1874, 1880-85, 1886 (e pela quarta vez em 1892-4).

LETTER 71

Allen to Nabuco
14 June 1887

55 New Broad Street

Dear Senhor

Mr. Gladstone invites you and me to come to his wife's garden party at Dollis Hill at 4.30 on Friday next 18th inst.

The state of his voice obliges him to decline 'conversational interviews' but you will get some little opportunity I dare say. Will you be *here* by 3 and we will go together by train?

If you will send me a line by return. I will accept for us both.

Yours sincerely

CHAS. H. ALLEN

CARTA 71

Allen a Nabuco
14 de junho de 1887

55 New Broad Street

Prezado Senhor,

O Sr. Gladstone convida ao senhor e a mim para a festa que será oferecida por sua esposa no jardim em Dollis Hill às 4h30m, sexta-feira dia 18 próximo.

A condição da voz dele obriga-o a recusar "entrevistas conversacionais", mas ouso dizer que o senhor terá alguma pequena oportunidade. Poderia estar *aqui* às 3 h para irmos juntos de trem?

Se, assim que receber esta carta, me escrever uma linha, aceitarei o convite em nome dos dois.

Seu sinceramente,

CHAS. H. ALLEN

LETTER 72

Alexander to Nabuco
19 July [1887]

12 Old Square, Lincoln's Inn, London W. C.

Dear Senhor Nabuco

Enclosed please find programme of our conference next week. I suppose you have received a ticket for the Mansion House on Monday evening.

Mr. Allen rather hopes to raise a discussion on the 3rd question down for Wednesday pm, with regard to Emir Pasha's position in Central Africa*, but I don't know whether you would be prepared to take part in this. If so, it would be very satisfactory to the Anti Slavery Committee. The *Association* will of course be pleased for you to take part in the discussion of *any* subject which you take an interest.

Hoping to meet you, I am
Yours very truly

JOSEPH. G. ALEXANDER

Thank you very much for you kind offer. Please reserve yourself for a *conversazione* at the Drapers' Hall on Friday evening, and a reception at the Attorney-General's on Wednesday evening

---

* Emir Pasha, born Eduard Schnitzer, in Silesia (1840-92), African explorer and adventurer who collaborated in the German penetration of Africa.

CARTA 72

Alexander a Nabuco
19 de julho [1887]

12 Old Square, Lincoln's Inn, Londres W.C.

Prezado Senhor Nabuco,

Envio-lhe em anexo o programa de nossa conferência na semana que vem. Suponho que já recebeu uma entrada para a Mansion House na segunda-feira à noite.

O Sr. Allen espera provocar um debate na tarde de quarta-feira sobre o terceiro item da lista relativo à situação de Emir Pashá* na África Central, mas não sei se estaria disposto a participar dele. Se estiver, daria grande satisfação ao Comitê da Sociedade Contra a Escravidão. A *Associação,* é claro, terá o maior prazer em que participe de da discussão de *qualquer* assunto que lhe interesse.

Na expectativa de encontrá-lo, sou
Seu muito verdadeiramente,

JOSEPH G. ALEXANDER

Muito obrigado por sua generosa oferta. Por favor, reserve-se para uma *conversazione* no Drapers' Hall na sexta-feira à noite e para uma recepção na residência do Procurador Geral na quarta-feira à noite.

---

* Emir Pasha, nascido Eduardo Schnitzer, na Silésia (1840-1892), explorador da África e aventureiro que colaborou com os alemães em sua penetração no continente africano.

LETTER 73

Nabuco to Allen
16 September 1887

Pernambuco

Dear Mr. Allen,

I was elected yesterday here by a vote of 1407 against 1270 given to the Minister of the Empire, namely by a majority of 137!

It is a tremendous victory for our cause, such a defeat of the Government in the person of one of his leading members.
From the last election we had a gain of 659 votes.
Right of public meeting was suspended, a meeting was dispersed by the cavalry one man being killed and several wounded, the greatest pressure was put on the public functionaries, bribery with public moneys was largely employed, and still the result was the crushing defeat of the Minister – such a victory being a new departure in our life – a grand new event in our history!

I congratulate the friends of Abolition on our triumph.

It is impossible to give you an idea of the enthusiasm that this act of independence and abnegation of the Pernambuco electorate is causing throughout the country!

Yours very truly,

J. NABUCO

CARTA 73

Nabuco a Allen
16 de setembro de 1887

Pernambuco

Prezado Sr. Allen,

Fui eleito ontem aqui com uma votação de 1407 votos contra os 1270 dados ao ministro do Império, ou seja, com maioria de 137!

É uma tremenda vitória para nossa causa, um grande derrota do governo na pessoa de um de seus membros mais importantes.
Com relação à última eleição tivemos um ganho de 659 votos.
O direito de reunião foi suspenso e uma delas foi dispersada pela cavalaria; uma pessoa morreu e houve vários feridos. Enorme pressão foi exercida sobre os funcionários públicos, o suborno com dinheiro público foi usado largamente e, mesmo assim, o resultado foi a derrota esmagadora do Ministro. Essa vitória foi um novo começo em nossa vida, um grandioso novo evento em nossa história!

Felicito os amigos da Abolição por nosso triunfo.

É impossível dar-lhe uma idéia do entusiasmo que esse ato de independência e abnegação do eleitorado pernambucano está causando em todo o país!

Seu muito verdadeiramente,

J. NABUCO

LETTER 74

Allen to Nabuco
7 October 1887

55 New Broad Street

Dear Mr. Nabuco

Your letter of 16th inst from Pernambuco [letter 73] was received by me on the 2nd October, and I immediately forwarded it to *The Times* which inserted it on the following day.* I trust you will not be annoyed at my having thus made it public, as it seemed a pity that the good news should not be known. I have sent a copy of your letter to Mr. Gladstone, feeling sure that he would rejoice in the success of his late visitor, in whom he took so much interest. It is not necessary to say that you have the warmest sympathy of all the Abolitionists of England, and I am directed by our Committee to forward you Copy of Minute unanimously passed at their meeting this day [7 October].**

---

*Allen's letter to *The Times*, 3 October, published 4 October:
Sir, Some months ago one of the members for Pernambuco received an appointment as Minister of the Crown, and his seat thus became vacant, the Brazilian law requiring a re-election, as in this country. Our friend, Senhor Joaquim Nabuco, the leader of the abolition movement in Brazil, who was in England at the time, immediately took his passage to Pernambuco in order to contest the election and endeavour to win from his opponent the seat which he has more than once held in the Brazilian Parliament. This apparently forlorn hope has, I am pleased to state, resulted in the triumph of the abolition cause, and as Senhor Nabuco's election is of interest to all those who have the true welfare of the Empire at heart, I ask the favour of your insertion of the following letter, which I have this morning received from him. I am, Sir, yours faithfully,
Charles H. Allen.
Both letters were reprinted in the *Anti-Slavery Reporter* September-October 1887.
** 'The Committee have learned with deep satisfaction that the prompt and vigorous action taken by Senhor JOAQUIM NABUCO in proceeding to Brazil at a few days'

CARTA 74

Allen a Nabuco
7 de outubro de 1887

55 New Broad Street

Prezado Senhor Nabuco,

Sua carta do dia 16 p.p. de Pernambuco [carta 73] foi recebida dia 2 de outubro e imediatamente a encaminhei ao *Times* que a publicou no dia seguinte.* Espero que não se aborreça por a ter divulgado, pois me pareceu uma pena que as boas notícias não fossem conhecidas. Mandei uma cópia de sua carta ao Sr. Gladstone, certo de que ele se alegraria com o sucesso de seu visitante mais recente, que lhe despertou tanto interesse. Não é necessário dizer que tem a solidariedade mais calorosa de todos os abolicionistas na Inglaterra e nosso Comitê me pediu que lhe enviasse cópia da Ata aprovada por unanimidade na sua reunião de hoje.** Por favor, aceite também as

---

* A carta de Allen ao *Times*, datada de 3 de outubro, foi publicada no dia 4:
Senhor, alguns meses atrás um deputado por Pernambuco [Manuel do Nascimento Machado Portela] foi nomeado ministro do Império e seu assento foi declarado vago, uma vez que a lei brasileira exige, como neste país, a reeleição. Nosso amigo, Senhor Joaquim Nabuco, o líder do movimento abolicionista no Brasil, que se achava na Inglaterra na época, regressou imediatamente a Pernambuco a fim de disputar a eleição e tentar ganhar de seu oponente o assento que mais de uma vez ocupou no Parlamento Brasileiro. Apraz-me informar que essa esperança quase perdida resultou no triunfo da causa abolicionista e, como a eleição do Senhor Nabuco é de interesse para todos que desejam o verdadeiro bem-estar do Império, peço-lhe o favor de inserir a seguinte carta que dele recebi esta manhã. Sou, Senhor, seu fielmente, Charles H. Allen. Ambas as cartas foram reproduzidas no *Anti-Slavery Reporter* de setembro/outubro de 1887.
** "O Comitê tomou conhecimento com profunda satisfação de que a ação pronta e vigorosa do senhor Joaquim Nabuco ao retornar ao Brasil em cima da hora para disputar a

Please accept also sincere congratulations of Mrs. Allen and my family, in which I heartily join. My wife and I have been spending five very happy weeks in Switzerland mostly in the Upper [illegible]. 6000 feet above the sea. The pure bright air of this elevated region, and the mostly unclouded sun have had a very beneficial effect upon our health, and will, I trust, enable us better to endure the rigours of our English winter. I forwarded you two copies of *The Times* containing your letter to me, one to Pernambuco, and the other to Rio de Janeiro, both of which will, I trust, arrive safely. At present we have received no Brazilian paper with comments upon your re-election, although probably they will arrive next mail.

With all good wishes,
Believe me
Yours very sincerely

CHAS. H. ALLEN

'Papagai' is very well and handsome and is getting quite tame – but he does not yet speak.

---

notice to contest the seat formerly held by him in Pernambuco now rendered vacant by the acceptance of a Ministerial appointment by the late holder, has been crowned with success. The Committee recognise the fact that the election of Senhor NABUCO on an Abolition platform by a large majority over the Government candidate, is an important step in the progress of emancipation in Brazil, and is calculated to hasten the day when the abominable system of Slavery shall be extirpated by the people of that Empire.'
Published in the *Anti-Slavery Reporter* September-October 1887.

felicitações sinceras da Sra. Allen e de meus filhos a quem me uno calorosamente. Minha esposa e eu passamos cinco semanas muito felizes na Suíça, principalmente no Upper Engadine, a quase 2000 metros acima do nível do mar. O ar puro e claro dessa região elevada e o sol, na maior parte das vezes sem nuvens, tiveram um efeito muito benéfico para minha saúde e nos permitirá suportar melhor os rigores de nosso inverno inglês. Enviei-lhe duas cópias do *Times* com sua carta para mim, uma para Pernambuco e a outra para o Rio de Janeiro, e espero que as duas cheguem sem problema a seus destinos. Até o momento não recebemos nenhum jornal brasileiro com comentários sobre sua reeleição, embora eles provavelmente cheguem pelo próximo correio.

Meus melhores votos,
Creia-me
Seu muito sinceramente

CHAS. H. ALLEN

O "Papagai" está muito bem e muito bonito e se tornando bastante domesticado – mas ainda não fala.

---

cadeira antes por ele ocupada no Parlamento por Pernambuco, vaga por ter seu ocupante anterior aceito um posto ministerial, foi coroada de êxito. O Comitê reconhece o fato de que a eleição do senhor Nabuco com uma plataforma abolicionista por larga maioria contra o candidato do governo constitui um passo importante no avanço da emancipação no Brasil, e deverá apressar o dia em que o abominável sistema da escravidão será extirpado pelo povo daquele Império".
Publicada no *Anti-Slavery Reporter* de setembro/outubro de 1887.

LETTER 75

ALLEN TO NABUCO
1 NOVEMBER 1887

Dear Senhor Nabuco,

By the last mail but one I had the pleasure of forwarding copy of a minute passed by this Committee congratulating you upon the success of your spirited contest in Pernambuco. I also sent you two copies of the *Times* containing your letter in it [to me] announcing the fact. I have now the pleasure to send you copy of extract from letter of Rt. Hon. W. E. Gladstone to me acknowledging my letter to him, announcing your success.

'Hawarden, Oct. 8th, 1887'
I learn with the most cordial satisfaction the intelligence of Senhor Nabuco's election, which you have been kind enough to send me, and I would beg you, if you have an opportunity to convey to him my sincere congratulations'.

We have lately received a visit from the Rev. E. Vanorden of Rio Grande do Sul, one of our Corresponding members. This gentleman informs us that there is a general desire among planters to substitute European immigration for the present system of slave labour.*
The question arises as to what is to become of the slaves, if, when

---

* Between 1884 and 1887, 145,880 European immigrants, the majority Italians, entered Brazil. In 1888, the year in which slavery was finally abolished, a further 132,000 Europeans arrived, making abolition more acceptable to the slave-owners.

CARTA 75

Allen a Nabuco
1º de novembro de 1887

Prezado Senhor Nabuco,

No penúltimo correio tive o prazer de encaminhar cópia de uma minuta aprovada por este Comitê felicitando-o pelo sucesso de sua corajosa disputa em Pernambuco. Enviei-lhe também duas cópias do *Times* contendo sua carta (para mim) anunciando o fato. Agora tenho o prazer de lhe enviar cópia de um texto da carta do Honorável W.E. Gladstone para mim acusando o recebimento da carta que lhe escrevi anunciando seu êxito.

"Hawarden, 8 de outubro de 1887.
É com a maior satisfação e entusiasmo que recebo a informação da eleição do Senhor Nabuco que V.Sa. teve a gentileza de me enviar e peço-lhe que, se tiver oportunidade, transmita a ele minhas sinceras felicitações".

Recebemos recentemente a visita do reverendo E. Vanorden do Rio Grande do Sul, um de nossos membros correspondentes. Esse senhor nos informou que há um desejo generalizado entre os fazendeiros de substituir o atual sistema de trabalho escravo pela imigração européia.* É o caso de perguntar o que irá acontecer com os escravos se, quando libertados, não lhes for permitido trabalhar como

---

* De fato, entre 1884 e 1887, entraram no Brasil 145.880 imigrantes europeus, a maioria de origem italiana. Em 1888, ano da abolição, entraram 132 mil, tornando a abolição mais aceitável para os proprietários de escravos.

set free, they are not to be allowed to work for wages. Also, what guarantee is there, that immigrants from Europe will be certain to receive proper protection, and fair treatment?

It appears to us that the Italians are the only Europeans likely to stand the climate. We have heard reports that many of those immigrants have been reduced to great straits and were thoroughly disappointed in their expectations.

I send you by book post a Consular Report on this subject by Consul Ricketts**, and the Committee would be very glad to have your opinion, not only upon the progress of Emancipation in Brazil, but also of the probability of European labour eventually superseding that of the blacks. We have a lively recollection of the mistake formerly made in our own colonies by the planters who, because the negro refused to work for a miserable pittance of about 2/- [two shillings] a week, turned him out on a plea that he was lazy. Our experience is that some check must be put upon the planters, or else what is to become of the negro?

With all best wishes
Believe me yours very sincerely,

[ALLEN]

Mrs Allen and family join me in kind remembrances. Also Papagai.

** Published in the *Anti-Slavery Reporter*, Sept-Oct 1887.

assalariados. Além disso, que garantia existe de que os imigrantes da Europa irão receber proteção adequada e tratamento justo?

Parece-nos que os italianos são os únicos europeus capazes de suportar o clima. Ouvimos relatos de que muitos desses imigrantes tiveram de enfrentar grandes dificuldades e viram suas expectativas totalmente frustradas.

Envio-lhe por correio um relatório consular sobre esse assunto escrito pelo Cônsul Ricketts** e o Comitê gostaria muito de ouvir sua opinião, não só sobre o progresso da emancipação no Brasil, mas também sobre a probabilidade de o trabalho europeu vir a substituir o trabalho dos negros. Temos uma vívida lembrança do erro anteriormente cometido em nossas próprias colônias pelos fazendeiros que, porque os negros se recusavam a trabalhar pela ninharia de cerca de 2 shillings por semana, os expulsaram com o argumento de que eram preguiçosos. Nossa experiência é que algum tipo de controle tem que ser imposto aos fazendeiros, senão o que acontecerá com os negros?

Com meus melhores votos,
Creia-me seu muito sinceramente,
                                                            [ALLEN]
A Sra. Allen e família juntam-se a mim em cordiais lembranças. E também o Papagai.

** Publicado no *Anti-Slavery Reporter* de setembro/outubro de 1887.

LETTER 76

STURGE TO NABUCO
21 DECEMBER 1887

Charlbury, Oxon

Dear Senhor

I thank you for your letter of yesterday's date*.

On the matter of the address to the Pope** I have today written to Mr. Allen, that I think it should contain an historical reference to those occasions on which popes or cardinals have acted or written on the slave trade and slavery from the time of Cardinal Ximenes and since. But I have also said that a direct deputation from our Committee to the Pope which would be published everywhere would greatly detract from the spontaneous character which a declaration from the head of the Catholic church should bear.

---

* Letter not found.
** 1888 was the 50th anniversary of Pope Leo XIII's ordination as a priest. Various Brazilian bishops had appealed to Catholics in pastoral letters to offer, in honour of the Pope, the liberation of their slaves. At this time, Princess Isabel became Regent in the absence of the Emperor in Europe for medical treatment. The Princess was well known for her deep religiosity. It occurred to Nabuco that she might not be able to resist an appeal from the Pope in favour of abolition. He decided, with the help of the British and Foreign Anti-Slavery Society, which secured letters of recommendation from Cardinal Manning (see note to letter 77 below), to visit the Pope. The two met – alone, conversing in French – on 10 February 1888. The Pope promised to say 'a word' against slavery, adding that 'when the Pope has spoken, all Catholics have to obey'. The Cotegipe government managed to delay the publication of the Pope's encyclical which only came out after abolition. But news of the meeting between the Pope and Nabuco and the content of their conversation circulated widely in Brazil. See Carolina Nabuco, *Life of Joaquim Nabuco* ([1929] Stanford,1950), pp.160-163.

CARTA 76

STURGE A NABUCO
21 DE DEZEMBRO DE 1887

Charlbury, Oxon

Prezado Senhor,

Muito obrigado por sua carta datada de ontem.*

Com relação ao documento a ser dirigido ao papa,** escrevi hoje ao Sr. Allen dizendo-lhe que, a meu ver, ele deveria incluir uma referência histórica às ocasiões em que papas ou cardeais tomaram alguma iniciativa ou escreveram sobre o comércio de escravos e a escravidão desde a época do cardeal Ximenes e após. Mas disse-lhe também que uma manifestação de nosso Comitê dirigida diretamente ao papa, que seria publicada por toda a parte, iria discrepar muito do caráter espontâneo que uma declaração do chefe da igreja católica deveria ter.

---

* Carta não localizada.
** O ano de 1888 era o jubileu sacerdotal do papa Leão XIII. Vários bispos brasileiros, em cartas pastorais, tinham feito um apelo aos católicos no sentido de oferecerem ao papa, como homenagem, cartas de liberdade. Por outro lado, a princesa Isabel assumira a regência do trono na ausência do Imperador que viajara à Europa em tratamento de saúde. A princesa era conhecida por sua profunda religiosidade. Ocorreu a Nabuco que ela não resistiria a um apelo do papa em favor da abolição. Decidiu, então, com a ajuda da Anti-Slavery Society que lhe conseguiu cartas de recomendação do cardeal Manning, (ver nota à carta 77) fazer uma visita ao papa. O encontro verificou-se no dia 10 de fevereiro de 1888. Leão XIII recebeu-o a sós e falaram em francês. O papa prometeu-lhe dizer "un mot" contra a escravidão e acrescentou: "quando o papa tiver falado, todos os católicos terão que obedecer". O Ministério Cotegipe conseguiu adiar a publicação da encíclica que só saiu depois da abolição. Mas a notícia do encontro e de seu conteúdo circulou amplamente. Ver Carolina Nabuco, *A vida de Joaquim Nabuco*, p. 235-40.

I shall learn from Mr. Allen your views as to what can be done in the United States and the West Indies. Do you visit them as you return? If so I would suggest your calling at Cuba – it has just finished the course of abolition, which Brazil is now beginning.

Yours very truly
EDMUND STURGE

O Senhor Allen me transmitirá suas idéias sobre o que pode ser feito nos Estados Unidos e nas Índias Ocidentais. O senhor irá visitá-los quando voltar? Se for, eu sugeriria que visitasse também Cuba – que acaba de completar a jornada abolicionista que o Brasil está começando agora.

Seu muito sinceramente,
EDMUND STURGE

LETTER 77

Allen to Nabuco
4 January 1888

55 New Broad Street

My dear Senhor

The letters from the Cardinal* having arrived so promptly after my application, I think it is better to send them on to you *in Paris*. Please send a *carte postale* saying you have received them.

With all good wishes for the success of your Pontifical journey.

I am your sincerely

CHAS. H. ALLEN

---

* Cardinal Henry Edward Manning (1807-92), a High Anglican who had converted to Catholicism in 1851, became Archbishop of Westminster (head of Catholic Church in England) in 1865 and a Cardinal 1875. He had progressive views on social justice which influenced Pope Leo XIII.

CARTA 77

ALLEN A NABUCO
4 DE JANEIRO DE 1888

55 New Broad Street

Prezado senhor,

As cartas do cardeal* chegaram com tal rapidez após minha solicitação que acho melhor encaminhá-las para o senhor *em Paris*. Por favor, mande um cartão postal confirmando sua recepção.

Com votos de muito êxito em sua viagem pontifical,
Sou seu sinceramente,

CHAS. H. ALLEN

---

* Cardeal Henry Edward Manning (1807-92), importante anglicano convertido ao catolicismo em 1851, tornou-se arcebispo de Westminster (chefe da Igreja Católica na Inglaterra) em 1865 e cardeal em 1875. Sua visão progressista sobre a questão social influenciou o papa Leão XIII.

LETTER 78

Allen to Nabuco
13 January 1888

My dear Senhor,

The enclosed has been returned thro the P.O having missed you. I fancy you may like to see it.

I am glad you received the Cardinal's letters safely in Paris.

The Committee would not let me go to Rome – but I hope you are getting on all right.

We have had fearful fogs and I have been obliged to stay mostly at home. Nothing yet of yours in *The Times* and no letter from the Editor so I know nothing. Let us know when to expect you back. Mr Sturge hopes you will go to Cuba.

Yours very truly

CHAS H. ALLEN

CARTA 78

Allen a Nabuco
13 de janeiro de 1888

Meu caro Senhor,

O material anexo foi devolvido pelos Correios por não lhe ter podido ser entregue. Imagino que possa querer vê-lo.

Alegro-me que tenha recebido com segurança as cartas do cardeal em Paris.

O Comitê não me permitiu viajar a Roma – mas espero que o senhor esteja indo bem.

Temos tido terríveis nevoeiros e tenho sido obrigado a permanecer em casa a maior parte do tempo. Nada seu ainda no *Times* e nenhuma carta do Editor, de modo que nada sei. Diga-nos quando espera estar de volta. O Sr. Sturge tem esperança de que vá a Cuba.

Seu muito verdadeiramente,
CHAS. H. ALLEN

LETTER 79

Allen to Nabuco
17 January 1888

17 Well Walk, Hampstead

Dear Senhor Nabuco

Many thanks for your letter from Rome dated 12th inst.* I wrote you a few lines to the address you gave us there some days ago – enclosing the letter I sent you to Brazil, which had been sent back through the Post Office.

I am very glad the Pope's Secretary of State** is so good to you, for he can help you a great deal. I see the Pope has canonized Peter Claver*** and two others, but no mention was made of Peter Claver's anti-slavery work. Of course as a Protestant this ceremony has to me no meaning or value, but I hop you will be able to obtain from the Pope the promise to issue a Bull which will influence <u>living</u> men and induce them to set their slaves free. There would be something tangible in that – but men who have been dead 300 years have passed out of the sphere of this world and I cannot conceive how they themselves can be affected by anything done to their memory

---

* Letter not found.
** Cardinal Rampolla. Nabuco met him on 11 January, the day he arrived in Rome. It was a month before he met the Pope (on 10 February, see note to letter 75 above).
*** Peter Claver, Catalan Jesuit priest (1581-1654). From 1610 to his death in 1654 in Cartagena, Claver baptised and instructed in the Faith several hundred thousand African slaves the apostle of the negroes. He was Beatified by Pope Pius IX in 1850 and Lerce Canonised by Pope Leo XIII on 15 January 1888.

CARTA 79

Allen a Nabuco
17 de Janeiro de 1888

17 Well Walk, Hampstead

Meu caro senhor Nabuco,

Muitos agradecimentos por sua carta enviada de Roma e datada de 12 do corrente.* Escrevi-lhe algumas linhas para o endereço de lá que o senhor nos deu há alguns dias – incluindo a carta que lhe enviei para o Brasil, que foi devolvida pelos Correios.

Fico muito satisfeito que o secretário de Estado** do papa esteja sendo muito amável consigo, pois ele lhe pode ajudar muito. Vejo que o papa canonizou Pedro Claver*** e dois outros, mas não foi feita menção alguma ao trabalho de Pedro Claver contra a escravidão. Naturalmente, como protestante, essa cerimônia não tem qualquer sentido ou valor para mim, mas espero que consiga obter do papa a promessa de lançar uma bula que influencie homens vivos [sic] e os leve a libertar seus escravos. Haveria algo tangível nisso – mas homens que já estão mortos há 300 anos saíram da esfera deste mundo

---

* Carta não localizada.
** Cardeal Rampolla. Nabuco encontrou-se com ele em 11 de janeiro, mesmo dia em que chegou a Roma, um mês antes de se encontrar com o papa (10 de fevereiro, ver nota à carta 76).
*** Pedro Claver, jesuíta catalão (1581-1654). Desde 1610 até sua morte em Cartagena batizou e doutrinou centenas de milhares de escravos africanos (foi chamado "o apóstolo dos negros"). Foi beatificado em 1850 pelo papa Pio IX e canonizado por Leão XIII em 15 de janeiro de 1888.

by any man still living here. I do not think it would be wise for me to write to *The Times* about your MS****. for the Editor may still intend to publish it. When you return here if it has not been used it might be well for you to write and let him know what you have done in Rome and then ask for the MS. – I thought Teall made this from your copy, so he might write it over again if necessary. We have had dreadful weather since you left. A thick fog for nearly a week and then a cruel icy east wind, which still continues. I have been confined to the house many days and am still at home a prisoner.

We all unite in wishing you a Happy New year and a very successful mission at the Papal Court.

Believe me, Yours very truly

CHAS. H. ALLEN

Papagai is very flourishing and bears his or her first winter in England very well.

**** MS unknown. Allen did in the event write to the Editor (see letter 81).

e não posso conceber como possam ser afetados por qualquer coisa feita em sua memória por qualquer homem ainda vivendo por aqui. Não creio que seja conveniente que eu escreva para o *Times* a respeito de seu MS [manuscrito]**** porque o editor ainda pode querer publicá-lo. Quando regressar, se ele ainda não tiver sido usado, pode ser conveniente que escreva ao editor e o informe sobre o que fez em Roma e então peça o MS – penso que Teall o fez a partir de sua cópia, assim ele poderá escrevê-lo de novo se necessário. Temos tido um tempo horrível desde que viajou. Um denso nevoeiro durante quase uma semana e a seguir um cruel e gélido vento do leste que ainda persiste. Tenho estado confinado à casa por muitos dias e ainda continuo em casa como um prisioneiro.

Juntamo-nos todos em lhe desejar um Feliz Ano Novo e uma missão de muito êxito junto à Corte Papal.

Creia-me,
Seu muito verdadeiramente

CHAS. H. ALLEN

Papagai está muito saudável e suporta muito bem seu primeiro inverno na Inglaterra.

**** MS não identificado.

LETTER 80

ALLEN TO NABUCO
23 JANUARY 1888

55 New Broad Street

Dear Nabuco

Nothing yet in *The Times*. Mr. Sturge thinks that if you could get the *Times* Correspondent in Rome to send a notice of your mission to the Pope and an explanation of the Jubilee emancipation movement in Brazil* it would quicken the movements of those in Printing House Sq. Can you do this? I have had a long paper sent to me by the F. O. *to read and return*. It is from the British Consul, Mr. Gough, dated Rio December 12 and he says emancipation is proceeding apace.

Mrs. Allen has made a copy for you to see when you return.

Hoping all is going on well
I am yours truly

CHAS. H. ALLEN

---

* This refers to the action of the Brazilian bishops mentioned in note to letter 76 above.

CARTA 80

Allen a Nabuco
23 de janeiro de 1888

55 New Broad Street

Prezado Nabuco,

Nada ainda no *Times*. O Sr. Sturge acha que se o senhor pudesse conseguir que o correspondente do *Times* em Roma mande uma notícia sobre sua missão junto ao papa e uma explicação sobre o movimento de emancipação do Jubileu no Brasil* isso apressaria a ação das pessoas na Printing House Square. Poderia fazer isso? Recebi um longo documento que me foi enviado pelo Ministério de Relações Exteriores [Foreign Office] para *ler e devolver*. Vem do cônsul Britânico no Rio, Sr. Gough, datado de 12 de dezembro, e diz que a emancipação está progredindo rapidamente.

A Sra. Allen fez uma cópia para que o veja quando voltar.

Espero que tudo esteja indo bem.
Sou seu verdadeiramente,

CHAS. H. ALLEN

---

* Refere-se à ação dos bispos brasileiros mencionada em nota na carta 76.

LETTER 81

Allen to Nabuco
25 March 1888

17 Well Walk, Hampstead

Dear Senhor Nabuco

We are all very sorry to hear that you have so bad a cold – but hope with careful nursing you will soon lose it. I do not wonder you were affected by the change from the blue skies of Italy to the dull cold atmosphere of this East windy isle. If the weather were more genial I would do myself the pleasure of calling upon you but I have been almost a prisoner to the house all this week.

We all hope that before you leave London the weather will be milder and that you will be able to come here and take a family meal with us, as before. We have told Mr. Sturge that we should like him to come to meet you here next week, as that is his week in London. Our Committee meeting is next Friday at 3.30 so perhaps you will look in at the Office then and say goodbye to the Members. If you are well enough on Wednesday or Thursday I should think either of those days should suit Mr Sturge to meet you here. We are all anxious to hear about your interview with the Holy Father. I am disgusted with *The Times* and think it is not very gentlemanly conduct and take no notice of all our communications. Mr Buckle* promised to give his best consideration of your paper, so I sent it with a private introductory letter, nearly two months ago! No reply.

---

* George Earle Buckle, Editor, 1884-1912.

CARTA 81

Allen a Nabuco
25 de março de 1888

17 Well Walk, Hampstead

Prezado Senhor Nabuco,

Todos lamentamos muito saber que pegou uma gripe tão forte – mas esperamos que com os cuidados adequados ela logo vá embora. Não tenho dúvida de que foi atingido pela mudança do céu azul da Itália para o clima frio e nublado desta ilha sob o vento do leste. Se o tempo estivesse melhor, eu me daria o prazer de o visitar, mas estive praticamente preso em casa toda esta semana.

Todos esperamos que antes que deixe Londres o tempo se torne mais ameno e que possa vir aqui e participar de uma refeição em família como já fez antes. Já avisamos ao Sr. Sturge que gostaríamos que viesse aqui encontrá-lo semana que vem, já que é a semana dele em Londres. A reunião do nosso Comitê é sexta-feira que vem às 3h30m, e talvez o senhor possa vir até o escritório para se despedir dos membros. Se já estiver suficientemente bom na quarta ou quinta-feira, acho que qualquer um desses dois dias seria conveniente para o encontro seu com o Sr. Sturge. Estamos todos ansiosos para ouvir os detalhes de sua entrevista com o Santo Padre. Estou furioso com o *Times* e acho que não é comportamento de cavalheiros não dar a menor importância a todas as nossas comunicações. O Sr. Buckle* prometeu dar a maior atenção a seu artigo e por isso eu o enviei com

---

* George Earle Buckle, editor do *Times*, 1884-1912.

Then I sent him your letter written to me from Rome showing that you expected the MS back if it was not used, and he has not replied to my letter nor returned me yours. The late Editor, Mr Chenery** always treated me with more courtesy.

You would hear from Mr Teall that I have been out of health all the winter. I suffer chiefly from insomnia, which is a very trying complaint. One gets so tired of lying awake hour after hour.

In about a fortnight I expect to go to Egypt, as the doctor has ordered me a sea voyage. Probably I shall not stay there more than a week or so – as the object is the voyage. I wish I could go with you to Brasil!

Your beautiful parrot is perfectly well and seems to enjoy his first winter in England. We cover his cage at night and keep him very snug and warm. He is wonderfully tame and very impudent. My daughters dote upon him – they say I do also.

Trusting that you will be able to give us the pleasure of your company next week.

I am, Yours sincerely

CHAS. H ALLEN

** Thomas Chenery, Editor, 1877-1884.

uma carta introdutória particular, quase dois meses atrás! Nenhuma resposta.

Depois eu lhe enviei a carta que o senhor me escreveu de Roma mostrando que o senhor esperava a devolução do manuscrito se o texto não fosse usado e ele não respondeu minha carta nem me devolveu seu texto. O antigo editor, Sr. Chenery,** sempre me tratou com mais delicadeza.

Deve ter sabido pelo Sr. Teall que estive mal de saúde durante todo o inverno. Sofro principalmente de insônia, que é uma doença muito exasperante. Fica-se tão cansado por estar ali deitado sem dormir hora após hora.

Daqui a mais ou menos 15 dias espero ir ao Egito, já que o médico me receitou uma viagem marítima. Provavelmente não ficarei lá muito mais de uma semana – já que o objetivo é a própria viagem. Gostaria de poder ir com o senhor ao Brasil!

Seu lindo papagaio está perfeitamente bem e parece estar desfrutando seu primeiro inverno na Inglaterra. Cobrimos sua gaiola à noite para que ele fique bem confortável e agasalhado. É incrivelmente manso e muito sem-vergonha. Minhas filhas são loucas por ele – e dizem que *eu* também.

Confiando em que nos possa dar o prazer de sua companhia na semana próxima,
Sou,
Seu sinceramente,

CHAS. H. ALLEN

** Thomas Chenery, editor, 1877-1884.

LETTER 82

Allen to Nabuco
16 May 1888

55 New Broad Street

My dear Nabuco:

It is impossible for me to find the words sufficiently strong and impressive in our poor northern tongue, to convey to you the pleasure and heartfelt congratulations, which we all desire to offer you on the accomplishment of the great work of Liberation to which you and your good Father before you had devoted your lives.*

The telegram on Saturday last, briefly announced that "The Brazilian Chamber of Deputies had voted the immediate and unconditional abolition of Slavery in Brazil". Then in a few days we heard that the Senate had confirmed it, that the heart of the dying Emperor had beat with fresh vigour at the great news which had been flashed

---

* The Cotegipe cabinet resisted pressure from Princess Isabel to adopt further abolitionist measures. On 10 March 1888 she replaced Cotegipe with João Alfredo, another Conservative, but one committed to the cause of abolition. On 8 May the new government presented a bill to the Chamber which, at the request of Nabuco, dispensed with its normal timetable and approved it two days later by 83 votes to nine. On the same day, 10 May, the bill was sent to the Senate where again the normal rules were suspended in the interests of its speedy passage; the bill was approved on 13 May. That same day the Princess Regent returned to Rio from Petrópolis to sign the law – in the midst of immense popular celebrations which lasted a week. The law for the abolition of slavery, the Lei Aurea, the most important law in the history of the country, was also the shortest. It had only two articles: article 1 slavery in Brazil is declared extinct from the date of this law; article 2 all dispositions to the contrary are revoked.

CARTA 82

Allen a Nabuco
16 DE MAIO DE 1888

55 New Broad Street

Meu caro Nabuco,

É-me impossível encontrar palavras suficientemente fortes e expressivas em nosso pobre idioma nórdico para transmitir o prazer e as sinceras felicitações que nós todos desejamos oferecer-lhe pela realização da grande obra de Libertação à qual o senhor e seu bom pai antes do senhor devotaram suas vidas.

O telegrama de sábado passado sumariamente anunciava que "A Câmara de Deputados brasileira aprovou a abolição imediata e incondicional da Escravidão no Brasil".* Alguns dias mais tarde, ouvimos que o Senado tinha confirmado o voto e que o coração do Imperador moribundo tinha batido com vigor renovado com as grandes notícias que tinham sido transmitidas por telégrafo cruzando as águas do extenso Atlântico – aquele oceano sobre o qual, em dias passados, tantos milhares de africanos tinham sido transportados

---

* O Gabinete Cotegipe resistia às pressões da regente, princesa Isabel, no sentido de tomar medidas abolicionistas. Foi substituído em 10 de março de 1888 por João Alfredo, também conservador, mas comprometido com a causa abolicionista. Em 8 de maio o governo apresentou o projeto à Câmara, onde foi aprovado no dia 10 por 83 votos a 9, dispensados, por solicitação do deputado Joaquim Nabuco, todos os prazos regimentais. No mesmo dia, foi encaminhado ao Senado, onde se verificou o mesmo processo sumário, e o projeto foi aprovado no dia 13. A princesa regente desceu de Petrópolis para sancionar a lei nesse mesmo dia, em meio a imensas celebrações populares que duraram uma semana.

across the waters of the broad Atlantic – that ocean over which, in days gone by, so many thousands of Africans had been born to feed the greed of the Planters of Brazil. I am glad the good old Monarch has lived to see this day. What the effect will be on the mighty army of bondsmen it is too early to predict, but I believe the Slaves will fall into their proper place under the new conditions with very little disturbance of the equilibrium of the Empire. My first impulse was to telegraph you the congratulations of this Society, but as it would have cost about 4 pounds I had to forego this luxury and content myself with the slower postal route. You would know that we rejoice in your success and thank God for this great victory.

I am writing these few lines to go by the first Mail that may be starting before our regular mail and I hope you will receive these without any delay.

The *Reporter* also goes herewith. You will see I have been to Egypt in which country a work of emancipation is gradually going on. I trust I may live to see all Slavery put down in Egypt as it is in Brazil. *Now* no Christian power holds any slaves and the abomination is left for Mohammedans and heathens to carry out. This is a great advance in moral and religious progress and in time the Mohammedans must follow so good an example.

At our next Committee Meeting in June some Minute will be officially passed to word this great event of Emancipation in Brazil,** but meanwhile you will, I hope, safely receive this message of

---

** On 29 May Allen sent Minister Penedo a copy of a Resolution passed on 23 May (see letter 83 below).
  On 1 June the Society sent an Address to Nabuco himself:
  The Committee of the British and Foreign Anti-Slavery Society offer Senhor Joaquim Nabuco their hearty congratulations upon the happy attainment of the life-long aspirations of his late honoured Father, and of himself, by the happy completion of their long-continued and unflinching labours in the cause of human freedom.

para alimentar a ambição dos fazendeiros do Brasil. Estou feliz pelo fato de o bom velho Monarca ter vivido o tempo suficiente para ver esse dia. Que efeito isso terá no poderoso exército de cativos ainda é cedo para predizer, mas creio que os escravos ocuparão seus devidos lugares sob as novas condições sem perturbar muito o equilíbrio do Império. Meu primeiro impulso foi telegrafar-lhe as felicitações desta Sociedade, mas como isso teria custado quatro libras tive que me privar desse luxo e contentar-me com o caminho postal mais lento. Sabe que nos alegramos por seu êxito e agradecemos a Deus por essa grande vitória.

Escrevo essas poucas linhas para alcançar a primeira mala postal que provavelmente partirá antes de nosso correio regular e espero que as receba sem qualquer atraso.

Em anexo também vai o *Reporter*. Verá que estive no Egito, país em que o trabalho pela emancipação está se desenvolvendo gradativamente. Confio que viverei para ver toda a escravidão derrotada no Egito como foi no Brasil. Agora nenhum poder cristão mantém mais escravos e a responsabilidade por essa abominação fica com os muçulmanos e pagãos. É um grande avanço no progresso moral e religioso e com o passar do tempo os muçulmanos deverão seguir um exemplo assim tão bom.

Na próxima reunião do nosso Comitê, em junho, será aprovada oficialmente alguma resolução para registrar esse grande evento de emancipação no Brasil,** mas, enquanto isso, espero, irá receber,

---

** Em 29 de maio Allen enviou ao ministro Penedo cópia da resolução aprovada em 23 de maio (ver carta 83). Em 1º de junho, a Society enviou uma saudação ao próprio Nabuco, que foi publicada no *Reporter* de julho/agosto de 1888:
"O Comitê da British and Foreign Anti-Slavery Society oferece ao Senhor Joaquim Nabuco suas calorosas congratulações na ocasião da feliz realização das aspirações de uma vida inteira de seu falecido e honrado Pai, e dele próprio, pelo feliz coroamento de sua luta constante e firme em favor da causa da liberdade humana.

hearty congratulation on behalf of all English Anti-Slavery people, many of whom have not yet realized how great is the boon which the Brazilian Parliament has given to the world. It ought to inspire the soul of the Old Poet of Freedom, the Quaker, Whittier***, and make him chronicle the great event in lines of fire.

Mrs. Allen and my family join me in personal congratulations to yourself – the 'Coeur de Lion' that has so long led the 'forlorn hope' of the army of freedom and has now given the thundering blow that has burst asunder the last iron link in the chain of Slavery. Hurrah! and Te Deum Laudamus.

Very sincerely yours,

CHAS. H ALLEN

THE ABOLITION OF SLAVERY IN BRAZIL, so peacefully and triumphantly obtained, is the crowning stone of that great edifice built up by Christian Nations, as a perpetual memorial of the equal rights of men, of whatsoever colour or nation.
It is with feelings of thankfulness and satisfaction that the Committee see the last blot on the escutcheon of Christianity wiped out for ever by the noble action of Brazil.
The Committee would ask SENHOR NABUCO kindly to convey to those ILUSTRIOUS COLLEAGUES who have assisted him in the great work to which he and they have devoted their lives, the expression of their warmest appreciation of the noble services rendered by the ABOLITIONIST PARTY IN BRAZIL to the cause of humanity.
They pray that the fruits of this great Acct of Emancipation may be seen in the long course of peaceful prosperity to that great Empire over which HIS MAJESTY THE EMPEROR is, by the Grace of God, still permitted to reign.
On behalf of the committee,
Arthur Pease, President, Edmund Sturge, Chairman, Joseph Allen, Treasurer, Chas. H. Allen, Secretary.
Published in the *Anti-Slavery Reporter*, July-August 1888.
*** John Greenleaf Whittier (1807-92), American poet and abolitionist. Whittier met Dom Pedro II during the Emperor's visit to the United States in 1876. He wrote a poem on the Law of Free Birth (1871), 'The cry of a lost soul', which was translated by the Emperor as 'O choro d'uma alma perdida'.

em segurança, esta mensagem de felicitações calorosas em nome de todos os ingleses contrários à Escravidão, muitos dos quais ainda não perceberam como é grande o presente que o Parlamento brasileiro deu ao mundo. Ele deve inspirar a alma do Antigo Poeta da Liberdade, o quaker Whittier,*** e levá-lo a narrar o grande evento em linhas de fogo.

A Sra. Allen e minha família juntam-se a mim para lhe enviar nossas felicitações pessoais – para o "Coração de Leão" que há tanto tempo tem conduzido a "esperança desesperada" do exército da liberdade e que agora deu o golpe estrondoso que arrebentou o último elo de ferro na corrente da Escravidão. Viva! e The Deum Laudamus.

Muito sinceramente seu,

CHARLES H. ALLEN

A ABOLIÇÃO DA ESCRAVIDÃO NO BRASIL, obtida de maneira tão pacífica e triunfante, é a pedra que coroa esse grande edifício construído pelas nações cristãs como memorial perpétuo aos direitos iguais dos homens, seja quais forem sua cor ou nação.
É com sentimentos de gratidão e alegria que o Comitê vê a última mancha no escudo da Cristandade ser eliminada para sempre pela nobre ação do Brasil.
O Comitê solicita ao SENHOR NABUCO que tenha a bondade de transmitir aos ILUSTRES COLEGAS que o auxiliaram no grande trabalho ao qual ele e eles devotaram suas vidas a expressão de seu entusiástico reconhecimento pelos nobres serviços prestados pelo PARTIDO ABOLICIONSTA DO BRASIL à causa da humanidade.
Ele faz votos de que os frutos desta grande Lei de Emancipação possam revelar-se no longo percurso de pacífica prosperidade para este grande Império sobre o qual SUA MAJESTADE O IMPERADOR ainda pode, pela graça de Deus, governar.
Pelo Comitê,
Arthur Pease, Presidente, Edmund Sturge, Diretor, Joseph Allen, Tesoureiro, Chas. H. Allen, Secretário."
*** John Greenleaf Whittier (1807-1892), poeta e abolicionista norte-americano. Encontrou-se com D. Pedro II durante a visita deste aos Estados Unidos em 1876 e escreveu um poema sobre a Lei do Ventre Livre, "The Cry of a lost Soul", que foi traduzido pelo Imperador como "O choro d'uma alma perdida".

LETTER 83

Allen to Penedo
29 May 1888

Sir,

I have the honour to forward copy of a Resolution passed at a meeting of the Members of the Anti Slavery Society on Wednesday last the 23rd inst.* The success of the Abolition Movement in Brazil has afforded unfeigned satisfaction to the Members of this Society, and on their behalf I ask Your Excellency to be good enough to forward to His Imperial Majesty the Emperor the enclosed Resolution together with the letter accompanying it.

With the expression of my high consideration and esteem, I have the honour to be,

Your Excellency's faithful servant,

CHAS. H. ALLEN

---

* The resolution (not located) was sent to the Emperor by Penedo. But it did not receive a reply. See letter 86 below.

CARTA 83

Allen a Penedo
29 de maio de 1888

Senhor,

Tenho a honra de encaminhar a Vossa Excelência cópia de Resolução aprovada em reunião dos membros da Anti-Slavery Society na última quarta-feira, dia 23 p.p.* O êxito do Movimento Abolicionista no Brasil trouxe sincera satisfação aos membros desta Sociedade e em seu nome peço a Vossa Excelência a gentileza de encaminhar a Sua Majestade Imperial o Imperador a Resolução em anexo juntamente com a carta que a acompanha.

Com a expressão de minha mais alta estima e consideração, tenho a honra de ser,
Servo fiel de Vossa Excelência,

CHAS. H. ALLEN
Secretário

---

* A resolução (não localizada) foi enviada ao Imperador por Penedo, mas não foi respondida. Ver carta 86.

LETTER 84

Lady Buxton* to Nabuco
3 June 1888

Colne House, Cromer

Dear Signor Nabuco

I must tell you how greatly interested I am in this fine news from Brazil – the end of Slavery!

I heartily congratulate you on the success of your noble efforts and thank God that he raised you up and led you on to such a victory. It reminds me of the life and efforts of my dear father in law – the first Sir T Fowell Buxton. We shall anxiously watch the results and earnestly hope the black population will rise to the privileges of change in a fine Christian spirit.

You will still have much to call forth your powers of exertion and I pray God you may be sustained by His own Spirit working in you and for you.

My son Sir Fowell and myself have rejoiced together with other members of my family. Believe me

Your sincere friend

CATHERINE BUXTON

---

* Wife of Sir Thomas Fowell Buxton, president of the Society.

CARTA 84

Lady Buxton a Nabuco
3 de junho de 1888

Colne House, Cromer

Prezado Senhor Nabuco,

Devo dizer-lhe como fiquei interessada nas excelentes notícias vindas do Brasil – o fim da Escravidão!

Minhas sinceras felicitações pelo êxito de seus nobres esforços e graças a Deus por o ter erguido e guiado para uma tal vitória. Isso me lembra a vida e os esforços de meu querido sogro – o primeiro Sir T. Fowell Buxton. Vamos observar ansiosamente os resultados e esperar sinceramente que a população negra reaja aos privilégios da mudança com um bom espírito cristão.

O senhor ainda irá precisar fazer uso de suas energias e peço a Deus que tenha o apoio do próprio Espírito Dele operando no senhor e para o senhor.

Meu filho Sir Fowell e eu celebramos com outros membros de minha família.

Creia-me,
Sua amiga sincera,

CATHERINE BUXTON

---

* Mulher de Sir Thomas Fowell Buxton, presidente da Society.

LETTER 85

STURGE TO NABUCO
15 JUNE 1888

Dear Sen Nabuco

I have to thank you much for your letter of the 8th inst. confirming the telegrams published in our newspapers, and followed by your letter to Mr. Allen of a week later date.*

It is indeed a sudden and glorious consummation of your labours which you have pursued so long and unremittingly. In one point it far surpasses the act of emancipation of the slaves in the British West Indies, in that it ignored the question of compensation altogether, as was also done in Cuba. When that act passed in 1833, I remember that the compensation was strongly opposed by a large section of the antislavery party and the result soon proved that this part of the measure was a disastrous mistake. The money was received by the merchants to whom most of the sugar estates were heavily mortgaged; and these having received the whole or the partial amount of their debts refused any longer to make the usual advance of money for the cultivation of the ensuing crops. The consequence was the very general cessation of sugar cultivation, and an extensive demoralization of all industrial habit in the negro, from absolute want of employment. The industrial condition of Jamaica and other West India Islands has not been restored to this day.

---

* Neither Nabuco to Sturge 8 May or Nabuco to Allen 13 May located.

CARTA 85

Sturge a Nabuco
15 de junho de 1888

Prezado Senhor Nabuco,

Tenho muito que lhe agradecer por sua carta do dia 8 p.p. confirmando os telegramas publicados em nossos jornais que foi seguida por sua carta para o Sr. Allen de uma semana mais tarde.*

Esse é realmente um coroamento súbito e glorioso dos esforços que o senhor perseguiu incansavelmente durante tanto tempo. Em um ponto ele supera em muito o ato de emancipação dos escravos nas Índias Ocidentais Britânicas: ele ignorou totalmente a questão da compensação, como também ocorreu em Cuba. Quando a lei foi aprovada em 1833, lembro que houve uma forte oposição à compensação por parte de uma ampla seção do partido antiescravista e o resultado logo provou que essa parte da medida fora um erro desastroso. O dinheiro foi para os comerciantes a quem a maior parte das plantações de açúcar estava fortemente hipotecada e que, tendo recebido toda a dívida, ou parte dela, recusaram-se a continuar fazendo os adiantamentos costumeiros para o cultivo das safras seguintes. A conseqüência foi a interrupção total do cultivo do açúcar e, com ela, uma ampla desmoralização de todo o hábito industrial entre os negros em virtude da falta absoluta de emprego. A situação industrial da Jamaica e das outras ilhas da Índia Ocidental não foi recuperada até os dias de hoje.

---

* Nem a carta de Nabuco a Sturge de 8 de maio, nem a de Nabuco a Allen de 13 de maio foram localizadas.

Can you not at some future time write a 'History of abolition in Brazil'? It is an example that ought not be lost to the world.

We have now to be thankful for the extinction of both the slave trade and slavery throughout the Western World, but still alas for Africa and the Mohammedan East where the slave hunting Arabs are extending their devastations in Africa.

It is gratifying to learn from your letter that your princess Imperial has taken a prominent interest in the matter, the more so that when we had an interview with her father, many years ago, the subject of emancipation did not seem one that was welcome to him.

I remain
Yours very truly

EDMUND STURGE

O senhor não poderia em algum momento futuro escrever uma "História da abolição no Brasil"? É um exemplo para o mundo que não deve ser perdido.

Agora temos que estar gratos pela extinção do tráfico de escravos e da escravidão em todo o mundo ocidental, mas ainda lamentamos a África e o Oriente Muçulmano, onde os árabes caçadores de escravos estão expandindo suas devastações na África.

É gratificante saber por sua carta que sua Princesa Imperial demonstrou grande interesse no assunto, sobretudo porque, quando tivemos uma entrevista com o pai dela, muitos anos atrás, o tema da emancipação não lhe pareceu ser muito bem vindo.

Continuo
Seu muito verdadeiramente,

EDMUND STURGE

LETTER 86

Allen to Nabuco
20 June 1888

55 New Broad Street

My dear Senhor

On the 16th May I wrote you an unofficial congratulatory letter [letter 82] respecting the glorious tidings of Emancipation in Brazil, in which I stated that I was sure the Committee would pass a Minute congratulating you on the attainment of this great object. Copy of that Minute, written on vellum, in order that you may be able to keep it for the rest of your life, goes out by this Mail in a tube, and I am assured at the Post Office that it is allowable to send it by Book Post. It will also be 'registered' and addressed to you in Rio de Janeiro, so that should you not receive it with this letter kindly enquire for it. You will see by the *Reporter* a copy of the address to the Emperor, duplicate copy of which is enclosed in the tube with your Minute. Please let us know when you safely receive these, and should the Post Office make any surcharge I will refund it to you.

I have just received your letter dated Rio May 13th* which you mark 'private'. I can well understand that you 'have no words to describe what you feel'.

I forwarded your letter to Mr. Sturge, but I have not seen it; he has written to you by this mail (letter 85). I have also addressed a letter for you from the Dowager Lady Buxton (letter 84).

---

* Letter not located.

CARTA 86

Allen a Nabuco
20 de junho de 1888

55 New Broad Street

Meu caro Senhor,

Dia 16 de maio eu lhe escrevi uma carta não-oficial de felicitações [carta 82] pela notícia gloriosa da Emancipação no Brasil, na qual afirmei que tinha certeza de que o Comitê aprovaria uma resolução felicitando-o por haver alcançado esse grande objetivo. Cópia dessa resolução, escrita em papel pergaminho para que o senhor possa guardá-la para o resto de sua vida, vai por este correio em um canudo, e o Correio garantiu-me que é permitido enviá-la pela tarifa de livros. A encomenda será registrada e endereçada ao senhor no Rio de Janeiro. Portanto, se não a receber com esta carta, por favor, pergunte por ela. Verá pelo *Reporter* uma cópia da mensagem ao Imperador. Uma duplicata desta mensagem foi também incluída no canudo junto com a resolução. Por favor, avise-nos quando receber tudo isso e se o Correio quiser cobrar alguma coisa extra, eu o reembolsarei dessa despesa.

Acabo de receber sua carta datada Rio 13 de maio* que classificou como "particular". Entendo perfeitamente que "não tenha palavras para descrever o que sente".

Encaminhei sua carta dirigida ao Sr. Sturge, mas não a li; ele lhe escreveu e a carta segue neste mesmo correio [carta 85]. Envio-lhe também uma carta da duquesa viúva Lady Buxton [carta 84].

---

* Carta não localizada.

We have not yet seen any full report of your speech nor the incidents that accompanied the passing of the Bill, but of course we have seen the summary given by the *Rio News*. Some day I trust we may have full details.

The address to the Emperor was forwarded through Baron Penedo about 3 weeks ago, but at present we have received no acknowledgement. I enclosed with it a congratulatory letter to the Ambassador (letter 83).

We are all anxiously watching the effect of this great Emancipation Movement on Brazil. The policy lately adopted by that Empire being what we have always advocated with regard to slavery, viz, immediate and unconditional emancipation.

The £20,000,000 given to the West Indian planters was not approved of by the Anti Slavery Society and the result of such policy was by no means beneficial to the Colonies, though it enriched individuals, many of whom were mere money lenders, the estates being heavily mortgaged.

My wife and family desire to join me in sincere congratulations and with our united kind regards
Believe me
Yours sincerely

CHAS. H. ALLEN

Não vimos ainda nenhum relatório completo de seu discurso nem dos incidentes que acompanharam a aprovação do projeto de lei, mas é claro que vimos o resumo feito pelo *Rio News*. Espero que um dia possamos ter todos os detalhes.

A mensagem ao imperador foi encaminhada por meio do barão de Penedo há umas três semanas [29 de maio], mas até o momento não recebemos confirmação de recebimento. Anexei a ela uma carta de felicitações para o embaixador [carta 83].

Estamos todos observando as conseqüências desse grande Movimento de Emancipação para o Brasil. A política adotada recentemente por esse Império é a mesma que sempre defendemos com relação à escravidão, ou seja, a emancipação imediata e incondicional.

Os 20 milhões de libras esterlinas dadas aos donos das plantações nas Índias Ocidentais não foram aprovadas pela Anti-Slavery Society e o resultado dessa política não redundou em benefício algum para as Colônias, embora tenha enriquecido alguns indivíduos, muitos deles agiotas, já que as propriedades estavam fortemente hipotecadas.

Minha esposa e minha família desejam juntar-se a mim para lhe enviar nossas sinceras felicitações e com nossas lembranças conjuntas,
Creia-me
Seu sinceramente,

CHAS.H.ALLEN

LETTER 87

Rebouças to Sturge
10 July 1888

Rio de Janeiro

Dear Sir

I beg to hand you the number of *O Paiz* with a quotation of your estimable letter to my friend Joaquim Nabuco (letter 85).

This important topic was published exactly in the day of the discussion of a bill of Indemnisation proposed by Cotegipe in favour of the ancient slave-holders.

So its effect was excellent and all the Brazilian Abolitionists are very grateful to you for your good assistance in so momentous questions.

With my best compliments I remain, my dear Sir
Yours sincerely

ANDRÉ REBOUÇAS
Member of the Anti-Slavery Society

CARTA 87

REBOUÇAS A STURGE
10 DE JULHO DE 1888

Rio de Janeiro

Prezado Senhor,

Envio-lhe em anexo o número de *O Paiz* com uma citação de sua respeitável carta a meu amigo Joaquim Nabuco [carta 85].

Esse importante tópico foi publicado exatamente no dia da discussão de um projeto de lei de indenização proposto por Cotegipe a favor dos antigos proprietários de escravos.

Em virtude disso, a carta teve excelente repercussão e todos os abolicionistas brasileiros lhe estão muito gratos por sua bondosa ajuda em uma questão tão atual.

Com meus melhores cumprimentos, continuo, meu estimado senhor,

Seu sinceramente,

ANDRÉ REBOUÇAS
Membro da Sociedade Contra a Escravidão

LETTER 88

Allen to Nabuco
7 November 1888

My dear Senhor

Since I last had the pleasure of addressing you a great deal has happened with regard to the East African slave trade. The two *Reporters* July – August, September – October, will show you how busy we have been in following up the good effects produced by Cardinal Lavigerie's great oration in July last*. The great interest taken by the Pope in this question is no doubt in part owing to your visit to His Holiness last winter when you impressed upon him the necessity for the Church speaking out upon the subject of slavery. With this letter I forward you a letter to the Princess Regent from our Society, which I trust you will do us the favour to present to Her Imperial Highness**. It may appear rather late but we were anxious to watch

---

* Charles Martial Allemand Lavigerie (1825-1892). Born in France, he became archbishop of Algiers in 1866 and cardinal in 1882. He dedicated himself to the promotion of Catholicism in the Muslim world and, with the support of Pope Leo XIII, to combating the slave trade and slavery in Africa.
** Address presented to the Princess Regent by Nabuco and Andre Rebouças (see letter 89):

Madam,

The BRITISH AND FOREIGN ANTI-SLAVERY SOCIETY, which has already had the honour of addressing its congratulations to your August Father, on the great event of emancipation in Brazil, now begs leave respectfully to approach your Imperial Highness.
The Society has, since the passing of the great Law of Abolition, No. 3353, of 13th May 1888, signed by your Highness, carefully watched the progress of events in the vast

CARTA 88

Allen a Nabuco
7 de novembro de 1888

Prezado Senhor,

Desde a última vez em que tive o prazer de lhe escrever, muita coisa aconteceu com relação ao comércio de escravos na África Oriental. Os dois números do *Reporter* — julho/agosto e setembro/outubro — mostrarão como estivemos ocupados monitorando os bons resultados produzidos pelo excelente discurso do cardeal Lavigerie em julho p.p.* O grande interesse que o papa demonstrou nesse assunto sem dúvida é em parte uma conseqüência de sua visita a Sua Santidade no último inverno quando o convenceu da necessidade de a Igreja falar claramente sobre o tema da escravidão. Com esta carta, encaminho-lhe uma carta para a Princesa Regente da parte de nossa Sociedade, que estou certo fará o favor de entregar a Sua Alteza Imperial.** Pode parecer um pouco tarde, mas estávamos

---

* Charles Martial Allemand Lavigerie (1825-1892). Nascido na França, foi nomeado arcebispo de Argel em 1866 e cardeal (por Leão XIII) em 1882. Dedicou-se a promover o catolicismo no mundo muçulmano e a combater o tráfico de escravos e a escravidão na África, contando para isso com o apoio do papa.
** Carta entregue à regente por Nabuco e Rebouças (ver carta 89). Publicada no *Anti-Slavery Reporter,* janeiro/fevereiro de 1889:

"Senhora,

A BRITISH AND FOREIGN ANTI-SLAVERY SOCIETY, que já teve a honra de dirigir suas congratulações a vosso Augusto Pai a propósito do grande evento da emancipação no Brasil, pede agora respeitosamente permissão para se dirigir a Vossa Alteza Imperial.

the effect of emancipation in Brazil, and I thought we might have also received, ere this, an acknowledgement of the letter sent to the Emperor – perhaps it never reached him.

We shall be happy to hear from you how affairs progress in the Empire. I hope and expect to find that increased prosperity will be the result of the generous emancipation policy. The demands of some planters for compensation appear to us to be wrong in principle, and they will, I hope, be successfully resisted.

Mrs Allen and I have had a pleasant visit to Switzerland during the autumn, but we are now feeling the effects of the fogs and cold East winds which have set in already. Neither in England nor Europe has there been much summer this year, and I think you would scarcely have enjoyed it had you been here.

When shall you be coming over again? Mr Sturge keeps well in spite of his 80 years, and most of the Committee appear to be in good health.

With all good wishes

Empire of Brazil. It is well aware that the passing of that law was, in a great measure, due to the great tact and firmness shown by your Imperial Highness; and there can be little doubt that the peaceful carrying out of the great programme inaugurated by that law, is also largely owing to the attachment which the people have ever felt towards the daughter of the illustrious house of Braganza, who, during the absence of the Emperor, held with so firm, yet gentle a hand, the reins of Government in Brazil.

The Society, therefore, offers its congratulations to your Imperial Highness upon this great and crowning act of emancipation, the carrying out of which not only frees the Continent of America from the stigma of Slavery – but inscribes the name of the PRINCESS REGENT DONA ISABEL, in the pages of history, amongst the noblest benefactors of the human race.

On the behalf of the BRITISH AND FOREIGN ANTI-SLAVERY SOCIETY, I have the honour to be, with much respect,

Edmund Sturge, Chairman, Joseph Allen, Treasurer, Chas. H. Allen, Secretary

Published in the *Anti-Slavery Reporter*, January-February 1889.

ansiosos para acompanhar o efeito da emancipação no Brasil e pensei que poderíamos ter recebido também, antes disso, uma confirmação do recebimento da carta enviada ao Imperador. É possível que ela nunca lhe tenha chegado.

Gostaríamos muito de ter notícias suas sobre com vão indo as coisas no Império. Espero e desejo que o resultado da generosa política de emancipação seja maior prosperidade. As exigências de recompensa por parte de alguns fazendeiros nos parecem errôneas em princípio e serão, espero, combatidas com êxito.

A Sra. Allen e eu fizemos uma agradável visita à Suíça durante o outono, mas agora estamos sentindo os efeitos dos nevoeiros e dos ventos frios do leste que já chagaram. Nem na Inglaterra nem na Europa houve um bom verão este ano e acho que, se estivesse aqui, não o teria apreciado muito.

Quando é que volta? O Sr. Sturge está bem apesar de seus 80 anos e a maior parte do Comitê parece estar com boa saúde.

Com os melhores votos,

A Society tem, desde a aprovação da grande Lei de Abolição, de nº 3353, de 13 de maio de 1888, assinada por Vossa Alteza, observado cuidadosamente a evolução dos acontecimentos no vasto Império do Brasil. Ela está muito consciente do fato de que a aprovação da lei foi, em grande medida, devida ao grande tato e firmeza demonstrados por Vossa Alteza Imperial; e de que não pode haver dúvida de que a realização pacífica do grande programa inaugurado pela lei se deve também em grande parte ao respeito que o povo sempre sentiu pela filha da ilustre casa de Bragança que, na ausência do Imperador, manteve com mão tão firme, embora também gentil, as rédeas do governo do Brasil.

A Society, portanto, apresenta suas congratulações a Vossa Alteza Imperial por esta grande lei de coroamento da emancipação que não apenas liberta o Continente Americano do estigma da escravidão, mas inscreve o nome da PRINCESA REGENTE DONA ISABEL nas páginas da história, entre os mais nobres benfeitores da raça humana.

Em nome da BRITISH AND FOREIGN ANTI-SLAVERY SOCIETY, temos a honra de ser, com muito respeito,

Edmund Sturge, Diretor, Joseph Allen, Tesoureiro, Chas. H. Allen, Secretário.

I am, yours very sincerely

CHAS. H. ALLEN

The ladies desire (sic) their kind regards. Mary is in Portugal – Papaguy is very well – and quite tame. He does not talk.

Sou, seu muito sinceramente,

CHAS. H. ALLEN

As senhoras enviam suas cordiais lembranças. Mary está em Portugal. Papaguy [sic] está muito bem e bastante manso. Mas não fala.

LETTER 89

Nabuco to Allen
8 January 1889

Rio de Janeiro

Dear Mr. Allen,

I had the honour of presenting the Anti-Slavery address to Her Imperial Highness who received me for that purpose in deputation with Mr. Rebouças, Mr. Gusmão Lobo another correspondent of the Society not being able to be present. Her Highness asked me to send your Society her hearty thanks for the sentiments you expressed to her.

I am not going this year to Europe. Strange to say the slave-owners have declared themselves, in large numbers, adverse to the throne and we have now an important republican faction to contend with. It was a very daring, bold thing, what the Princess did but I trust in God she will not lose her throne for it.*

After all you did not come to Brazil during the slavery period, will you come now? Only the crossing would do you good.

---

* It is said that Cotegipe, after the approval of the Lei Áurea, declared to Princess Isabel that she had redeemed a race but lost a throne [redimira uma raça, mas perdera um trono]. Nabuco himself saw clearly the negative impact of the Law on the future of the monarchy. In a letter to Penedo on 25 May 1888 he wrote: 'I see the monarchy in serious danger, virtually doomed [condenada]. The Princess has become very popular, but the powerful [poderosas] reject her and the landowners are republican'(*Cartas aos amigos*, pp. 171-72). The Republic was proclaimed on 15 November 1889.

CARTA 89

Nabuco a Allen
8 de janeiro de 1889

Rio de Janeiro

Estimado Sr. Allen,

Tive a honra de apresentar a mensagem antiescravista a Sua Alteza Imperial que me recebeu para esse fim juntamente com o Sr. Rebouças, não tendo o Sr. Gusmão Lobo, outro correspondente da Society, podido estar presente. Sua Alteza pediu-me que enviasse à sua Society seus calorosos agradecimentos pelos sentimentos que lhe expressaram.

Não vou à Europa este ano. É estranho dizer que os proprietários de escravos se declararam, em grande número, contra o trono e agora temos que enfrentar uma importante facção republicana. O que a princesa fez foi algo muito ousado e corajoso, mas confio em Deus que não irá perder o trono por isso.*

Afinal, o senhor afinal não veio ao Brasil durante o período da escravidão, virá agora? Só a travessia já lhe irá fazer bem.

---

* Consta que o barão de Cotegipe, após a aprovação da Lei Áurea, teria dito à princesa Isabel que redimira uma raça, mas perdera um trono. O próprio Nabuco percebeu com clareza o impacto negativo da Lei sobre o destino da monarquia. Em 25 de maio de 1888, escreveu a Penedo: "Eu vejo a monarquia em sério perigo e quase condenada. A princesa tornou-se muito popular, mas as classes [poderosas] fogem dela e a lavoura está republicana". (*Cartas aos amigos*, p.171-72).

Many kind messages for a happy New Year to your family nº 1 and to the Society, your family nº 2.

Your sincere friend

JOAQUIM NABUCO

Meus votos cordiais de um feliz Ano Novo para sua família nº 1 e para a Society, sua família nº 2.

Seu amigo sincero,

JOAQUIM NABUCO.

II
CORRESPONDENCE
1899-1902

II
CORRESPONDÊNCIA
1899-1902

LETTER 1

ALLEN TO NABUCO
18 MARCH 1899

17 Well Walk, Hampstead

Dear Senhor Nabuco

Your letter of 8th December* was as unexpected as it was welcome, for it seemed such a very long time since I heard any voice from Brazil. It was indeed very pleasant to find how warmly you appreciated my poor work on behalf of the slave, and what a kindly remembrance you had of our joint efforts to procure abolition, not only in Brazil, but in other parts of the world. My wife and all my young people were delighted with your letter which was so full of eloquence, and of a rhythmical English that even natives seldom attain to. My Committee were very pleased to hear it read to them by my successor, Mr Buxton, and they would like to order a copy of the volumes containing the life of your Father if they are published in English or French. They must be very interesting and will no doubt give a history of slavery in Brazil that will be of the highest value, especially to the younger generation to whom it is now little more than a name. I often think of the visit we paid to Milan together to try to obtain from the Conference a declaration that the slave trade ought to be reckoned as piracy, when you will remember that Mr. Alexander – a member of our Committee – ably supported the cause which you so powerfully advocated. That same point was brought before the Congress of Verona in 1822 by an old cousin of mine,

---

* Letter not found.

CARTA 1

Allen a Nabuco
18 de março de 1899

17 Well Walk, Hampstead

Prezado Senhor Nabuco,

Sua carta de 8 de dezembro* foi tão inesperada quanto bem-vinda, pois parecia que há muito tempo não ouvia qualquer voz vinda do Brasil. Foi realmente muito agradável ver com que entusiasmo apreciou meu pobre trabalho a favor dos escravos e que generosa lembrança tem de nossos esforços conjuntos em busca da abolição não só no Brasil mas em outras partes do mundo. Minha esposa e todos meus jovens adoraram sua carta tão eloqüente e de um inglês ritmado que mesmo os nativos raramente alcançam. Os membros de meu Comitê gostaram de ouvir a carta lida em voz alta por meu sucessor, o Sr. Buxton, e gostariam de encomendar uma cópia dos volumes sobre a vida de seu pai, se forem publicados em inglês ou francês. Devem ser muito interessantes e sem dúvida apresentam uma história da escravidão no Brasil que será de enorme valor, especialmente para a geração mais jovem para a qual ela é hoje pouco mais que um nome. Muitas vezes penso na visita que fizemos juntos a Milão para tentar obter da Conferência uma declaração de que o comércio escravista deveria ser considerado pirataria, quando, deve lembrar-se, o Sr. Alexander — um membro de nosso Comitê — apoiou competentemente a causa que o senhor tão poderosamente defendia. A mesma tese foi levada ao Congresso de Verona em 1822

---

* Não localizada.

William Allen F.R.S., when the Duke of Wellington, who represented England, was strongly in favour of passing such a declaration. I believe it was lost by the action of France. How many of those with whom I worked are now dead – Joseph Cooper, Edmund Sturge, W. E. Forster, General Gordon, Lord Mayor Sir R. N. Fowler, Revd Horace Waller and many others. Then a final great loss cause came in Nov 97 when J. Eastoe Teall, who had always been my faithful assistant, and who knew more about the history of the slave-trade than anyone in England – died of dropsy at the early age of 41, having spent 22 years of his life in the office at 55 New Broad Street.

So much anxiety and extra work devolved upon me in the year 98 – Mr Teall having been incapacitated since early 97 – and dying after a long wearisome illness, that I felt the time had come for me to give up the single handed contest which I had maintained for a year and a half. I therefore gave in my resignation to our President Arthur Pease M.P. about May last year, and before it took effect in November he too had passed away from this world.

I accepted the position of Honorary Secretary, having first been fortunate in securing the services of Mr. Travers Buxton as my successor**, and since then I have obtained the consent of his cousin Sir Fowell Buxton to take up the duties of President left vacant by the death of Arthur Pease.

Yes our beloved and beautiful green parrot has departed 'without delivering the secret of his muteness'. He lived about 10 years with us and was the sweetest and most affectionate of pets. His devotion to me was quite extraordinary and I could do anything with him. When I had influenza he grew very sad and when he heard my voice

---

** Allen ceased to be Secretary of the Society and became Honorary Secretary in November 1898. Travers Buxton replaced him as Secretary.

por um velho primo meu, William Allen F.R.S., quando o duque de Wellington, que representava a Inglaterra, estava fortemente a favor da aprovação de uma declaração semelhante. Creio que perdemos em virtude da ação da França. Quantos daqueles com quem trabalhamos já faleceram – Joseph Cooper, Edmund Sturge, W. E. Forster, general Gordon, o prefeito sir R.N. Fowler, o reverendo Horace Waller e muitos outros. Depois uma última grande perda veio em novembro de 97, quando J. Eastoe Teall, que tinha sempre sido meu assistente fiel, e que sabia mais sobre a história do comércio de escravos que qualquer outra pessoa na Inglaterra – morreu de hidropisia na tenra idade de 41 anos, tendo passado 22 anos de sua vida no escritório da 55 New Broad Street.

Tanta ansiedade e tantos trabalhos extras ficaram sob minha responsabilidade no ano de 98 – o Sr Teall ficou incapacitado desde o começo de 97 e morreu após uma longa e desgastante doença – que senti ter chegado a hora de abandonar aquela batalha solitária que tinha sustentado por um ano e meio. Por isso entreguei meu pedido de demissão a nosso presidente Arthur Pease M.P. em torno de maio do ano passado e, antes que ele tivesse sido concretizado em novembro o presidente também já tinha deixado este mundo.

Aceitei a posição de secretário honorário, tendo antes tido a felicidade de garantir os serviços do Sr. Travers Buxton como meu sucessor** e desde então obtive o assentimento de seu primo Sir Fowell Buxton para assumir as responsabilidades do posto de presidente, vagado com a morte de Arthur Pease.

Pois é, nosso lindo e adorado papagaio verde partiu "sem revelar o segredo de sua mudez". Viveu uns 10 anos conosco e era o mais

---

** Allen deixou de ser secretário da Society e tornou-se secretário honorário em novembro de 1898. Travers Buxton o substituiu como secretário.

upstairs he insisted upon being let out of the cage and then he climbed upstairs and on to my bed where he mounted on my shoulder and defied anyone to take him off. After that he spent the days in my room – as happy as a king! He was also very fond of my youngest daughter Beatrice, but everyone else had to take care not to come too near his terrible beak. He never spoke but I wrote an account of him which appeared in the 'Spectator'. We have not yet ceased to miss our dearest pet, though it is nearly two years since we had to have him killed by prussic acid. He had struggled with great patience against a fungoid growth in the mouth which slowly penetrated into his throat and rendered eating too difficult and painful, for his end to be unduly prolonged.

We have another parrot – a grey one – given by a native of West Africa, nearly 10 years ago. He is a remarkable, jolly and healthy bird with a great facility in talking. But though he is very affectionate we are obliged to confine our attentions to scratching his poll. He is terrified at leaving his cage and we cannot handle him as we did your beautiful bird.

I am happy to say we are all well, considering our advancing years. I shall be 75 next month which is quite beyond the average. My youngest son is the only one married and he and his wife live close to us and as they have no children we often see them. My son is Assistant Secretary of the Technical Education Board, and though he is not highly paid, he has a great deal to do, but it is interesting work and his wife is delighted to cooperate with him in any way possible.

My two nieces whom you saw at Montevideo are well – Josephine, the elder, lives with her father at the sea-side and the other (Margaret) is married and has been to India for her honeymoon – but that is over long ago.

doce e carinhoso dos bichos. Sua devoção por mim era extraordinária e eu podia fazer o que quisesse com ele. Quando tive gripe, ficou muito triste e quando ouviu minha voz no andar de cima insistiu para que o deixassem sair da gaiola, subiu as escadas e depois na minha cama onde se encarrapitou em meu ombro e desafiou a todos a tentar tirá-lo dali. Depois disso, passava os dias no meu quarto – feliz como um rei! Gostava muito também de minha filha mais nova, Beatrice, mas todos os demais tinham que ter cuidado para não chegar muito perto de seu bico terrível. Nunca falou, mas escrevi uma descrição dele que foi publicada no *Spectator*. Ainda sentimos falta de nosso querido bichinho, embora faça já quatro anos que tivemos que levá-lo para ser sacrificado com ácido cianídrico. Ele tinha lutado com muita paciência contra um tumor fungóide na boca que lentamente chegou até a garganta e tornou o ato de comer difícil e doloroso demais para que seu fim fosse indevidamente prolongado.

Temos um outro papagaio – cinza – que nos foi dado por um nativo da África Oriental há quase 10 anos. É um pássaro incrível, alegre e saudável e com grande facilidade para falar. Mas, embora seja muito carinhoso, somos obrigados a limitar nossas atenções a pequenos carinhos em sua cabeça. Tem pavor de sair da gaiola e não podemos pegá-lo como fazíamos com seu lindo pássaro.

Fico feliz em dizer que estamos todos bem, considerando nossa idade avançada. Farei 75 anos mês que vem, o que é bastante acima da média. Meu filho mais novo é o único casado e ele e a esposa moram perto e como não têm filhos nós os vemos com freqüência. Meu filho é secretário adjunto do Conselho de Educação Técnica e, embora seu salário não seja muito alto, trabalha muito; mas o trabalho é interessante e sua esposa adora cooperar com ele de todas as formas possíveis.

Minhas duas sobrinhas que o senhor viu em Montevidéu estão bem – Josephine, a mais velha, mora com o pai no litoral e a outra

With our united kind regards to you and Madame, I am yours most sincerely

CHAS H. ALLEN

I was glad to see in *The Times* your appointment to a high official post in an approaching arbitration.***

*** In January 1899 Brazil agreed to submit to the arbitration of King Victor Emmanuel III of Italy the territorial dispute with Great Britain over the boundaries of British Guiana. In March Nabuco was invited by Olinto de Magalhães, President Campos Sales' Minister of Foreign Relations, to head a special mission in London entrusted with the task of preparing Brazil's case. He arrived in England at the end of May, but spent most of the following twelve months in Paris. On 23 March 1900 Souza Corrêa, the Brazilian minister in London, suddenly died. Nabuco was immediately made envoy extraordinary and minister plenipotentiary in London, but at this stage still with responsibility for the British Guiana question only, not Brazilian minister in London where Oliveira Lima was chargé d'affaires. In July Nabuco was finally appointed minister, presented his credentials to Queen Victoria on 13 December, and took over the Brazilian legation in February 1901, combining the post of Brazilian minister with that of Brazil's representative in the international arbitration over British Guiana.

(Margaret) é casada e foi à Índia para sua lua-de-mel – mas isso já há muito tempo.

Nossos cumprimentos conjuntos para o senhor e Senhora, sou seu muito sinceramente,

CHAS. H. ALLEN

Fiquei contente de ver no *Times* sua nomeação para um alto posto oficial em um arbitramento em um futuro próximo.***

*** Em janeiro de 1899, o Brasil aceitou submeter ao arbitramento do rei Vítor Emanuel III da Itália a disputa com a Grã-Bretanha sobre as fronteiras da Guiana Inglesa. Em março, Olinto de Magalhães, ministro das Relações Exteriores de Campos Sales, convidou Nabuco para chefiar missão especial a Londres encarregada de preparar a defesa do Brasil. Ele chegou à Inglaterra no final de maio, mas passou a maior parte dos 12 meses seguintes na França. Em 23 de março, Sousa Correa, ministro brasileiro em Londres morreu subitamente. Nabuco foi logo a seguir nomeado enviado extraordinário e ministro plenipotenciário em Londres, mas ainda encarregado apenas da questão da Guiana Inglesa, não da representação do Brasil, onde Oliveira Lima era o encarregado dos negócios. Meses mais tarde, Nabuco foi finalmente nomeado ministro, apresentou as credenciais à rainha Vitória no dia 13 de dezembro e assumiu a representação em fevereiro de 1901, acumulando o posto de ministro com o de representante do Brasil na questão da Guiana.

LETTER 2

Allen to Nabuco (c/o Joseph Allen)
28 May 1899

Teignmouth

Dear Mr Nabuco

A letter received from home this morning gave me the unexpected but most pleasing news that a beautiful green parrot – the facsimile of our departed favourite – had arrived at our house from the Brazilian Legation, as a present from you. It is so very kind of you to have taken the trouble to bring up another pet that I do not know how to thank you sufficiently for your kind thought. Mrs Allen and I are staying in South Devonshire though not at the same place, for she is at Torquay visiting her only remaining first cousin – an old lady of 80 – and I am staying with my brother, our Treasurer, whose daughter you saw in Montevideo, some years ago. Her uncle, with whom she was staying, is now British Minister in Japan.

Teignmouth is only 8 miles from Torquay by sea, but it is a troublesome journey by land, as you have to change trains at a junction and then have a cab for 2 ½ miles to our cousin's house. As I am confined to the house with a bronchial cold and dare not face these cold East winds, I have not seen my wife since we started from Paddington nearly a fortnight ago. Still I am quite sure she would heartily join me in welcoming you once more to our shores, especially as you come as a messenger of peace – in the matter of Brazil and British Guiana – and she would also heartily thank you for restoring to life – as it were – our lost Brazilian pet.

CARTA 2

Allen a Nabuco (a/c de Joseph Allen)
28 maio de 1899

Teignmouth

Prezado Senhor Nabuco,

Uma carta recebida de minha casa hoje de manhã me deu a notícia inesperada, mas muitíssimo agradável, de que um lindo papagaio verde – a cópia de nosso favorito que partiu – tinha chegado à nossa casa vindo da Legação brasileira, como um presente seu. É muita gentileza de sua parte ter tido o trabalho de trazer outro animal doméstico que não sei como lhe agradecer suficientemente por sua idéia generosa. A Sra. Allen e eu estamos passando uns dias no sul do condado de Devonshire, embora não no mesmo lugar porque ela está em Torquay visitando sua única prima em primeiro grau ainda viva – uma senhora de 80 anos – e eu estou hospedado na casa de meu irmão, nosso tesoureiro, cuja filha você conheceu em Montevidéu alguns anos atrás. O tio dela, em cuja casa ela estava hospedada, é hoje ministro britânico no Japão.

Teignmouth fica só a uns 13 quilômetros de Torquay por mar, mas é uma viagem complicada por terra já que é preciso trocar de trem em uma junção e depois pegar um táxi por uns quatro quilômetros até a casa de nossa prima. Como estou preso em casa com uma bronquite e não ouso encarar esses ventos frios do leste, não vejo minha esposa desde que saímos de Paddington há quase 15 dias. Ainda assim, estou certo de que ela iria juntar-se a mim para lhe dar calorosas boas vindas à nossa costa uma vez mais, especialmente

Our house is now being papered and painted etc, but in a fortnight I hope we shall be home, and trust we may have the pleasure of thanking you in person for your kind thought.

Believe me, yours very sincerely

CHAS. H. ALLEN

porque vem como um mensageiro da paz – na questão do Brasil e da Guiana Inglesa – e ela também lhe agradeceria calorosamente por ter trazido de volta à vida – por assim dizer – nosso animalzinho brasileiro perdido.

No momento, estão colocando papel de parede e pintando nossa casa, mas em uns 15 dias espero estar de volta ao lar e poder ter o prazer de lhe agradecer pessoalmente por sua generosa idéia.

Creia-me seu muito sinceramente,

CHAS. H. ALLEN

LETTER 3

Travers Buxton to Nabuco
6 February 1900

55 New Broad Street

My dear Sir

In view of the forthcoming International Anti-Slavery Congress which is arranged to be held in Paris in August next, this Society has been asked by the French Anti-Slavery Society to send representatives and to present papers on branches of the subject of which it has had experience.

The Committee has decided to ask certain Corresponding Members of the Society if they would be good enough to write papers of this character, and I am directed to make this request of you. The Committee feel that if you could see your way to write an account of the Anti-Slavery struggle in Brazil, it would be of very exceptional value and interest. I am sending a copy of the official programme of the Congress, in order that you may understand its character and scope.

I am, Sir, with much respect,
Your faithful servant

TRAVERS BUXTON
Secretary

CARTA 3

Travers Buxton a Nabuco
6 de fevereiro de 1900

55 New Broad Street

Prized Senhor,

Tendo em vista o próximo Congresso Internacional Contra a Escravidão que está programado para ser realizado em Paris no próximo mês de agosto, esta Sociedade recebeu um pedido da Sociedade Francesa Contra a Escravidão para enviar representantes e apresentar documentos sobre aspectos do tema nos quais ela tem experiência.

O Comitê decidiu solicitar de certos Membros Correspondentes da Sociedade a gentileza de escrever textos dessa natureza e pediram-me que lhe fizesse tal solicitação. O Comitê acredita que se pudesse escrever um relato sobre a luta contra a escravidão no Brasil ele seria de valor e interesse excepcionais. Envio-lhe em anexo uma cópia do programa oficial do Congresso para que possa ficar a par de sua natureza e abrangência.

Sou, Senhor, com muito respeito,
Seu fiel servidor.

TRAVERS BUXTON
Secretário

LETTER 4

Allen to Nabuco
9 February 1900

17 Well Walk, Hampstead

My dear friend

I hope you received the letter I sent you last June (sic) [letter 2, 28 May] thanking you for so kindly bringing me another beautiful green parrot. Not having heard of or from you since I concluded you had returned to Brazil though I hesitated to send you the pamphlets concerning my resignation of the Secretaryship until I knew. As the Committee has now directed my successor to write to you requesting you to write a paper for the Anti-Slavery Conference at Paris, and it was sent to me to forward, I thought it better to address a note to the Legation to ask whether you had returned to Brazil. They inform me that you are still in Paris, therefore I forward Mr Buxton's letter and am also sending you by "book post" my two resignation pamphlets and *also my photograph*, of which I pray your acceptance. I am now very much absolved from Anti-Slavery work during the present winter as we cannot do much whilst everyone is so preoccupied with the war in South Africa*, and I have no anxiety about funds, as the Society has just had a legacy of £2000. This is more than it received from legacies during the 20 years I was there, and is a slice of luck for the new

---

* The second Boer War, or South African War, October 1899-May 1902, in which Britain defeated the two independent Boer republics of Transvaal and the Orange Free State and incorporated them into the British Empire in what became in 1910 the Union of South Africa.

CARTA 4

Allen a Nabuco
9 DE FEVEREIRO DE 1900

17 Well Walk, Hampstead

Meu caro amigo,

Espero que tenha recebido a carta que lhe mandei em junho [sic] (carta 2 de 28 de maio) agradecendo-lhe por me ter me trazido, tão gentilmente, outro belo papagaio verde. Não tendo recebido nenhuma notícia sua desde então concluí que tinha voltado ao Brasil, mas hesitei em lhe enviar os panfletos relacionados à minha renúncia à Secretaria até que tivesse certeza disso. Como o Comitê agora mandou que meu sucessor lhe escreva solicitando a elaboração de um texto para a Conferência Contra a Escravidão em Paris, e a carta me tenha sido enviada para lhe encaminhar, achei melhor dirigir uma nota à Legação para perguntar se havia regressado ao Brasil. Informaram-me que ainda se encontra em Paris, assim estou encaminhando a carta de Mr. Buxton e também enviando pelo correio, tarifa de livro, os dois panfletos da minha renúncia e também minha fotografia que lhe peço aceitar. Agora estou bastante livre do trabalho contra a escravidão durante o atual inverno já que não podemos fazer muita coisa enquanto todos estão tão preocupados com a guerra na África do Sul* e não tenho preocupações financeiras já que a Sociedade acaba de receber um legado

---

* A Segunda Guerra dos Bôeres, ou Guerra da África do Sul, outubro de 1899 a maio de 1902, na qual a Grã-Bretanha derrotou as duas repúblicas bôeres independentes, Transvaal e Estado Livre de Orange, e as incorporou ao Império Britânico naquilo que se tornou em 1910 a União da África do Sul.

Secretary! You will be pleased to hear that the beautiful parrot has grown into a very fine bird. It is evidently quite young as he is so active and lively. He still calls himself 'papagai real' but has already picked up many English words and phrases. "Polly put the kettle on" is his favourite little speech. My two daughters are extremely devoted to him and he readily comes out of the cage and sits on their hands. The grey African parrot looks on him with contempt. When you come to London you must come and see them and us. When will that be?

Excuse my coming on to Buxtons sheet but the post not allowing more than ½ an ounce I could not take further paper of my own.

You will I know be glad to learn that Mrs Allen and I have escaped influenza, though we had it in the house. It has been a cold foggy disagreeable winter and we now have a spell of hard frost 18°, 20° and 22° Fahrenheit – and snow still on the ground. I hope you have escaped the usual scourge and are well. I see you have it pretty cold in Paris.

By this post I send you the little packet alluded to but it may not be delivered with this letter. We are all absorbed in the war and feel the greatest confidence in Lords Roberts and Kitchener** and 'Joe' Chamberlain***! The latter is the strongest man in the government and the proof of that is the vile abuse of him in French and German papers, and by the 'Rads' [Radicals] at home. I hope

---

** Field Marshal Lord Roberts (1832-1914) was the commander of the British troops in the first phase of the Boer War. Lord Kitchener (1850-1916) succeeded Roberts in November 1900.
***Joseph Chamberlain (1836-1914), business man and Liberal Unionist politician, was Colonial Secretary in the Conservative government of Lord Salisbury at the time of the Boer War.

de 2.000 libras. É mais do que ela recebeu em legados durante os 20 anos que lá estive e um bocado de sorte para o novo secretário! Vai gostar de saber que o belo papagaio cresceu e se transformou em um pássaro magnífico. Ele ainda é obviamente bem jovem, pois é muito ativo e cheio de vida. Ainda chama a si próprio de "papagai [sic] real", mas já aprendeu muitas palavras e frases inglesas. "Polly put the kettle on" (Polly ponha a chaleira no fogo) é seu discursinho favorito. Minhas duas filhas lhe são extremamente dedicadas e ele está sempre disposto a sair da gaiola e pousar nas mãos delas. O papagaio cinza africano olha para ele com desprezo. Quando vier a Londres precisa vir vê-los e a nós também. Quando será?

Desculpe-me por me ter incluído na folha de Buxton, mas como o correio não permite mais de meia onça (15 gramas) não podia usar mais papel só para mim.

Sei que ficará contente em saber que eu e a Senhora Allen escapamos da gripe, embora a tivéssemos dentro de casa. O inverno tem sido desagradável, frio e com muita neblina e agora estamos passando por um período de geada, com temperaturas de 18, 20 e 22 graus Fahrenheit (respectivamente, -8, -7 e -6 graus centígrados) e com o chão ainda coberto de neve. Espero que tenha escapado da praga normal [do inverno] e esteja bem. Vejo que fez muito frio em Paris.

Neste correio envio-lhe o pequeno pacote a que me referi, mas é possível que ele não lhe seja entregue junto com esta carta. Estamos todos absorvidos pela guerra e temos a maior confiança nos Lordes Roberts e Kitchener ** e "Joe" Chamberlain***! O último

---

** Marechal de Campo Lord Roberts (1832-1914) era o comandante das tropas britânicas na primeira fase da Guerra dos Bôeres. Lord Kitchener (1850-1916) substituiu Roberts em novembro de 1900.

*** Joseph Chamberlain (1836-1914), homem de negócios e político Liberal Unionista, era secretário para as Colônias do governo conservador de Lord Salisbury ao tempo da Guerra dos Bôeres.

you see the *Times* for you cannot learn much that is true about the war from French papers. Mrs Allen joins me in kindest regards and good wishes.

Yours sincerely

CHAS. H. ALLEN

é o homem mais forte do governo e a prova disso são os vis insultos lançados contra ele nos jornais franceses e alemães e pelo "Rads" [radicais] aqui na Inglaterra. Espero que leia o *Times* porque não pode encontrar muitas verdades sobre a guerra nos jornais franceses. A Senhora Allen junta-se a mim para lhe enviar cordiais lembranças e bons votos.

Seu sinceramente,
CHAS. H. ALLEN

LETTER 5

Nabuco to Travers Buxton
10 February 1900

Paris

Dear Sir,

As I worked so cordially with the Anti-Slavery Society when fighting against Slavery in Brazil, and I had the privilege of representing it together with dear Mr. Allen at the Milan Congress of 1883, I am at your service for anything you think useful with regard to your noble and great cause. In this general answer is comprised the first demand you make for my services, to which I have great pleasure in complying. I am glad to see Mr. Allen had the privilege of having for his successor one of the patrician Abolitionist family of the Buxtons, who has inherited the spirit that made their name ever memorable.

I am, Sir,

Yours truly
JOAQUIM NABUCO

CARTA 5

Nabuco a Travers Buxton
Paris, 10 de fevereiro de 1900

Paris

Prezado Senhor,

Como trabalhei tão cordialmente ao lado da Anti-Slavery Society durante a luta antiescravista no Brasil e como tive o privilégio de a representar ao lado do prezado Sr. Allen no Congresso de Milão de 1883, estou à sua disposição para qualquer coisa relativa à sua nobre e grandiosa causa que V.Sa. considere útil. Nesta resposta geral está incluído o primeiro pedido que V.Sa. faz de meus serviços, que terei grande prazer em atender. Alegra-me saber que o Sr. Allen teve o privilégio de ter como seu sucessor um membro da nobre família abolicionista dos Buxtons, herdeiro do espírito que tornou seu nome para sempre memorável.

Sou, Senhor,

Seu verdadeiramente
JOAQUIM NABUCO

LETTER 6

Allen to Nabuco
18 April 1900

17 Well Walk, Hampstead

Your Excellency
and very dear Sir

How very heartily we all congratulate you on your appointment as Minister for Brazil at the Court of St. James!* And we consider also that Brazil herself is to be congratulated on having such a Representative in England.

In our last Committee meeting 6th April, I had seen a notice of your appointment in The Times of that day and I therefore proposed a Minute of which I now have the great pleasure to enclose a copy. It was, as you may well believe, carried unanimously, and as I have seen no notice of your further movements, I conclude you are in communication with the Legation here, and therefore forward the enclosed to that address. Mr Buxton hopes you will still be able to write a paper for the Anti-Slavery Conference in Paris next August, and that possibly you may find it possible to attend in person.

In either case if may be of use if I send you a copy of the proceedings in Milan in 1883 when you kindly joined the Deputation from our Society and made a splendid oration in French.

---

* Nabuco had not in fact at this stage been appointed Brazilian minister in London (see letter1), as he was quick to point out (see letters 7 and 8).

CARTA 6

Allen a Nabuco
18 de abril de 1900

17 Well Walk, Hampstead

Sua Excelência
e muito caro Senhor,

Com que entusiasmo nós todos o felicitamos por sua nomeação como ministro do Brasil na Corte de St. James!* E achamos que o próprio Brasil precisa ser felicitado por ter um representante assim na Inglaterra.

Na última reunião de nosso Comitê, dia 6 de abril, como tinha visto uma notícia de sua nomeação no *Times* daquele dia, propus uma resolução da qual tenho o grande prazer de anexar uma cópia. Como bem pode imaginar, ela foi aprovada por unanimidade e como não tive notícia alguma de seus próximos movimentos, só posso concluir que está em contato com a Legação aqui e, portanto, encaminho o anexo para esse endereço. O Sr. Buxton espera que ainda possa escrever um trabalho para a Conferência Contra a Escravidão em Paris no próximo mês de agosto, e que possa encontrar tempo para participar pessoalmente.

Seja como for, pode ser útil enviar-lhe uma cópia das atas de Milão em 1833, quando generosamente se juntou à delegação de nossa Sociedade e fez um esplêndido discurso em francês.

---

* Na verdade, Nabuco ainda não tinha sido nomeado ministro brasileiro em Londres (ver carta 1), como se apressou em observar (cartas 7 e 8).

With our united best wishes for your health and happiness and a long diplomatic career in London.

I am yours very sincerely

CHAS. H. ALLEN

COMMITTEE MEETING 6 APRIL 1900, SIR T FOWELL BUXTON PRESIDING

Copy of minute 927
The following *Resolution* was carried,

"That this Committee having heard with pleasure that *Senhor Joaquim Nabuco* has been appointed *Minister for Brazil to the Court of St. James*, offers its hearty congratulations to the former President of the Anti-Slavery Society of Brazil, and assures him of the gratification which the news afforded to its members.

"The Committee remembers with satisfaction the assistance given by Senhor Nabuco to the small delegation sent by the Society to the Conference on International Law at Milan in September 1883 when he delivered an eloquent address on slavery and the slave trade. Senhor Nabuco's long and arduous labours in Brazil which eventually resulted in the emancipation of about a million slaves on 13th May 1888 still remain fresh in the memory of the Committee with whom Senhor Nabuco worked for so many years in perfect harmony and with such excellent results."

Com nossos melhores votos coletivos para sua saúde e felicidade e uma longa carreira diplomática em Londres,
Sou seu muito sinceramente,

CHAS. H. ALLEN

Reunião do Comitê de 6 de abril de 1900, presidência de Sir T. Fowell Buxton

Cópia da resolução 927
A seguinte *Resolução* foi aprovada:

"Que este Comitê tendo tomado conhecimento com prazer que o Senhor Joaquim Nabuco foi nomeado *ministro do Brasil na Corte de St. James*, oferece suas felicitações calorosas ao antigo presidente da Sociedade Brasileira contra a Escravidão e lhe assegura a satisfação que a notícia trouxe para seus membros.

O Comitê recorda com satisfação a ajuda dada pelo Senhor Nabuco à pequena delegação enviada pela Sociedade à Conferência sobre Direito Internacional em Milão em setembro de 1883, quando fez um discurso eloqüente sobre a escravidão e o comércio de escravos. Os longos e árduos esforços do Senhor Nabuco no Brasil, que eventualmente resultaram na emancipação de cerca de um milhão de escravos no dia 13 de maio de 1888, ainda permanecem vívidos na memória do Comitê com o qual o Senhor Nabuco trabalhou por tantos anos em perfeita harmonia e com resultados excelentes."

CHAS. H. ALLEN
Secretário Honorário

Reunião do Comitê realizada dia 6 de abril de 1990
Presidida por Sir T. Fowell Buxton Bart

LETTER 7

Nabuco to Allen
3 May 1900

Pau

Dear Mr. Allen,

Only one word to thank you and the committee for kind congratulations so heartily sent and which I now receive, I will answer officially when I find the constant moving from place to place of the last weeks at an end. But there is a misunderstanding in the news given. I have been appointed Envoy Extraordinary and Minister Plenipotentiary to England, it is true, but not to replace my friend Souza Corrêa, only on an Especial Mission, which cannot last long*. However it will give me immense pleasure to go back to London and find myself again near you, whose friendship is sweeter and sweeter while it grows older.

My kindest regards to Mrs. Allen and all yours and believe me, my dear and good friend,

Yours very truly

JOAQUIM NABUCO

---

* See note to letter 1.

CARTA 7

Nabuco a Allen
3 de maio de 1900

Pau

Estimado Sr. Allen,

Apenas uma palavra para lhe agradecer e ao Comitê as bondosas felicitações tão cordialmente enviadas que agora recebo. Responderei oficialmente quando terminar a constante mudança de um lado para outro das últimas semanas. Mas há um mal-entendido nas notícias dadas. Fui nomeado Enviado Extraordinário e Ministro Pleniponteciário na Inglaterra, é verdade, mas não para substituir meu amigo Souza Corrêa e sim apenas em Missão Especial que não pode durar muito.* No entanto, terei enorme prazer de voltar a Londres e ver-me uma vez mais próximo ao senhor, cuja amizade fica cada vez mais afetuosa à medida que passa o tempo.

Minhas cordiais recomendações à Sra. Allen e a todos os seus e creia-me, meu caro e bom amigo,
Seu muito verdadeiramente,

JOAQUIM NABUCO

---

* Ver nota à carta 1.

LETTER 8

Nabuco to Allen
7 June 1900

Pouges les Eaux

Dear Mr. Allen,

I beg you to convey to the Committee of the Anti-Slavery Society my deep sense of the honour done to me by its vote and my sincere appreciation of the recollection they keep of our old and friendly relations. At the same time I must inform you that it is not to the permanent post in London I have been appointed, but to an Extraordinary Mission.

I have the honour to be, dear Mr. Allen,
Yours sincerely

JOAQUIM NABUCO

CARTA 8

Nabuco a Allen
7 de junho de 1900

Pouges les Eaux

Estimado Sr. Allen,

Peço-lhe que transmita ao Comitê da Anti-Slavery Society meu profundo reconhecimento pela honra que me foi dada com seu voto e minha apreciação sincera pela lembrança que ainda guardam das relações amigáveis que tivemos no passado. Ao mesmo tempo, devo informar-lhe que o posto para o qual fui nomeado em Londres não é um posto permanente e sim uma Missão Extraordinária.

Tenho a honra de ser, meu caro Sr. Allen,
Seu sinceramente,

JOAQUIM NABUCO

LETTER 9

BUXTON TO NABUCO
9 JUNE 1900

My dear Sir

In your letter to me of February last you were so good as to comply with the request of my Committee to write a paper on Brazilian Slavery for presentation to the International Anti-Slavery Congress in Paris, to be held in August next.

May I ask if you can kindly forward me the paper at your early convenience, as my Committee has resolved to send in the papers which this Society is presenting with as little delay as possible.

We propose to have the papers translated into French, but I presume that the paper that you are contributing will be written in that language.

We are very sensible of your kindness in finding time to undertake this office on behalf of the society.

With much respect,
I beg to remain, Sir

Your faithful servant
TRAVERS BUXTON

CARTA 9

BUXTON A NABUCO
9 DE JUNHO DE 1900

Meu caro Senhor,

Na carta que me escreveu em fevereiro p.p. teve a gentileza de concordar com o pedido feito por meu Comitê para que escrevesse um trabalho sobre a Escravidão no Brasil para ser apresentado ao Congresso Internacional contra a Escravidão em Paris, a ser realizado no próximo mês de agosto.

Posso pedir-lhe a gentileza de me enviar esse trabalho assim que puder, pois meu Comitê decidiu enviar os textos que a Sociedade irá apresentar o mais rápido possível?

Temos a intenção de mandar traduzir os textos para o francês, mas suponho que sua contribuição será escrita nesse idioma.

Estamos muito sensibilizados com sua gentileza em encontrar tempo para se incumbir dessa tarefa em nome da sociedade.

Com muito respeito,
Peço continuar sendo

Seu fiel servidor,
TRAVERS BUXTON

LETTER 10

Nabuco to Buxton
15 July 1900

St. Germain en Laye, Pavillon Louis XIV

Dear Sir,

I am sorry if I were to disappoint you, but I am not able to send the promised paper in time for the Congress, as the books I wanted for writing it are still delayed. What relieves my mind is that I hardly could treat, for want of special information, of the part your Society took in the struggle for the extinction of the slave-trade and slavery with us, which in a paper coming from it or under its *auspices*, ought to be a feature. I was a little discouraged too from writing as the list sent me by the organizers of the Congress only included subjects dealing with the pending questions and issues in your path, and not with historical subjects, such as the Abolition of Slavery in South or North America.

Meanwhile as I will do my best to be present to the meeting of the Congress, on account of your invitation and of the one I received from the organizers to represent Brazil, we will talk the subject over, if I am able to attend and what could not be written might perhaps take the form of a Resolution.

Believe me, dear Sir,
Faithfully yours

JOAQUIM NABUCO

CARTA 10

Nabuco a Buxton
15 de julho de 1900

St. Germain en Laye, Pavillon Louis XIV

Prezado Senhor,

Lamento desapontá-lo, mas não me foi possível enviar-lhe a tempo o texto prometido para o Congresso porque os livros que queria para escrevê-lo ainda não chegaram. O que me consola é que, por falta de informação especializada, não teria podido tratar do papel que sua Sociedade desempenhou na luta pela extinção do comércio de escravos e da escravidão entre nós, assunto que deveria ser parte importante em um texto vindo da sociedade ou escrito sob seus *auspícios*. Fiquei também um pouco desestimulado de escrever porque a lista que me foi enviada pelos organizadores do Congresso só incluía assuntos relacionados com questões e temas pendentes à sua frente e não com temas históricos como a Abolição da Escravidão na América do Norte ou do Sul.

Nesse meio tempo, farei o possível para estar presente à reunião do Congresso em atenção a seu convite e de um convite para representar o Brasil que recebi dos organizadores. Se puder estar presente conversaremos sobre o assunto e talvez aquilo que não pôde ser escrito possa tomar a forma de uma Resolução.

Creia-me, prezado senhor,
Fielmente seu,

JOAQUIM NABUCO

LETTER 11

Buxton to Nabuco
20 July 1900

Dear Sir,

I thank you for your letter of 15th inst. (letter 10) I regret that you are unable to send us a paper, but I too notice in the programme of the Congress that the subjects which are chiefly to be dealt with are rather present and future issues than past history. We have sent in four papers, treating of Egypt, Morocco and East Africa.

The Society is sending four delegates to the Congress, including the President, two members of the Committee, and myself. I think you already know Mr. Alexander, as well as Sir Fowell Buxton, and it is very good of you to propose to meet our representatives if you are able to attend.*

We expect to reach Paris on August 6th, and if you will be there, I hope that we may have the honour of meeting you.

I am, dear Sir
Your faithful servant

TRAVERS BUXTON

---

* Nabuco did finally write a paper and presented it to the Congress on 7 August. See Joaquim Nabuco, *Escriptos e discursos literários* (Rio de Janeiro and Paris: Garnier, 1901), pp. 265-275

CARTA 11

Buxton a Nabuco
20 DE JULHO DE 1900

Prezado Senhor,

Agradeço-lhe por sua carta do dia 15 p.p. [carta 10] Lamento que não lhe seja possível enviar-nos um texto, mas percebi também no programa do Congresso que os principais temas abordados são questões atuais ou futuras e não do passado histórico. Mandamos quatro textos, sobre o Egito, Marrocos e África Oriental.

A Society está enviando quatro delegados ao Congresso, incluindo o presidente, dois membros do Comitê e eu. Acho que já conhece o Sr. Alexander, bem assim como Sir Fowell Buxton, e é muito gentil de sua parte sugerir um encontro com nossos representantes se lhe for possível participar do Congresso.*

Esperamos chegar a Paris dia 6 de agosto e, se estiver lá, espero que tenhamos a honra de o conhecer.
Sou, prezado senhor,
Seu fiel servidor

TRAVERS BUXTON

---

* Nabuco afinal escreveu um texto e o apresentou ao Congresso no dia 7 de agosto. A conferência pode ser encontrada em Joaquim Nabuco, *Escriptos e discursos literários*, p. 265-275.

LETTER 12

Allen to Nabuco
31 July 1900

17 Well Walk, Hampstead

Dear Senhor Nabuco

I am glad to see by *The Times* that you are in London and I hope to call upon you at the Legation before long. The great heat has rather upset me.

With sincere congratulations and hoping you are quite well.

I am
Yours very truly

CHAS. H. ALLEN

CARTA 12

Allen a Nabuco
31 de julho de 1900

17 Well Walk, Hampstead

Prezado Senhor Nabuco,

Fiquei contente de saber pelo *Times* que está em Londres e espero visitá-lo em breve na Legação. O calor intenso deixou-me bastante indisposto.

Com felicitações sinceras e esperando que esteja bem,
Sou
Seu muito verdadeiramente,
CHAS. H. ALLEN

LETTER 13

Allen to Nabuco
8 March 1901

17 Well Walk, Hampstead

My dear friend

I am proud to be able to call you Excellency but still prefer the older title of friend. It is many years since we first met in the interests of the Slave and I remember escorting you to the house of the Hon. Secretary Mr Joseph Cooper, then lying on his deathbed. The other Hon. Sec. Mr Sturge you knew well, for he did not die until 1893.

A shameful attack made upon him by the *Financial News* caught my eye by chance and I felt stirred to write a defence. The editor published it, and you will see it in the *Reporter*, p 19 which I now enclose, with the hearty good wishes of myself and wife.

Yours very sincerely

CHAS. H. ALLEN

CARTA 13

Allen a Nabuco
8 de março de 1901

17 Well Walk, Hampstead

Meu caro amigo,

Tenho orgulho de poder chamá-lo de Excelência, mas prefiro o velho título de amigo. Faz muitos anos desde que nos encontramos pela primeira vez na luta pelos interesses dos escravos e lembro-me de o ter acompanhado até a casa do secretário honorário Sr. Joseph Cooper que jazia em seu leito de morte. O outro secretário honorário, o Sr. Sturge, o senhor conheceu bem, pois só morreu em 1893.

Um ataque vergonhoso feito a ele no *Financial News* chamou minha atenção por acaso e senti-me motivado a escrever em sua defesa. O editor publicou a defesa e poderá vê-la na página 19 do *Reporter* que encaminho em anexo com votos cordiais meus e de minha esposa.

Seu muito sinceramente,

CHAS. H. ALLEN

LETTER 14

Buxton to Nabuco
20 June 1901

My dear Sir

Mr. Henry Gurney* has asked me to let you know what action has been taken by this Society in regard to slave-holding in Morocco by natives and Jews under European consular protection. In 1895 trustworthy information was received by the Society that a considerable amount of slave trading was carried on in Morocco by Jewish protégés of England and other Powers, the slaves being nominally purchased by Moors for Jewish friends – the Jews not being allowed to hold slaves.

Mr. Allen (the then Secretary) wrote to the Press to this effect in April 1895 and a few weeks later, he again wrote saying that the Legations of England, France, and Spain had taken action, but that the Consular Agents in Morocco of Brazil and the United States declined to do so, and that their protégés held more slaves than those of any other power. Accordingly in July 1896 this Committee wrote to H. E. the Brazilian Minister in London, and to the American Ambassador, bringing these facts before them and asking that the authorities representing these governments would withdraw their protection from those who abused it. Replies were received from both of these Ministers, not admitting knowledge of the abuses referred to.

---

* No information available on Henry Gurney and his relationship to the Anti-Slavery Society

CARTA 14

Buxton a Nabuco
20 DE JUNHO DE 1901

Prezado Senhor,

O Sr. Henry Gurney* pediu-me que lhe comunicasse qual foi a iniciativa tomada por esta Sociedade com relação à propriedade de escravos no Marrocos por parte de nativos e judeus sob proteção consular européia. Em 1895, a Sociedade recebeu informações fidedignas de que um volume considerável de comércio de escravos estava sendo realizado no Marrocos por judeus protegidos da Inglaterra e de outros países, sendo que, como a judeus não é permitido possuir escravos, esses eram nominalmente comprados pelos mouros para amigos judeus.

O Sr. Allen (o secretário à época) escreveu para a imprensa sobre o assunto em abril de 1895 e algumas semanas mais tarde voltou a escrever dizendo que as legações da Inglaterra, da França e da Espanha tinham começado a agir, mas que os agentes consulares do Brasil e dos Estados Unidos no Marrocos se tinham recusado a fazê-lo e que seus protegidos possuíam mais escravos que os de qualquer outro poder. Com isso, em julho de 1896, este Comitê escreveu a Sua Excelência o ministro brasileiro em Londres e ao embaixador americano levando os fatos ao seu conhecimento e pedindo que as autoridades que representam esses governos retirassem sua proteção da-

---

* Não há informação disponível sobre Henry Gurney e suas relações com a Anti-Slavery Society.

Mr. Henry Gurney, on his return from Morocco last year, reported to our Committee that he believed there were about 80 persons in Mogadir under Brazilian consular protection, and he had found a case of a Brazilian protégé at Casablanca who had bought a slave. Mr. Gurney proposed that the Committee should communicate with you on this matter, but owing to our not having your correct address, the matter dropped.

I have the honour to be, Sir,
Yours truly

TRAVERS BUXTON

queles que abusavam dela. Recebemos respostas dos dois ministros que negavam ter conhecimento dos abusos a que nos referíamos.

O Sr. Henry Gurney, quando voltou do Marrocos ano passado, relatou a nosso Comitê que, a seu ver, havia cerca de 80 pessoas em Mogadir sob proteção consular brasileira e que tinha descoberto o caso de um protegido brasileiro em Casablanca que tinha comprado um escravo. O Sr. Gurney propôs que o Comitê entrasse em contato com o senhor sobre esse assunto, mas como não tínhamos seu endereço certo, o assunto foi esquecido.

Tenho a honra de ser, Senhor,
Seu verdadeiramente,

TRAVERS BUXTON

LETTER 15

Gurney to Nabuco
21 June 1901

Reigate

Dear Sir

I hear from the Secretary of the B. and F. Anti-Slavery Society, in returning your kind letter to me of the 18th instant*, that my proposal to communicate with you on the subject of the holding of slaves by Brazilian protégés which was agreed to by the Committee in May last year, was after all not carried out. I apologise to you very sincerely for the mistake I made. I was talking the matter over with the Secretary before writing and should have referred back to our minutes before writing so positively.

Mr. Travers Buxton says he will write you on the subject. There is now a gentleman in England who would give you the latest information on the subject, who has taken great interest in the subject of consular protection, and who I consider to be one of the best authorities on it. I allude to Mr. Allan Maclean, British Consul at Casablanca, now attending on the Moorish envoy, whose address is 84 Lancaster Gate, W.

I have also brought the matter to the notice of Sir. Arthur Nicolson Bart, the British Minister to Morocco, whose address is Travellers' Club, Pall Mall. W., and I feel sure that either of these gentle-

---

* Letter not found.

CARTA 15

Gurney a Nabuco
21 DE JUNHO DE 1901

Reigate

Exmo.sr.,

O secretário da B. and F. Anti-Slavery Society informou-me, quando me devolveu sua gentil carta do dia 18 p.p.,* que minha proposta de que fosse enviada a Vossa Excelência uma comunicação sobre a questão da manutenção de escravos por protegidos do Brasil, proposta que foi aprovada pelo Comitê em maio do ano passado, afinal não foi concretizada. Peço desculpas a Vossa Excelência por meu erro. Estive conversando sobre o assunto com o secretário antes de escrever e deveria ter consultado a ata da reunião antes de escrever com tanta segurança.

O Sr. Travers Buxton diz que lhe irá escrever sobre o assunto. Existe agora um cavalheiro na Inglaterra que lhe daria as informações mais recentes sobre o tema, que está muito interessado no assunto da proteção consular e que considero ser uma das melhores autoridades no assunto. Refiro-me ao Sr. Allan Maclean, cônsul britânico em Casablanca, atualmente assistente do enviado mouro [marroquino], cujo endereço é 84 Lancaster Gate, W.

Também levei o assunto ao conhecimento de Sir Arthur Nicolson Bart. Sir Arthur é o ministro britânico no Marrocos e seu endereço

---
* Carta não localizada.

men would be able to satisfy you as to the necessity of some inquiry being made into the protection in Morocco by Brazilian consuls. The former gentleman is probably the best qualified as protection has been carried on to a greater extent in the south of the country.

If I could in my way assist you to get into communication with the above gentlemen I should be very pleased.

I am, dear Sir,
Yours truly,
HENRY GURNEY

é Travellers' Club, Pall Mall, W. Estou certo de que um desses cavalheiros lhe poderia fornecer os argumentos justificando a necessidade de algum tipo de investigação sobre a proteção dada por cônsules brasileiros no Marrocos. O primeiro cavalheiro é provavelmente o mais qualificado já que a proteção vem sendo realizada com maior freqüência no sul do país.

Se puder de alguma maneira o ajudar a entrar em contato com o cavalheiro mencionado acima, terei o maior prazer em o fazer.

Sou, prezado senhor,
Seu verdadeiramente,

HENRY GURNEY

LETTER 16

Allen to Nabuco
6 March 1902

17 Well Walk, Hampstead

My dear Excellency

You must have thought me remiss in not replying sooner to your kindly New Year greeting. But you will I know excuse me when I tell you that a serious difference in opinion with the present management of the British and Foreign Anti-Slavery Society has resulted in the resignation of myself and of my brother Joseph who has been Treasurer of the Society for nearly 23 years. We regret it very much but it was inevitable.

You ask for my photograph, *which I gladly enclose*, and quite thought I had sent it you before. The weather has really been dreadful with such a long continuance of cold fog. I hope it has not upset you or Madame Nabuco. Have you been to Rome yet?* Your dear little parrot has borne the cold splendidly – but we take such care of him he never feels it. He is a great pet with my girls but we have to cover him up when he screams.

We all join in kindest regards and best wishes to you both and are very sorry to hear that you suffered so much from our cold climate.

Yours very sincerely

CHAS. H. ALLEN

---

* Nabuco went to Rome at the beginning of 1903 to present to the King of Italy his report in support of Brazil's case in the dispute with Great Britain over British Guiana.

CARTA 16

Allen a Nabuco
6 de março de 1902

17 Well Walk, Hampstead

Prezada Excelência,

Deve ter-me julgado negligente por não ter respondido antes a suas saudações de Ano Novo. Mas sei que me desculpará quando lhe disser que uma séria divergência de opinião com a atual administração da British and Foreign Anti-Slavery Society resultou em minha própria renúncia e na de meu irmão Joseph, que foi Tesoureiro da Sociedade por quase 23 anos. Lamentamos muito o ocorrido, mas foi inevitável.

O senhor pede uma fotografia minha *que envio com prazer*. Tinha quase certeza de que a tinha enviado antes. O tempo tem estado realmente horrível com a continuidade prolongada desse nevoeiro frio. Espero que isso não lhe tenha causado mal-estar ou à Senhora Nabuco. O senhor já foi a Roma?* Seu querido papagaio agüentou o frio maravilhosamente, mas cuidamos dele tão bem que nem chega a senti-lo. Ele é um ótimo animal de estimação para minhas meninas, mas temos que o cobrir quando começa a gritar.

Juntamo-nos todos para enviar nossas cordiais lembranças e votos de felicidade para ambos e lamentamos muito saber que sofreu tanto com nosso clima frio.

Seu muito sinceramente,

CHAS.H. ALLEN

---

* Nabuco foi a Roma no início de 1903 para entregar ao rei da Itália as memórias em defesa do direito do Brasil na questão da Guiana Inglesa.

LETTER 17

ALLEN TO NABUCO
2 APRIL 1902

17 Well Walk, Hampstead

My dear Excellency

You will see by the enclosed* that my severance from the Society is now quite complete. It is a pity, though in some respects I am glad to be free from all responsibilities, and from all intercourse with the pro Boer section of our Committee.**

At the annual meeting next Friday they will have to explain how it is that the Society has now neither a Treasurer nor an Hon. Sec. Hoping you are both well and with hearty thanks for your very kind letter - which has been followed by very sympathetic ones from the King of the Belgians, Lord Cromer, Sir G. J. Goldie etc.

I am yours very sincerely

CHAS. H. ALLEN

---

* Enclosure not found.
** This suggests that the Boer War was the cause of the differences of opinion within the Committee of the Anti-Slavery Society which led to the resignation of Charles Allen and his brother Joseph (see letter 16). The Allens belonged to the group that supported the British government; another group supported the Boers.

CARTA 17

Allen a Nabuco
2 DE ABRIL DE 1902

17 Well Walk, Hampstead

Prezada Excelência,

Verá pelo anexo* que meu desligamento da Sociedade é agora completo. É pena, embora em certo sentido esteja satisfeito de estar livre de todas as responsabilidades e de todo o relacionamento com a seção de nosso Comitê favorável aos bôeres.**

Na reunião anual na próxima sexta-feira eles terão de explicar como é que a Sociedade não tem agora nem tesoureiro nem secretário honorário. Na esperança de que ambos estejam bem e com calorosos agradecimentos por sua bondosa carta – que foi seguida por outras muito solidárias do rei dos belgas, Lord Cromer, Sir G.J. Goldie etc.,

Sou seu muito sinceramente,

CHAS. H. ALLEN

---

*Não localizado.
** Isto sugere que a Guerra dos Bôeres foi o motivo das divergências de opinião dentro do Comitê da Anti-Slavery Society que levaram à renúncia de Charles Allen e de seu irmão Joseph (ver carta 16). Os Allens pertenciam ao grupo que apoiava o governo britânico; outro grupo favorecia os bôeres.

LETTER 18

Buxton to Nabuco
9 July 1902

My dear Sir

I am directed by our Committee to ask your kind attention, as Corresponding Member of this Society, to the facts relating to the colony of Angola which are stated in the enclosed letter from a Canadian missionary who does not at present wish his name published.*

Within the last few months we have had brought to our notice many statements from various sources, including British Consular reports, as to the enslaving and ill treatment of the natives in Angola, and especially as to the export of 'serviçaes' from Angola to San Thomé.

Quite recently I have had personal visits from three gentlemen including the writer of this letter, who, on their return from Angola, have wished to make known to our Society the facts which have come within their own experiences.

Our Committee venture to ask you if you can advise any steps which can possibly be taken to bring these abuses, directly or indirectly, to the notice of the responsible Portuguese government, as they would appear to be in direct violation of the engagements entered into by signatories of the Brussels Act, and of the 6th and 9th Articles of the Berlin General Act of 1885.

I remain, Sir
Yours faithfully

TRAVERS BUXTON

---
* Letter not found.

CARTA 18

Buxton a Nabuco
9 de julho de 1902

Prezado Senhor,

Nosso Comitê solicitou que chamasse sua bondosa atenção como Membro Correspondente desta Sociedade para os fatos relacionados com a colônia de Angola, expostos na carta em anexo* de um missionário canadense que, no momento, não deseja ter seu nome publicado.

Nos últimos meses, fomos informados por várias fontes, inclusive relatórios do Consulado Britânico, sobre a escravização e o mau trato dado aos nativos em Angola, e especialmente à exportação de "serviçais" [sic] de Angola para São Tomé.

Recentemente, recebi a visita de três cavaleiros – entre eles o autor da carta – que, voltando de Angola, quiseram trazer ao conhecimento de nossa Sociedade os fatos de que tiveram conhecimento por experiência própria.

Nosso Comitê se aventura a lhe perguntar se nos pode aconselhar sobre os passos que possam ser dados para levar esses abusos, direta ou indiretamente, ao conhecimento do governo português, responsável no caso, já que eles parecem ser uma violação direta dos compromissos assumidos pelos signatários da Convenção de Bruxelas e do 6º e 9º Artigos da Convenção Geral de Berlim de 1885.

Continuo, senhor,
Seu fielmente,

TRAVERS BUXTON

*Não localizada.

III

EPILOGUE

Correspondence December 1904
January 1905

III
EPÍLOGO
Correspondência dezembro de 1904
a janeiro de 1905

LETTER 1 (DRAFT)

Nabuco to Mrs Allen
22 December 1904

52 Cornwall Gardens

Dear Mrs Allen,

On my return after a two years absence* I receive the news of the great loss you are mourning** and I beg you to believe that in no memory, outside his intimate circle, will his features remain more vivid than in mine. He was a burning heart ['soul' deleted], I well felt the fervour of his devotion to the noble ideals that sprung for him from his powerful realization of God's presence and interest ['inspiration' deleted] in his work. I will never forget him and would be glad to contribute my part to any humble sign ['symbol' deleted] the Anti-Slavery family may wish to create in order to gather his name and keep it alive among the partisans of that undying cause.

Yours very sincerely

JOAQUIM NABUCO

Please kindly express to sorrow to all around you.

---

* Nabuco had spent the best part of two years in Italy presenting Brazil's case in the dispute over British Guiana. On 14 June 1904 King Victor Emmanuel had found in favour of Great Britain. Nabuco was shocked by the decision. In a letter to his wife, Evelina Torres Soares Ribeiro, on 14 June he confessed: 'Listening to the King read his arbitral award, which was a victory for England, was probably the most terrible quarter of an hour I have ever endured'. And three days later: 'I did all that was possible for me to do... I am not going to commit suicide because we lost... Having fulfilled my obligations to the best of my ability, I have an easy conscience, but my heart bleeds with sorrow. I feel as if I am the mutilated one and not Brazil'. Carolina Nabuco, *Life of Joaquim Nabuco*, p. 299.
** Charles Allen had died on 19 December 1904, aged 80.

CARTA 1 [RASCUNHO]

Nabuco à Sra. Allen
22 DE DEZEMBRO DE 1904

52 Cornwall Gardens

Prezada Sra. Allen,

Em meu regresso, após dois anos de ausência,* recebi a notícia da grande perda que a enlutou** e peço-lhe que acredite que em nenhuma lembrança, fora de seu círculo mais íntimo, seus traços permanecerão mais vívidos do que em minha própria. Tinha um coração ardente e eu bem sentia o fervor de sua devoção pelos ideais nobres que emanavam de sua poderosa certeza da presença e do interesse de Deus em seu trabalho. Jamais o esquecerei e ficaria feliz em contribuir com minha parte para qualquer marco humilde que a família Antiescravista possa querer criar a fim de assinalar o nome dele e o manter vivo entre os partidários dessa causa imorredoura.

Seu muito sinceramente,

JOAQUIM NABUCO

Por favor, transmita minha tristeza a todos que a rodeiam.

---

*Nabuco passara boa parte desse tempo na Itália por conta do arbitramento. Em 14 de junho de 1904, o rei Vítor Emanuel III leu sua sentença favorável às pretensões britânicas. Nabuco ficou chocado com o resultado. Em carta à mulher, Evelina Torrres Soares Ribeiro, de 14 de junho, confessou: "Foi um quarto de hora terrível o da leitura que o rei nos fez [...] da sentença que concluía pela vitória da Inglaterra". E no dia 17: "[...] fiz tudo o que me era possível [...] Não me hei de suicidar por a ter perdido [...] Tenho feito o meu dever, estou com a consciência tranqüila, mas o coração sangra-me" (Carolina Nabuco, *A vida de Joaquim Nabuco*, p. 418-19.

** Charles Allen morreu aos 80 anos no dia 19 de dezembro de 1904.

LETTER 2

Mrs Allen to Nabuco
12 January 1905

17 Well Walk, Hampstead

Dear Senhor Nabuco

It was a great pleasure to me to receive, in the midst of my trouble, your kind and sympathetic letter (letter 1), and I thank you much for it.

My dear husband had a long and painful illness, beginning with an attack of bronchitis (which the doctors consider must have been influenza) two years ago. This was followed by severe neuritis in the right arm and shoulder, causing intense pain, and ever since he has suffered from this complaint, one attack succeeding another in spite of all that medical science and the best advice in London could do. In time both arms were affected and became powerless, so that he was dependent on others for everything, but he had the devoted attention of the whole household, who were only too delighted to wait on him. We had also a very nice trained nurse who was a great comfort to us. It was truly sad to see him suffer so much at times, though he was wonderfully patient; but as his general health kept very good we hoped that the neuritis might eventually be overcome, and so for some time did his doctors – but it was not be.

He took great interest in public affairs and had the *Times* read to him every day. Until quite lately, he did not look like an invalid, and

CARTA 2

Sra. Allen a Nabuco
12 de janeiro de 1905

17 Well Walk, Hampstead

Prezado Senhor Nabuco,

Foi um grande prazer para mim receber, no meio de meus sofrimentos, sua carta generosa e solidária e agradeço-lhe muito por ela.

Meu querido marido teve uma doença longa e dolorosa, que começou com um ataque de bronquite (que os médicos acham que deve ter sido uma gripe) há dois anos. Seguiu-se uma neurite severa no braço e no ombro direitos, que lhe causava dor intensa e desde então sofreu dessa doença, um ataque atrás do outro, apesar de tudo aquilo que a ciência médica e os melhores especialistas em Londres puderam fazer. Com o passar do tempo, a doença afetou os dois braços que ficaram sem movimento, de maneira que ele se tornou dependente dos outros para tudo. Mas contava com a dedicada atenção de toda a família sempre feliz em lhe prestar assistência. Tínhamos também uma enfermeira muito qualificada e simpática que era de grande ajuda para nós. Era realmente triste vê-lo sofrer tanto às vezes, embora fosse extremamente paciente; mas, como sua saúde em geral se mantinha muito boa, tínhamos esperança de que a neurite pudesse eventualmente ser superada e por algum tempo os médicos pareciam ter a mesma opinião – mas não foi o que aconteceu.

Interessava-se muito pelos assuntos públicos e pedia que lhe lessem o *Times* todos os dias. Até quase o fim não parecia um inválido e

I wish you could have paid him a visit as many of his friends did, but you were away, I believe, the whole time that he was ill. I know what a great regard, I may say affection you had for each other, and I know too how much you appreciated his fine character, and the excellent work he did for the oppressed. I shall always have a pleasant memory of the visit he and I paid to you and Mme Nabuco in Cornwall Gardens and also of the interesting function at Westminster Abbey for which you gave us tickets of admission.

To turn from sad things to bright ones, I and my children heartily congratulate you on your new and important appointment, which is announced in this morning's paper.* I am sure you will fill the office most worthily and to the benefit of both countries. The only drawback seems to me the climate, which in winter I'm afraid Mme Nabuco may find rather too severe. With kindest regards to you both, believe me
Yours very sincerely
SARAH E. ALLEN

The parrot you presented to us is in beautiful condition and is a great pet, especially with my daughter Beatrice who takes him out of his cage on to her hand. He was quite tame with Charles and her but with no one else. When he heard dear Charles' voice, if we placed him at the foot of the stairs he would climb up them to the bedroom. He would then climb up on to his knee and remain there quite quietly.

I hope your family are well.

---

* Nabuco had been invited by Barão do Rio Branco, the Minister of Foreign Relations, to become Brazilian ambassador to the United States.

teria sido bom que tivesse podido visitá-lo como o fizeram tantos de seus amigos, mas acho que estava ausente durante todo o tempo em que ele esteve doente. Sei quanta consideração, e posso dizer afeição, tinham um pelo outro e sei também quanto apreciava o ótimo caráter dele e o trabalho excelente que fazia pelos oprimidos. Sempre terei uma lembrança agradável da visita que juntos lhe fizemos e à Senhora Nabuco em Cornwall Gardens e também do interessante evento na Abadia de Westminster para o qual nos deu entradas.

Voltando-me das coisas tristes para as alegres, eu e meus filhos o felicitamos calorosamente por seu novo e importante posto anunciado no jornal de hoje de manhã.* Tenho certeza de que preencherá o cargo da forma mais meritória e para o benefício dos dois países. A única desvantagem parece ser o clima que, no inverno, temo que a Senhora Nabuco irá achar severo demais. Com as mais cordiais lembranças para ambos, creia-me

Sua muito sinceramente,

SARAH E. ALLEN

O papagaio que nos deu de presente está em excelentes condições e é um ótimo animal doméstico, especialmente com minha filha Beatrice que o tira da gaiola e fica com ele na mão. Ele era bastante manso com Charles e com ela, mas com ninguém mais. Quando ouvia a voz do meu querido Charles, se o colocássemos no primeiro degrau da escada, subia todos eles até o quarto. No quarto, subia no joelho de Charles e se mantinha ali bem quietinho.

Espero que sua família esteja bem.

---

* Nabuco tinha sido convidado pelo barão do Rio Branco, ministro das Relações Exteriores, a ser embaixador brasileiro em Washington.

LETTER 3

Nabuco to Mrs Allen
13 January 1905

London

Dear Mrs. Allen,

Many thanks for your so kind letter (letter 2). I see in it the fortitude with which you bear your great misfortune, and that more than anything tells the comfort that truly Religion is. It is so much like himself the picture you make of his patience in illness and forced quiet. With his active mind and frame! Yes I greatly appreciated him and wish some record of the love of so many could survive us, although now he has already attained a much greater reward in Infinite Love.

The other day I read a story of a parrot of Mme. Patti that explains the case of your old dumb parrot. One was given to her as a fine speaking bird, but never spoke, except much later, when the Doctor entering to see her he startled both (probably he felt also ill then) by mimicking her. "Doctor, I feel so sick". Perhaps yours will some day throw off the mask of silence, but choosing, I trust, a brighter occasion.*

Many thanks for your congratulation (of all of you) on my appointment. We leave England with regret, but will join our new post with delight, as every charge in public life must be pleasurably taken in order to be well accomplished.**

---

* Nabuco was mistaken here. It was the first Parrot that was mute.
** Nabuco left for Washington in May 1905. He died there on 17 January 1910.

CARTA 03

Nabuco à Sra. Allen
13 de janeiro de 1905

Londres

Prezada Sra. Allen,

Muito obrigado por sua carta tão bondosa (carta 02). Vejo nela a força com que está enfrentando seu enorme infortúnio e isso, mais do que qualquer outra coisa, demonstra o conforto que uma verdadeira religião significa. A descrição que faz de sua paciência na doença e na imobilidade forçada mostra bem o que ele era. Com sua mente ativa e sua personalidade! É verdade, eu o apreciava muito e desejaria que algum registro do amor de tantos pudesse nos sobreviver, embora agora ele já tenha atingido uma recompensa muito maior no Amor Infinito.

Outro dia li uma história de um papagaio de Madame Patti, que explica o caso de seu velho papagaio mudo. Deram-lhe um dizendo que era um pássaro muito bom e falante, mas ele nunca falou, a não ser muito mais tarde, quando surpreendeu a ela e ao médico, que entrava para vê-la (provavelmente o papagaio também se sentia mal naquele momento), imitando-a: "Doutor, estou me sentindo tão mal". Talvez o seu um dia desses jogue fora a máscara de silêncio, mas espero que escolha uma ocasião mais alegre.*

---

* Nabuco enganou-se. O primeiro papagaio é que era mudo.

With our kindest regards to you and your children
Yours very truly

J. N.

Muito obrigado pelas felicitações (de todos) por minha nomeação. Deixamos a Inglaterra com tristeza, mas iremos para nosso novo posto com alegria já que todos os encargos na vida pública devem ser aceitos com prazer para que sejam bem desempenhados.**

Com nossas melhores lembranças para a senhora e seus filhos,
Seu muito verdadeiramente,

J. N.

---

* Nabuco viajou para Washington em 10 de maio de 1905. Morreu na capital norte-americana em 17 de janeiro de 1910.

CRONOLOGIA

1783 Criado em Londres pelos Quakers o Committee on the Slave Traffic.
1787 Criado em Londres o Committee for the Abolition of the Slave Trade.
1807 Abolição do tráfico de escravos pelo Parlamento britânico.
1810 Tratado anglo-português pelo qual Portugal se compromete a abolir gradualmente o tráfico de escravos e a limitá-lo a suas colônias.
1815 Tratado anglo-português pelo qual Portugal se compromete a extinguir o tráfico ao norte do Equador.
1823 Criada em Londres a Society for the Mitigation and Gradual Abolition of Slavery throughout the British Dominions (Anti-Slavery Society).
1826 Tratado anglo-brasileiro pelo qual o Brasil se obriga a abolir o tráfico três anos após a ratificação (que se deu em 1827).
1831 9 de novembro: lei torna ilegal o tráfico de escravos para o Brasil.
1833 Abolição da escravidão no Império Britânico (a partir de 1º de agosto de 1834).
1839 Abril: criada em Londres a British and Foreign Anti-Slavery Society. Junho: criada em Londres a Society for the Extinction of the Slave Trade and for the Civilization of Africa (fechada em 1843).
1840 Janeiro: primeiro número do *Anti-Slavery Reporter*, revista da British and Foreign Anti-Slavery Society.
1849 Nabuco nasce no Recife.
1850 4 de setembro: segunda lei brasileira de abolição do tráfico de escravos.
1856 Portugal aprova lei de liberdade do ventre aplicável a suas colônias.

1865 Janeiro: 13ª Emenda à Constituição abolindo a escravidão nos Estados Unidos.
1866 Janeiro: Pimenta Bueno apresenta, a pedido do imperador, cinco projetos abolicionistas.
Julho: a Junta Francesa de Emancipação envia apelo ao imperador em favor da abolição.
Agosto: o imperador redige a resposta enviada pelo governo brasileiro à Junta Francesa.
1867 Abril: primeira referência à emancipação na Fala do Trono.
Agosto: International Slavery Conference em Paris.
1869 Julho: o *Anti-Slavery Reporter* publica carta do senador Nabuco à Sociedade Democrática Constitucional Limeirense.
Agosto: "mensagem amigável" ao povo brasileiro da Associação Abolicionista Internacional de Paris a favor da abolição.
Setembro: o conde d'Eu pede ao governo paraguaio que acabe com a escravidão.
1870 Nabuco escreve *A escravidão*, texto que não publicou em vida.
Novembro: Nabuco se forma na Faculdade de Direito do Recife.
1871 28 de setembro: Lei do Ventre Livre.
1873 31 de agosto: Nabuco embarca para sua primeira viagem à Europa.
1874 Junho: Nabuco em Londres.
25 de setembro: Nabuco de volta ao Brasil.
1876 7 de junho: Nabuco parte para os Estados Unidos, via Europa, para assumir o posto de adido da legação brasileira.
Agosto: o senador Nabuco apresenta a candidatura do filho a deputado por Pernambuco.
1877 21 de outubro: Nabuco chega a Londres como adido da legação brasileira.
1878 5 de janeiro: o Partido Liberal chega ao poder com o visconde de Sinimbu.
19 de março: morre no Rio de Janeiro o senador Nabuco de Araújo.
30 de abril: Nabuco chega de volta ao Brasil.
5 de setembro: Nabuco eleito deputado geral por Pernambuco, aos 29 anos de idade.
1879 10 de janeiro: Nabuco toma posse na Câmara.

1880 Congresso espanhol vota abolição da escravidão em Cuba, com oito anos de patronato.

8 de janeiro: primeiro contato conhecido entre Nabuco e a Anti-Slavery Society.

26 de agosto: negada na Câmara urgência para discutir projeto de Nabuco que prevê fim da escravidão em 1890.

7 de setembro: Nabuco funda, com outros, em sua casa no Rio de Janeiro, a Sociedade Brasileira contra a Escravidão.

1º de novembro: primeiro número de *O Abolicionista*.

dezembro: Nabuco viaja novamente para a Europa.

1881 janeiro: Nabuco recebido na Câmara dos Deputados em Lisboa e na Sociedade Abolicionista Espanhola em Madri.

4 de fevereiro a 9 de abril: Nabuco em Londres em contato com a Anti-Slavery Society.

10 de maio: Nabuco de volta ao Rio de Janeiro.

30 de junho: dissolvida a Câmara dos Deputados e convocada outra para 31 de dezembro.

3 de outubro: Nabuco derrotado na Corte nas eleições para a Câmara dos deputados.

1º de dezembro: último número de *O Abolicionista*.

dezembro de 1881 a abril de 1884: Nabuco em Londres.

1883 Maio: fundada no Rio de Janeiro a Confederação Abolicionista.

Agosto: publicação em Londres de *O abolicionismo*.

1884 25 de março: abolição da escravidão no Ceará.

17 de maio: Nabuco de volta ao Rio de Janeiro.

6 de junho: Dantas assume o governo e a apresenta à Câmara projeto de libertação dos sexagenários.

10 de julho: extinção da escravidão no Amazonas.

28 de julho: Câmara aprova por 59 votos a 52 moção de desconfiança no gabinete.

3 de setembro: Câmara dissolvida por Dantas e convocada outra para 1º de março de 1885. Nabuco candidata-se pelo Recife.

1º de dezembro: anulada eleição disputada por Nabuco no Recife.

1885 9 de janeiro: Nabuco eleito pelo 1º distrito do Recife.

4 de maio: novo voto de desconfiança da Câmara contra Dantas, que é derrotado por 52 a 50 e decide pedir demissão.

6 de maio: Saraiva substitui Dantas no ministério. Modifica o projeto dos sexagenários introduzindo cláusulas de indenização.

12 de maio: Câmara não reconhece vitória de Nabuco.

7 de junho: Nabuco eleito pelo 5º distrito de Pernambuco.

13 de agosto: projeto de Saraiva aprovado na Câmara. A seguir, Saraiva pede demissão.

20 de agosto: com a recusa de liberais em assumir o poder, o imperador chama o conservador barão de Cotegipe, que se compromete a aprovar no Senado o projeto dos sexagenários na versão que lhe dera Saraiva.

24 de agosto: Câmara vota moção de desconfiança em Cotegipe por 63 votos a 49.

28 de setembro: promulgada Lei dos Sexagenários, ou Lei Saraiva-Cotegipe.

26 de outubro: Câmara dissolvida por Cotegipe. Convocada outra para 3 de maio de 1886.

1886 15 de janeiro: Nabuco derrotado nas eleições no Recife.

Outubro: abolição do patronato em Cuba.

1887 Abril: Nabuco viaja para Londres.

30 de junho: o imperador viaja à Europa para tratamento de saúde. A princesa Isabel assume a Regência.

26 de agosto: Nabuco de volta ao Recife, em campanha.

14 de setembro: Nabuco eleito deputado pelo 1º distrito do Recife.

5 de outubro: Nabuco assume cadeira na Câmara.

29 de novembro: Nabuco parte para a Europa.

15 de dezembro: Nabuco chega a Londres.

1888 11 de janeiro: Nabuco chega a Roma.

10 de fevereiro: audiência com o Papa Leão XIII.

10 de março: Cotegipe pede demissão. Isabel chama o conservador João Alfredo, comprometido com a abolição.

30 de março: Nabuco de volta ao Brasil (Pernambuco).

18 de abril: Nabuco no Rio de Janeiro.

3 de maio: abertura do Parlamento.

8 de maio: apresentado na Câmara o projeto de abolição imediata sem indenização.

9 de maio: aprovado o projeto em segunda discussão por 83 votos a 9.

10 de maio: terceira discussão do projeto. Aprovado o projeto e sua redação. O projeto é enviado ao Senado.

11 de maio: apresentação do projeto no Senado.

12 de maio: aprovado o projeto no Senado em segunda discussão.

13 de maio: aprovado em terceira discussão.

15h: a regente Isabel assina no Paço da Cidade a Lei Áurea que aboliu a escravidão no Brasil.

DIRIGENTES DA BRITISH AND FOREIGN ANTI-SLAVEY SOCIETY 1879-1902:

Presidentes:

Samuel Gurney, 1864-1881.

Sir Thomas Fowell Buxton, filho do abolicionista Sir Thomas Fowell, 1881-1888.

Arthur Pease, 1888-1898.

Sir Fowell Buxton, neto do abolicionista Sir Thomas Fowell Buxton, 1998-?

Secretários:

Charles Harris Allen, 1879-1898

Travers Buxton, primo de Sir Fowell Buxton, 1898-?

Secretários honorários:

Edmund Sturge, sobrinho do abolicionista e fundador da Society Sturge, 1879-1893.

Charles Harris Allen, 1898-1902.

Tesoureiro:

Joseph Allen, irmão de Charles Allen, 1879-1902.

BIBLIOGRAFIA

FONTES PRIMÁRIAS MANUSCRITAS:

Cartas localizadas em:
Biblioteca da Rhodes House, Oxford.
Fundação Joaquim Nabuco, Recife.
Arquivo do Itamaraty.
Instituto Histórico e Geográfico Brasileiro, coleção Wanderley Pinho.

FONTES PRIMÁRIAS IMPRESSAS:

Annaes do Parlamento Brazileiro. Câmara dos Deputados
Coleção de Leis do Império do Brasil
Gazeta de Notícias
Jornal do Commercio
Manifesto da Sociedade Brasileira contra a Escravidão. Rio de Janeiro: Leuzinger [1880].
Méssager du Brésil
Organizações e programas ministeriais. Regime parlamentar no Império. Rio de Janeiro: Arquivo Nacional, 1962. 1ª ed. 1889.
O Abolicionista
The Anti-Slavery Reporter
The Rio News
The Times

ESCRITOS DE JOAQUIM NABUCO:

A escravidão. [1870]. Revista do Instituto Histórico e Geográfico Brasileiro vol. 204, 1949. 2ª ed: Recife e Brasília: Ed. Massangana e CNPq, 1988.

Campanha abolicionista no Recife (eleições de 1884). Pref. de Aníbal Falcão. Rio de Janeiro, 1885. 2ª edição fac-similar: Recife: FJN/Ed. Massangana, 1988. Brasília: Senado Federal/Fundação Casa Rui Barbosa, intro. Manoel Correia de Andrade, 1992.

Campanhas de imprensa, 1884-1887. São Paulo: Instituto Progresso Editorial, 1949. Obras completas, vol. XII.

Cartas a amigos. Coligidas e anotadas por Carolina Nabuco. V. 1, 1864-98. São Paulo: Instituto Progresso Editorial S.A., 1949. Obras completas, vols. XIII e XIV.

Cartas aos abolicionistas ingleses. Organização e apresentação de José Thomaz Nabuco. Recife: Fundação Joaquim Nabuco, Editora Massangana, 1985.

Diários vol. 1 1873-88, vol.2 1889-1910. Prefácio e notas de Evaldo Cabral de Mello. Rio de Janeiro: Bem-Te-Vi e Recife: Editora Massangana, 2005.

Congresso Agrícola de 1878. Ed. fac-similar. Intr. de José Murilo de Carvalho. Rio de Janeiro: Fundação Casa de Rui Barbosa, 1988.

Discursos parlamentares, 1879-1889. São Paulo: Instituto Progresso Editorial, 1949. Obras completas vol. XI.

Eleições liberais e eleições conservadoras. Rio de Janeiro: Leuzinger, 1886.

Escriptos e discursos literários. Rio de Janeiro e Paris: Garnier, 1901.

Minha Formação. Rio de Janeiro: Garnier, 1900; Senado Federal, Brasília 1998; Rio de Janeiro, Topbooks, 1999.

O abolicionismo. Londres: Typ. de Abraham Kingdon, 1883; Rio de Janeiro, Nova Fronteira, 1999. Edição inglesa: *Abolitionism. The Brazilian Anti-Slavery Struggle,* Urbana, Illinois: University of Illinois Press, 1977, trad. de Robert Conrad.

O eclypse do abolicionismo. Rio de Janeiro: Leuzinger, 1886.

O erro do imperador. Rio de Janeiro: Leuzinger, 1886.

Um estadista do Império: Nabuco de Araújo, sua vida, suas opiniões, sua época. Rio de Janeiro: Garnier, 1897-1898. 3v. 4ª ed.: Rio de Janeiro: Nova Aguilar, 1975.

OUTRAS FONTES:

Alonso, Angela. *Joaquim Nabuco*. São Paulo: Companhia das Letras, 2007.

Bethell, Leslie. *The abolition of the Brazilian slave trade. Britain, Brazil and the slave trade question 1807-1869*, Cambridge: Cambridge University Press, 1970. Tradução portuguesa: *A abolição do comércio brasileiro de escravos,* Brasília: Editora do Senado Federal, 2002.

Bethell, Leslie (org.). *Brazil: Empire and Republic, 1822-1930*. Cambridge: Cambridge University Press, 1989.

Bethell, Leslie. "The decline and fall of slavery in nineteenth century Brazil". *Transactions of the Royal Historical Society*, 6th series, vol. 1, 1991.

Carvalho, José Murilo de. *A construção da ordem: a elite política imperial* e *Teatro de Sombras: a política imperial*. Rio de Janeiro: Civilização Brasileira, 2006.

Carvalho, Jose Murilo de. *D. Pedro II: ser ou não ser*. São Paulo: Companhia das Letras, 2007.

Conrad, Robert. *The destruction of Brazilian slavery, 1850-1888*. Berkeley: University of California Press, 1972. Tradução portuguesa: *Os últimos anos da escravatura no Brasil: 1850-1888*. Rio de Janeiro: Civilização Brasileira, 1975.

Davies, David Brion. *The problem of slavery in Western Culture*. Ithaca (NY): Cornell University Press, 1966.

Eakin, Marshall C. *British enterprise in Brazil. The St. John d'el Rey Mining Company and the Morro Velho gold mine, 1830-1960*. Durham N.C., 1989.

Malheiro, Agostinho Marques Perdigão. *A escravidão no Brasil: ensaio histórico- jurídico- social*. 1866. 3ª. ed.: Petrópolis: Vozes, 1976.

Mendonça, Joseli Maria Nunes. *Entre a mão e os anéis: a lei dos sexagenários e os caminhos da abolição no Brasil*. Campinas: Unicamp, 1999.

Mendonça, Renato de. *Um diplomata na corte da Inglaterra* [Penedo]. Rio de Janeiro: Companhia Editora Nacional, 1942.

Moraes, Evaristo de. *A campanha abolicionista, 1879-1888*. Rio de Janeiro, 1924. 2ª ed.: Brasília: Ed. da Universidade de Brasília, 1986.

Nabuco, Carolina. *Vida de Joaquim Nabuco, por sua filha*. São Paulo: Companhia Editora Nacional, 1928. Edição inglesa: *The life of Joaquim Nabuco*. Stanford: Stanford University Press, 1950, trad. de Ronald Hilton.

Rebouças, André. *Diário e notas autobiográficas*. Rio de Janeiro: José Olympio, 1938.

Salles, Ricardo. *Joaquim Nabuco. Um pensador do Império*. Rio de Janeiro: Topbooks, 2002.

Sandroni, Cícero. *180 anos do Jornal do Commercio, 1827-2007*. Rio de Janeiro: Quorum Editora Ltda., 2007.

Silva, Leonardo Dantas. *A imprensa e a abolição*. Recife: Fundação Joaquim Nabuco/Editora Massangana, 1988.

Viana Filho, Luiz. *A vida de Joaquim Nabuco*. São Paulo: Martins, 1973.

Wesseling, H.L. *Divide and rule. The partition of África, 1880-1914*. Westport: Praeger Publishers, 1996. Tradução portuguesa: *Dividir para dominar. A partilha da África, 1880-1914*. Rio de Janeiro: Revan/Ufrj, 1998.